普通高等教育经管类专业“十三五”规划教材

税 法

(第三版)

徐 丽 主 编
安 娜 副主编

清华大学出版社
北 京

内 容 简 介

税法课程是财经类院校财经类专业的核心课程。中国共产党第十八次全国代表大会以来，税制改革从具体税种的改革和税收征管体制改革两个方向共同发力。作为教材编写主要依据之一的税收法律制度发生了一系列重大的变化。本书根据最新的税收法律法规编写，结合财经类人才培养要求和税法课程操作性强的特点，编写过程中适度压缩了理论性强的叙述，增加了实用性强的内容。全书共 14 章，分为三大部分内容。第一部分是税法基础理论，包括第 1 章，这是学习税法的基础；第二部分详细讲述了税收实体法，包括第 2 章至第 13 章，这部分是按照税法要素介绍了流转税、所得税、资源税、财产税和行为目的税的具体法律规定；第三部分介绍了税收征收管理法，包括第 14 章。

本书主线清晰、内容完整，既适用于高等院校财经类专业，也可作为工商管理、市场营销、电子商务、国际贸易等其他专业的教学用书，同时还可供在职的财务人员、企业管理人员以及其他相关人员自学或参考。

本书配套的电子课件和习题答案可以到 http://www.tupwk.com.cn/downpage 网站下载，也可以通过扫描前言中的二维码进行下载。

图书在版编目(CIP)数据

税法 / 徐丽主编. —3 版. —北京：清华大学出版社，2021.2（2022.7重印）

普通高等教育经管类专业“十三五”规划教材

ISBN 978-7-302-57543-6

Ⅰ. ①税… Ⅱ. ①徐… Ⅲ. ①税法—中国—高等学校—教材 Ⅳ. ①D922.22

中国版本图书馆 CIP 数据核字(2021)第 021004 号

责任编辑：胡辰浩
封面设计：周晓亮
版式设计：妙思品位
责任校对：马遥遥
责任印制：丛怀宇

出版发行：清华大学出版社

网　　址：http://www.tup.com.cn，http://www.wqbook.com
地　　址：北京清华大学学研大厦 A 座　　邮　　编：100084
社 总 机：010- 83470000　　邮　　购：010-62786544
投稿与读者服务：010-62776969，c-service@tup.tsinghua.edu.cn
质 量 反 馈：010-62772015，zhiliang@tup.tsinghua.edu.cn

印 装 者：大厂回族自治县彩虹印刷有限公司
经　　销：全国新华书店
开　　本：185mm×260mm　　**印　　张：**16.75　　**字　　数：**426 千字
版　　次：2016 年 7 月第 1 版　2021 年 2 月第 3 版　　**印　　次：**2022 年 7 月第 2 次印刷
定　　价：68.00 元

产品编号：085871-01

第三版前言

税法课程是财经类院校财经类专业的核心课程，也是经管类专业的必修课程或专业选修课程。随着我国经济的不断发展，我国的税收法律制度也不断发展和完善。中国共产党第十八届中央委员会第三次全体会议提出“落实税收法定原则”要求后，税收法律制度发生了巨大变化，先是完成车船税法的修订，随后陆续完成环境保护税法、烟叶税法、船舶吨税法、车辆购置税法、耕地占用税法、资源税法、契税法和城市维护建设税法的立法以及个人所得税法的修订。现行 18 个税种中，立法税种已达 11 个。目前有印花税、土地增值税、消费税和增值税已发布意见征求稿。这给税法教学带来了一定的困难，很难为学生选择一本合适的教材。为此编者凭借多年丰富的教学经验，及时捕捉法律制度变化的内在机制，并结合财经类院校人才培养要求，在第二版的基础上修订了本书。

在编写过程中，编者力求吸收税法研究的前沿成果、已出版优秀教材中的精华内容和现行税法的最新变化，力争使教材内容在出版前做到“最近、最新”。本书依据税法的基本原理、基本制度和具体制度的逻辑架构，重点阐述了税法的基础理论、税收实体法和税收征收管理法，力求观点准确鲜明、体系清晰完整、文字表述简明扼要。本书在编写中力争做到以下几点。

(1) 知识体系完整、内容紧密结合税收法律制度的最新变化。本书按照学习税法的基本要求构建知识体系，同时注意吸收最新的理论知识和税收法规内容，体现了我国税制改革的最新动态。

(2) 理论与实践操作有机结合。税法是一门实践性极强的课程，教学所要解决的是培养学生解决经济活动中涉及的税收问题的能力。编者在编写中适度压缩了理论性强的叙述，做到 “适度、够用”即可，增加了实用性强的内容，注重培养学生的实践操作能力。在正文以及课后习题内容的选取上以培养学生实际动手能力为中心。

(3) 编写体例有所创新。为了提高教学的实效性，本书在每章章首都设有“学习要点”，使读者能够快速了解本章的教学内容与要求；每章正文中针对重点和难点均安排了例题与讲解，提高了教学质量；每章章末均设有“课后习题”，为学生的课后拓展创造了条件。

本书既适用于高等院校财经类专业，也可作为工商管理、市场营销、电子商务、国际贸易等其他专业的教学用书，同时还可供在职的财务人员、企业管理人员以及其他相关人员自学或参考。

本书由哈尔滨金融学院、哈尔滨学院、黑龙江大学的老师共同编写，具体编写分工如下。

第三章和第五章由哈尔滨金融学院徐丽编写；第一章、第二章、第六章、第七章和第十四章由哈尔滨学院安娜编写；第四章、第八章、第九章、第十二章和第十三章由哈尔滨金融学院张乃强编写；第十章和第十一章由黑龙江大学邓齐滨编写。全书由徐丽统稿。

由于受资料、编者水平及其他条件限制，书中难免存在一些不足之处，恳请同行专家及读者指正。我们的邮箱是 huchenhao@263.net，电话是 010-62796045。

本书配套的电子课件和习题答案可以到 http://www.tupwk.com.cn/downpage 网站下载，也可以通过扫描下方的二维码进行下载。

编　者

2020 年 12 月

目录

第一章

税 法 总 论

【学习要点】

本章主要介绍税法的基本概念、税收法律关系、税法的原则、税法的构成要素、税法分类、税法的制定以及我国现行税法体系等基础知识。本章是以后各章学习的基础，尤其是税法的构成要素是学习税收实体法的一条基本主线。通过本章的学习，要求理解税收的含义和特征、税法的概念和特点、税收立法的含义和原则；熟悉我国现行的税法体系；掌握税法的构成要素、税收法律关系、税法的原则。

第一节　税法的概念

一、税收概述

(一) 税收的定义

税收是一个古老的经济概念，古今中外学者给出的定义表述大不相同，除了每位学者对税收理解的角度不同和表述文字的差异外，主要原因是税收本身是一个发展的概念，因此不同时期的学者对税收的认识和理解自然有所差异，而这种差异很大程度上反映了税收的发展过程。例如，亚当·斯密认为税收是“人民拿出自己的一部分私人收入给君主或国家，作为一笔公共收入”，并强调国家经费的大部分必须取自各种税收。这一定义除说明了税收的主体是“人民”外，还侧重反映了税收是一种“公共收入”以满足国家经费之需。日本学者井手文雄指出，税收是凭借“财政权”征收的，其论述角度从纳税主体转向了征税主体。他认为，“所谓租税，就是国家依据其主权(财政权)，无代价、强制地获得的收入”。显然，这里的“财政权”指的是区别于“财产权”的行政权力。英国学者西蒙·詹姆斯和克里斯托弗·诺布斯将税收无偿性纳入定义，认为“税收是由政府机构实行不直接偿还的强制性征收”。至此，对税收的定义虽然在文字表述上仍有出入，理解的角度也同样存在差异，但对税收定义的认识已基本达成共识：

(1) 税收的征收主体是国家，纳税主体是单位和个人；

(2) 税收的征收目的是满足国家实现其职能的需要；

(3) 税收征收的依据是法律，凭借的是政治权力，而不是财产权利，征税体现了强制性特征；

(4) 征税的过程是物质财富从私人部门单向地、无偿地转移到国家；

(5) 从税收的直接结果来看，国家以税收方式取得了财政收入。

综上所述，本书给税收的定义是税收是政府为了满足社会公共需要，凭借政治权力，强制、无偿地取得财政收入的一种形式。

(二) 税收的特征

税收特征，亦称“税收形式特征”，是指税收分配形式区别于其他财政分配形式的质的规定性。税收特征是由税收的本质决定的，是税收本质属性的外在表现，是区别税与非税的外在尺度和标志，也是古今中外税收的共同特征。税收的形式特征通常概括为税收“三性”，即无偿性、强制性和固定性。

1. 税收的无偿性

税收的无偿性是指国家征税以后对具体纳税人既不需要直接偿还，也不付出任何直接形式的报酬，纳税人从政府支出所获利益通常与其支付的税款不完全成一一对应的比例关系。

税收的无偿性是相对的，对具体纳税人而言，纳税后并未获得任何报酬。从这个意义上说，税收不具有偿还性或返还性，但若从财政活动的整体来看，税收是对财政提供公共物品或服务成本的补偿，这里又表现出有偿性的一面，特别是在社会主义条件下，税收具有马克思所说的“从一个处于私人地位的生产者身上扣除的一切，又会直接或间接地用来为处于私人地位的生产者谋福利”的性质，即“取之于民，用之于民”。

2. 税收的强制性

税收的强制性是指税收参与社会物品的分配是依据国家的政治权力，而不是财产权利，即和生产资料的占有没有关系。税收的强制性具体表现在税收是以国家法律的形式规定的，而税收法律是国家法律的组成部分，对不同的所有者都是普遍适用的，任何单位和个人都必须遵守，不依法纳税的人要受到法律制裁。税收的强制性说明依法纳税是人们不应回避的法律义务。《中华人民共和国宪法》(以下简称《宪法》)就明确规定，我国公民“有依法纳税的义务”。

3. 税收的固定性

税收的固定性是指国家通过法律形式预先规定了对什么征税及其征收比例等税制要素，并保持相对的连续性和稳定性。即使税制要素的具体内容会因经济发展水平、国家经济政策的变化而进行必要的改革和调整，但这种改革和调整也总是要通过法律形式事先规定，而且改革调整后要保持一定时期的相对稳定。基于法律的税收固定性始终是税收的固有形式特征，税收固定性对国家和纳税人都具有十分重要的意义。对国家来说，可以保证财政收入的及时、稳定和可靠，可以防止国家不顾客观经济条件和纳税人的负担能力，滥用征税权力；对于纳税人来说，可以保护其合法权益不受侵犯，增强其依法纳税的法律意识，同时也有利于纳税人通过税收筹划选择合理的经营规模、经营方式和经营结构等，降低经营成本。

税收“三性”是一个完整的统一体，它们相辅相成、缺一不可。其中，无偿性是核心，强制性是保障，固定性是对强制性和无偿性的一种规范和约束。

二、税法的含义

税法是国家制定的用以调整国家与纳税人之间在征纳税方面的权利与义务关系的法律规范的总称。税法构建了国家及纳税人依法征税、依法纳税的行为准则体系，其目的是保障国家利益和纳税人的合法权益，维护正常的税收秩序，保证国家的财政收入。税法体现为法律这一规范形式，是税收制度的核心内容。一国税收制度是在税收分配活动中税收征纳双方所应遵守的行为规范的总和。其内容主要包括各税种的法律法规以及为了保证这些税法得以实施的税收征管制度和税收管理体制。

税法属于义务性法规和综合性法规。首先，从法律性质上看，税法属于义务性法规，以规定纳税人的义务为主。税法属于义务性法规，并不是指税法没有规定纳税人的权利，而是指纳税人的权利是建立在其纳税义务的基础之上，处于从属地位。税法属义务性法规的这一特点是由税收的无偿性和强制性特点所决定的。其次，税法的另一特点是具有综合性，它是由一系列单行税收法律法规及行政规章制度组成的体系，其内容涉及课税的基本原则、征纳双方的权利和义务、税收管理规则、法律责任、解决税务争议的法律规范等。税法的综合性特点是由税收制度所调整的税收分配关系和税收法律关系的复杂性所决定的。

税收和税法是两个既有区别又有联系的不同概念。税收反映的是国家和纳税人之间的利益分配关系，而税法反映的是国家与纳税人之间的权利与义务关系。税收和税法密不可分。税收是税法产生、存在和发展的基础，是决定税法性质和内容的重要因素。税收的历史表明，有税必有法，无法不成税。税收与税法之间的关系，是一种经济内容与法律形式内在结合的关系。税收作为产品分配形式，是税法的具体内容。税法作为特殊的行为规范，是税收的法律形式。

三、税收法律关系

税收法律关系反映的是一种特殊的社会关系，即国家强制参与国民收入的分配和再分配活动而形成的分配关系。国家征税与纳税人纳税在形式上表现为利益分配关系，但经过法律明确其双方的权利与义务后，这种关系实质上已经上升为一种特定的法律关系，即税收法律关系，具体是指由税法确认和调整的在国家征税机关和纳税人之间基于税法事实而形成的权利与义务关系。

(一) 税收法律关系的构成

税收法律关系在总体上与其他法律关系一样，都是由税收法律关系的主体、客体和内容3方面构成，但在3方面的内涵上，税收法律关系又有不同于其他法律关系的特殊内容。

1. 税收法律关系的主体

税收法律关系的主体即税收法律关系中享有权利和承担义务的当事人。在我国，税收法律关系的主体包括征税主体和纳税主体两个方面。征税主体是指代表国家行使征税职责的国家行政机关，包括国家各级税务机关、海关和财政机关。纳税主体是指负有并履行纳税义务的人，包括法人、自然人和其他组织，在华的外国企业、组织、外籍人、无国籍人，以及在华虽然没有机构、场所但有来源于中国境内所得的外国企业或组织。对纳税主体的确定，我国采取的是属地兼属人的原则。

在税收法律关系中主体双方地位平等，只是因为主体双方是行政管理者与被管理者的关系，所以双方的权利与义务不对等，因此，与一般民事法律关系中主体双方权利与义务平等是不一样的，这是税收法律关系的一个重要特征。

2. 税收法律关系的客体

税收法律关系的客体是指税收法律关系中主体的权利、义务所共同指向的对象，也就是征税对象。例如，所得税法律关系的客体就是纳税人取得的应税所得，财产税法律关系的客体就是财产，流转税法律关系的客体就是货物销售收入或劳务收入。

3. 税收法律关系的内容

税收法律关系的内容就是主体所享有的权利和所应承担的义务，这是税收法律关系中最实质的东西，也是税法的灵魂。它规定权利主体可以有什么行为，不可以有什么行为，以及相关的法律责任等。

税务机关的权利主要表现在依法进行征税、税务检查以及对违章者进行处罚；其义务主要是向纳税人宣传、咨询、辅导解读税法，及时把征收的税款解缴国库，依法受理纳税人对税收争议的申诉等。

纳税义务人的权利主要有多缴税款申请退还权、延期纳税权、依法申请减免税权、申请复议和提起诉讼权等；其义务主要是按税法规定办理税务登记、进行纳税申报、接受税务检查、依法缴纳税款等。

(二) 税收法律关系的产生、变更与消灭

税法是产生税收法律关系的前提条件，但税法本身并不能产生具体的税收法律关系。税收法律关系的产生、变更和消灭必须有能够引起税收法律关系产生、变更或消灭的客观情况发生，也就是由税收法律事实来决定的。

1. 税收法律关系的产生

税收法律关系的产生是指在税收法律关系主体之间形成权利与义务关系。由于税法属于义务性法规，税收法律关系的产生应以引起纳税义务成立的法律事实和行为为基础和标志，而纳税义务产生的标志应当是纳税主体进行的应当课税的行为，如销售货物、取得应税收入等。国家颁布新税法、出现新的纳税主体都可能引发新的纳税行为出现，但其本身并不直接产生纳税义务，税收法律关系的产生只能以纳税主体应税行为的出现为标志。

2. 税收法律关系的变更

税收法律关系的变更是指依法已形成的税收法律关系，由于客观情况变化而引起税收法律关系主体、内容和客体发生变化。这种变更具体表现在税收法律关系“三要素”的改变上：一是主体的变更，如两个税务机关发生合并，但它们与纳税人之间的权利与义务关系仍然有效；二是客体的变更，既可以是范围的变更，也可以是客体性质的变更；三是内容变更，税收法律关系主体之间的权利和义务发生变化。

3. 税收法律关系的消灭

税收法律关系的消灭是指税收法律关系主体之间的权利与义务关系完全消失或不复存在。

第二节　税法的原则

税法原则是构成税收法律规范的基本要素之一，税法的原则反映税收活动的根本属性。任何国家的税法体系和税收法律制度都要建立在一定的税法原则基础上。一般而言，税法的原则包括税法的基本原则和税法的适用原则。

一、税法的基本原则

税法基本原则是统领所有税收规范的根本准则，是包括税收立法、执法、司法在内的一切税收活动所必须遵守的原则。

1. 税收法定原则

党的十八届三中全会审议通过的《中共中央关于全面深化改革若干重大问题的决定》中提出了“落实税收法定原则”。这是我国在党的文件中首次明确提出税法原则中这一最根本的原则。

税收法定原则又称为税收法定主义，是指税法主体的权利与义务必须由法律加以规定，税法的各类构成要素皆必须且只能由法律予以明确。税收法定主义贯穿税收立法和执法的全部领域，其内容包括税收要件法定原则和税收合法性原则。税收要件法定原则是指有关纳税人、课税对象、课税标准等税收要件必须以法律形式做出规定，且有关课税要素的规定必须尽量明确。税收合法性原则是指税务机关应按法定程序依法征税，不得随意减征、停征或免征，无法律依据不可征税。

2. 税收公平原则

税收公平原则是指国家征税应使纳税人的税负与其负担能力相适应，并使纳税人之间的负担水平保持平衡。税收公平包括横向公平和纵向公平，即税收负担必须根据纳税人的负担能力分配，负担能力相等，税负相同；负担能力不等，税负不同。税收公平原则源于法律上的平等原则，所以许多国家的税法在贯彻税收公平原则时，都特别强调“禁止不平等对待”的法理，禁止对特定纳税人给予歧视性对待，也禁止在没有正当理由的情况下对特定纳税人给予特别优惠。

3. 税收效率原则

税收效率原则所要求的是以最小的费用获取最大的税收收入，并利用税收的经济调控作用最大限度地促进经济的发展，或者最大限度地减轻税收对经济发展的妨碍。税收效率原则包含两方面：一是指经济效率，二是指行政效率。前者要求税法的制定要有利于资源的有效配置和经济体制的有效运行；后者要求提高税收行政效率，节约税收征管成本。

4. 实质课税原则

实质课税原则是指应根据客观事实确定是否符合课税要件，并根据纳税人的真实负担能力决定纳税人的税负，而不能仅考虑相关外观和形式，比如纳税人借转让定价而减少计税所得，从表面上看，应按其确定的价格计税，但是，这不能反映纳税人的真实所得，因此，税务机关根据实质课税原则，有权重新估定计税价格。实质课税原则的意义在于防止纳税人避税和偷税。

二、税法的适用原则

税法适用原则是指税务行政机关和司法机关运用税收法律规范解决具体问题所必须遵循的准则。税法适用原则并不违背税法基本原则，而且在一定程度上体现着税法基本原则，但是与其相比，税法适用原则含有更多的法律技术性准则，更为具体化。

1. 法律优位原则

法律优位原则也称为行政立法不得抵触法律原则，其基本含义为法律的效力高于行政立法的效力。法律优位原则在税法中的作用主要体现在处理不同等级税法的关系上。法律优位原则明确了税收法律的效力高于税收行政法规的效力，对此还可以进一步推论为税收行政法规的效力高于税收行政规章的效力。效力低的税法与效力高的税法发生冲突，效力低的税法即是无效的。

2. 法律不溯及既往原则

法律不溯及既往原则是绝大多数国家所遵循的法律程序技术原则，其基本含义为一部新法实施后，对新法实施前人们的行为不得适用新法，而只能沿用旧法。在税收领域内坚持这一原则，目的在于维护税法的稳定性和可预测性，使纳税人能在知道纳税结果的前提下做出相应的经济决策，这样税收的调节作用才会较为有效。

3. 新法优于旧法原则

新法优于旧法原则也称后法优于先法原则，其含义为新法、旧法对同一事项有不同规定时，新法的效力优于旧法。其作用在于避免因法律修订带来新法、旧法对同一事项有不同的规定而引起法律适用上的混乱，为法律的更新与完善提供法律适用上的保障。新法优于旧法原则在税法中普遍适用，但是当新税法与旧税法处于普通法与特别法的关系时，以及某些程序性税法引用实体从旧、程序从新原则时，可以例外。

4. 特别法优于普通法的原则

特别法优于普通法的原则是指对同一事项两部法律分别有一般和特别规定时，特别规定的效力高于一般规定的效力。特别法优于普通法原则打破了税法效力等级的限制，即居于特别法地位的级别较低的税法，其效力可以高于作为普通法的级别较高的税法。

5. 实体从旧、程序从新原则

实体从旧、程序从新原则的含义包括两个方面：一是实体税法不具备溯及力，即在纳税义务的确定上，以纳税义务发生时的税法规定为准，实体性的税法规则不具有向前的溯及力；二是程序性税法在特定条件下具备一定的溯及力，即对于新税法公布实施之前发生，却在新税法公布实施之后进入税款征收程序的纳税义务，原则上新税法具有约束力。

6. 程序优于实体原则

程序优于实体原则是指在诉讼发生时，程序法优于税收实体法，以保证国家课税权的实现。适用这一原则，是为了确保国家课税权的实现，不因争议的发生而影响税款的及时、足额入库。例如《税收行政复议规则》规定，申请人按规定申请行政复议的，必须依照税务机关根据法律、法规确定的税额和期限，先行缴纳或者解缴税款和滞纳金，或者提供相应的担保，才可以在缴清税款和滞纳金以后或者所提供的担保得到做出具体行政行为的税务机关确认之日起60日内，提出行政复议。

第三节 税法的构成要素

税法的构成要素是指各种单行税法具有的共同的基本要素的总称。首先，税法构成要素既包括实体性的，也包括程序性的；其次，税法构成要素是所有完善的单行税法都共同具备的，仅为某一税法所单独具有而非普遍性的内容，不构成税法要素，如扣缴义务人。税法的构成要素一般包括总则、纳税义务人、征税对象、税目、税率、纳税环节、纳税期限、纳税地点、减税免税、罚则、附则等项目。

一、总则

总则主要包括立法依据、立法目的和适用原则等。

二、纳税义务人

纳税人又叫纳税主体，是税法规定的直接负有纳税义务的单位和个人。任何一个税种首先要解决的就是国家对谁征税的问题，如我国个人所得税、增值税、消费税、资源税以及印花税等暂行条例的第一条规定的都是该税种的纳税义务人。

需要注意的是，纳税人和负税人是两个不同的概念。负税人是指最终负担税收的单位和个人。当纳税人通过一定的途径把税款转移给别的单位和个人负担，则纳税人不再是负税人。在不能转移税负的情况下，纳税人和负税人是一致的。

为了提高税务行政的效率，保证税款及时、足额入库，税法还规定了扣缴义务人的概念，包括代扣代缴义务人和代收代缴义务人。代扣代缴义务人是指虽不承担纳税义务，但依照有关规定，在向纳税人支付收入、结算货款、收取费用时有义务代扣代缴其应纳税款的单位和个人，如出版社代扣作者稿酬所得的个人所得税等。代收代缴义务人是指虽不承担纳税义务，但按照有关规定，在向纳税人收取商品或劳务收入时，有义务代收代缴其应纳税款的单位和个人，如消费税条款规定，委托加工的应税消费品，由受托方在向委托方交货时代缴委托方应该缴纳的消费税。

三、征税对象

征税对象又叫课税对象、征税客体，指税法规定对什么征税，是征纳税双方权利与义务共同指向的客体或标的物，是区别一种税与另一种税的重要标志，如消费税的征税对象是消费税条例所列举的应税消费品，房产税的征税对象是房屋等。征税对象是税法最基本的要素，因为它体现着征税的最基本界限，决定着某一种税的基本征税范围，同时，征税对象也决定了各个不同税种的名称。征税对象按其性质的不同，通常可划分为流转额、所得额、财产、资源、特定行为5大类，通常也因此将税收分为相应的5大类，即流转税或称商品和劳务税、所得税、财产税、资源税和特定行为税。

与课税对象相关的两个基本概念：税目和税基。税目本身也是一个重要的税法要素，下文将单独讨论。而税基又叫计税依据，是指税法规定的据以计算各种应纳税款的根据，是对课税对象的量的规定。不同税种的计税依据是不同的，如增值税的计税依据是货物和应税劳务的增值额，所得税的计税依据是应纳税所得额等。计税依据可分为从价和从量两种标准：从价征税是按照征税对象的价值计算；从量征税是按照征税对象的重量、体积、面积等计算。

四、税目

税目是在税法中对征税对象分类规定的具体征税项目，反映具体的征税范围，是对课税对象质的界定。设置税目的目的首先是明确具体的征税范围，凡列入税目的即为应税项目，未列入税目的，则不属于应税项目；其次，划分税目也是贯彻国家税收调节政策的需要，国家可根据不同项目的利润水平以及国家经济政策等制定高低不同的税率，以体现不同的税收政策。并非所有税种都需要规定税目，有些税种不分课税对象的具体项目，一律按照课税对象的应税数额采用统一税率计征税款，因此一般无须设置税目，如企业所得税。有些税种具体课税对象比较复杂，需要规定税目，如消费税、印花税等。

五、税率

税率是应纳税额与征税对象(计税依据)之间的比例，是应纳税额的计算尺度，也是衡量税负轻重与否的重要标志。我国现行的税率主要有以下几种。

(一) 比例税率

比例税率是指对同一征税对象，不分数额大小，规定相同的征收比例。我国的增值税、企业所得税等采用的是比例税率。比例税率在适用中又可分为3种具体形式。

1. 单一比例税率

单一比例税率是指对同一征税对象的所有纳税人都适用同一比例税率。

2. 差别比例税率

差别比例税率是根据征税对象或纳税人的不同性质规定不同征收比例的税率。我国现行税法又分别按产品、行业和地区的不同将差别比例税率划分为以下3种类型：一是产品差别比例税率，即对不同产品分别适用不同的比例税率，同一产品采用同一比例税率，如消费税、关税等；二是行业差别比例税率，即对不同行业分别适用不同的比例税率，同一行业采用同一比例税率，如原来执行的营业税等；三是地区差别比例税率，即对不同的地区分别适用不同的比例税率，同一地区采用同一比例税率，如城市维护建设税等。

3. 幅度比例税率

幅度比例税率是指统一规定幅度，由各地区在该幅度内确定具体的适用税率。

比例税率具有计算简单、税负透明度高、有利于保证财政收入、有利于纳税人公平竞争等优点，符合税收效率原则，但比例税率不能针对不同的收入水平实施不同的税收负担，在调节纳税人的收入水平方面难以体现税收的公平原则。

(二) 累进税率

累进税率是指随着征税对象的数额由低到高逐级累进，适用的税率也随之逐级提高的税率，即按征税对象数额的大小划分为若干等级，每级由低到高规定相应的税率。征税对象数额越大，适用的税率越高，征税对象数额越小，适用的税率越低。累进税率多用于收益课税，可以实现税收负担的纵向公平。

累进税率分为“额累”和“率累”两种。额累是按征税对象数量的绝对额分级累进；率累是按与征税对象有关的某一比率分级累进。额累和率累按累进依据的不同又可分为“全累”和“超累”。

1. 全额累进税率

全额累进税率是指将计税依据划分为若干个等级，从低到高每一等级规定一个适用税率，当计税依据由低的一级升到高的一级时，全部计税依据均按高的一级税率计算应纳税额的累进税率。其主要缺点是累进程度比较急剧，特别是在两个等级的临界处，会出现应纳税额的增加超过计税依据增加的不合理现象。因此，当今世界各国税制中已很少使用全额累进税率。

2. 超额累进税率

超额累进税率是指将计税依据划分为若干个等级，从低到高每一等级规定一个适用税率，各个等级的计税依据分别按照本级的适用税率计算，然后加总计算应纳税额的累进税率。它与全额累进税率的不同在于，当计税依据由低的一级升到高的一级时，仅就其超过部分适用高一级的税率。

3. 超率累进税率

超率累进税率是指将计税依据按照相对率划分为若干个等级，从低到高每一等级规定一个适用税率，各个等级的计税依据分别按照本级的适用税率计算，然后加总计算应纳税额的累进税率。它与超额累进税率的不同在于划分等级的依据，计算原理与超额累进税率基本一致。

(三) 定额税率

定额税率，也称固定税率，是按征税对象的一定计量单位，直接规定一个固定的税额。目前采用定额税率的有资源税、城镇土地使用税、车船税等。

六、纳税环节

纳税环节是指税法规定的征税对象在从生产到消费的流转过程中应当缴纳税款的环节，如流转税在生产和流通环节纳税、所得税在分配环节纳税等。纳税环节有广义和狭义之分。广义的纳税环节指全部课税对象在再生产中的分布情况，如资源税分布在资源生产环节，商品税分布在生产或流通环节，所得税分布在分配环节等。狭义的纳税环节特指应税商品在流转过程中应纳税的环节。商品从生产到消费要经历诸多流转环节，各个环节都存在销售额，都可能成为纳税环节，但考虑到税收对经济的影响、财政收入的需要以及税收征管的能力等因素，国家常常对在商品流转过程中所征税种规定不同的纳税环节。按照征税环节的多少，可以将税种划分为一次课征制或多次课征制。

七、纳税期限

纳税期限是指税法规定的纳税人向国家缴纳税款的期限。纳税期限的规定是税收固定性和强制性在时间上的体现。从原则上讲，纳税人在取得应税收入或发生纳税义务后，应当立即向国家缴纳税款，但是由于纳税人取得应税收入或发生纳税义务有其阶段性，不可能每取得一次应税收入或发生一次纳税义务就立即缴纳一次税款。为了简化手续，便于纳税人经营管理，同时有利于税款及时缴入国库，有必要根据各种税的不同特点及纳税人的具体情况分别规定不同的纳税期限。

税法关于纳税时限的规定涉及 3 个时间概念，通俗讲纳税期限由 3 个部分组成。一是纳税义务发生时间。纳税义务发生时间，是指应税行为发生的时间，如《增值税暂行条例》规定采取预收货款方式销售货物的，其纳税义务发生时间为货物发出的当天。二是纳税期限。纳税人每次发生纳税义务后，不可能马上去缴纳税款，税法规定了每种税的纳税期限，即每隔固定的一段时间汇总一次纳税义务，如《增值税暂行条例》规定，增值税的纳税期限分别为 1 日、3 日、5 日、10 日、15 日、1 个月或者 1 个季度。纳税人的具体纳税期限，由主管税务机关根据纳税人应纳税额的大小分别核定；不能按照固定期限纳税的，可以按次纳税。三是缴库期限，即税法规定的纳税期满后，纳税人将应纳税款缴入国库的期限，如《增值税暂行条例》规定，纳税人以 1 个月或者 1 个季度为 1 个纳税期的，自期满之日起 15 日内申报纳税；以 1 日、3 日、5 日、10 日或者 15 日为 1 个纳税期的，自期满之日起 5 日内预缴税款，于次月 1 日起 15 日内申报并结清上月应纳税款。

八、纳税地点

纳税地点是指税法规定的纳税人缴纳税款的地点。纳税地点的确定是为了方便纳税人缴纳税款以及有利于处理地区与地区之间的税收分配关系。由于不同税种的征税对象和纳税环节不同，各个纳税人的生产经营方式也不尽相同，因而，本着方便征纳、有利于源泉控管的原则，通常要在各税种的相关税法中明确规定纳税人的具体纳税地点。

九、减税免税

减税免税是指在税法中对某些纳税人和征税对象采取减少征税或者免予征税的特殊规定。减税是根据税法的规定从应纳税款中减征部分税款；免税是免征全部税款。减税免税的规定，是国家为实现一定的社会政治和经济目标而给予某些纳税人或课税对象的税收优惠政策，使税收制度能够按照因地制宜和因事制宜的原则，更好地贯彻国家税收政策，体现了税收严肃性与灵活性的统一，是税收制度构成的一个不可缺少的要素。减税免税主要包括税基式减免、税率式减免和税额式减免 3 种形式。

十、罚则

罚则是对纳税人和扣缴义务人违反税法的行为采取的处罚措施。

十一、附则

附则一般都规定与该法紧密相关的内容，比如该法的解释权、生效时间和适用范围等。

第四节 税法的制定与实施

一、税收立法

税收立法是指有权的机关依据一定的程序，遵循一定的原则，运用一定的技术，制定、公布、修改、补充和废止有关税收法律、法规、规章的活动。税收立法有狭义和广义之分。狭义的税收立法仅指国家最高权力机关制定、认可、修改和废止税法的活动；而广义的税收立法，除了包括狭义的税收立法外，还包括行政机关基于权力机关或者税法的授权，制定、修改和废止税收行政法规、规章的活动，也包括地方人大和政府在其权限范围内制定、修改和废止地方性税收法规、规章的活动。

(一) 我国的税收立法原则

税收立法原则是指在税收立法活动中必须遵循的准则。我国的税收立法原则是根据我国的社会性质和具体国情确定的，并贯穿税收立法工作的始终。税收立法主要应遵循以下几个原则。

1. 从实际出发的原则

从实际出发，这是唯物主义的思想路线在税收立法实践中的运用和体现。贯彻这个原则，首先要求税收立法必须根据经济、政治发展的客观需要，反映客观规律，也就是从中国国情出发，充分尊重社会经济发展规律和税收分配理论。其次，要客观反映一定时期国家、社会、政治、经济等各方面的实际情况，既不能被某些条条框框所束缚，也不能盲目抄袭别国的立法模式。

2. 公平原则

所谓公平，就是要体现合理负担原则。在市场经济体制下，参加市场竞争的各个主体需要有一个平等竞争的环境，而税收的公平是实现平等竞争的重要条件。公平主要体现在 3 个方面：一是从税收负担能力上看，负担能力大的应多纳税，负担能力小的应少纳税，没有负担能力的不纳税；二是从纳税人所处的生产和经营环境看，由于客观环境优越而取得超额收入或级差收益者应多纳税，反之少纳税；三是从税负平衡看，不同地区、不同行业间及多种经济成分之间的实际税负必须尽可能公平。

3. 民主决策的原则

民主决策的原则主要指税收立法过程中必须充分倾听群众的意见，严格按照法定程序进行，确保税收法律能体现广大群众的根本利益。坚持这个原则，要求税收立法的主体应以人民代表大会及其常务委员会为主，按照法定程序进行；对税收法案的审议，要进行充分辩论，倾听各方面意见；税收立法过程要公开，让公众及时了解税收立法的全过程。

4. 原则性与灵活性相结合的原则

必须贯彻税法的统一性与因时、因地制宜相结合。法制的统一性，表现在税收立法上，就是税收立法权只能由国家最高权力机关来行使，各地区、各部门不能擅自制定违背国家宪法和法律的所谓的“土政策”“土规定”。但是，我国又是一个幅员辽阔、人口众多、多民族的国家，各地区的经济文化发展水平不平衡，因而对不同地区不能强求一样。因此，为了照顾不同地区特别是少数民族地区不同的情况和特点，为了充分发挥地方的积极性，在某些情况下，允许地方在遵守国家法律、法规的前提下，制定适合当地的实施办法等。因此，只有贯彻这个原则，才能制定出既符合全国统一性要求，又能适应各地区实际情况的税法。

5. 法律的稳定性、连续性与废、改、立相结合的原则

制定税法，是与一定经济基础相适应的，税法一旦制定，在一定阶段内就要保持其稳定性，不得朝令夕改，变化不定。但是，这种稳定性不是绝对的，因为社会政治、经济状况是不断变化的，税法也要进行相应的发展变化。这种发展变化具体表现在：有的税法，已经过时，需要废除；有的税法，部分失去效力，需要修改、补充；根据新的情况，需要制定新的税法。此外，还必须注意保持税法的连续性，即税法不能中断，在新的税法未制定前，原有的税法不应随便中止、失效；在修改、补充或制定新的税法时，应注意保持与原有税法的承续关系，应在原有税法的基础上，结合新的实践经验，修改、补充原有的税法和制定新的税法。

(二) 税法制定机关

税法是国家法律的重要组成部分，主要是由享有立法权的国家机关制定的。我国税法的制定机关是全国人民代表大会及其常务委员会。广义概念上的税法，其制定机关还包括国务院及其税务主管部门、省级人大及其常委会和省级人民政府，这些机关可以按照授权规定制定税收法规、规章。

1. 全国人民代表大会和全国人大常委会制定税收法律

《中华人民共和国宪法》规定：“全国人民代表大会和全国人民代表大会常务委员会行使国家立法权。”这就明确了我国税收法律的立法权由全国人大及其常委会行使，其他任何机关都没有制定税收法律的权力。在国家税收中，凡是基本的、全局性的问题，都需要由全国人大及其常委会以税收法律的形式制定实施。在现行税法中，《中华人民共和国企业所得税法》《中华人民共和国个人所得税法》《中华人民共和国税收征收管理法》等都是税收法律。

2. 全国人大及其常委会授权立法

授权立法是指全国人民代表大会及其常务委员会根据需要授权国务院制定某些具有法律效力的暂行规定或者条例。授权立法与制定行政法规不同。国务院经授权立法所制定的规定或条例等，具有国家法律的性质和地位，它的法律效力高于行政法规，在立法程序上还需要报全国人大常委会备案。授权立法，在一定程度上解决了我国经济体制改革和对外开放工作

急需法律保障的当务之急。税收暂行条例的制定和公布实行，也为全国人大及其常委会的立法工作提供了有益的经验和条件，为这些条例在条件成熟时上升为法律做好了准备，如增值税、消费税、土地增值税等暂行条例。

3. 国务院制定的税收行政法规

国务院作为最高国家机关的执行机关，是最高的国家行政机关，拥有广泛的行政立法权。《中华人民共和国宪法》规定，国务院可“根据宪法和法律，规定行政措施，制定行政法规，发布决定和命令”。行政法规作为一种法律形式，在中国法律形式中处于低于宪法、法律和高于地方法规、部门规章、地方规章的地位，也是在全国范围内普遍适用的。行政法规的立法目的在于保证宪法和法律的实施，行政法规不得与宪法、法律相抵触，否则无效。国务院发布的《中华人民共和国企业所得税法实施条例》《中华人民共和国税法征收管理法实施细则》等，都是税收行政法规。

4. 地方人民代表大会及其常委会制定的税收地方性法规

由于我国在税收立法上坚持“统一税法”的原则，因此地方权力机关制定税收地方法规不是无限制的，而是要严格按照税收法律的授权行事。目前，除了海南省、民族自治地区按照全国人大授权立法规定，在遵循宪法、法律和行政法规的原则基础上，可以制定有关税收的地方性法规外，其他省、市都无权制定税收地方性法规。

5. 国务院税务主管部门制定的税收部门规章

有权制定税收部门规章的税务主管机关是财政部、国家税务总局及海关总署。其制定规章的范围包括：对有关税收法律、法规的具体解释，税收征收管理的具体规定、办法等。税收部门规章在全国范围内具有普遍适用效力，但不得与税收法律、行政法规相抵触，例如，财政部颁发的《中华人民共和国增值税暂行条例实施细则》、国家税务总局颁发的《税务代理试行办法》等都属于税收部门规章。

6. 地方政府制定的税收地方规章

按照“统一税法”的原则，地方政府制定税收规章，都必须在税收法律、法规明确授权的前提下进行，并且不得与税收法律、行政法规相抵触。没有税收法律、法规的授权，地方政府是无权自行制定税收规章的，凡是越权制定的税收规章都没有法律效力，例如，国务院发布实施的城市维护建设税、车船税、房产税等地方性税种暂行条例，都规定省、自治区、直辖市人民政府可根据条例制定实施细则。

(三) 税收立法、修订和废止程序

税收立法程序是指国家立法机关或其授权机关，在制定、认可、修改、补充、废止等税收立法活动中，必须遵循的法定步骤和方法。目前我国税收立法程序主要包括以下几个阶段。

1. 提议阶段

无论是税法的制定，还是税法的修改、补充和废止，一般由国务院授权其税务主管部门(财政部或国家税务总局)负责立法的调查研究等准备工作，并提出立法方案或税法草案，上报国务院。

2. 审议阶段

税收法规由国务院负责审议。税收法律在经国务院审议通过后，以议案的形式提交全国人民代表大会常务委员会的有关工作部门，在广泛征求意见并做修改后，提交全国人民代表大会或其常务委员会审议通过。

3. 通过和公布阶段

税收行政法规，由国务院审议通过后，以国务院总理名义发布实施。税收法律，在全国人民代表大会或其常务委员会开会期间，先听取国务院关于制定税法议案的说明，然后经过讨论，以简单多数的方式通过后，以国家主席令的形式发布实施。

二、税法的实施

税法的实施即税法的执行。它包括税收执法和守法两个方面：一方面要求税务机关和税务人员正确运用税收法律，并对违法者实施制裁；另一方面要求税务机关、税务人员、公民、法人、社会团体及其他组织严格遵守税收法律。

由于税法具有多层次的特点，因此，在税收执法过程中，对其适用性或法律效力的判断，一般遵循以下原则：一是层次高的法律优于层次低的法律；二是同一层次的法律中，特别法优于普通法；三是国际法优于国内法；四是实体法从旧，程序法从新。

第五节　我国现行税法体系

一、税法体系概述

从法律角度来讲，一个国家在一定时期内、一定体制下以法定形式规定的各种税收法律、法规的总和，被称为税法体系，但从税收工作的角度来讲，所谓税法体系往往被称为税收制度，即一个国家的税收制度是指在既定的管理体制下设置的税种以及与这些税种的征收、管理有关的，具有法律效力的各级成文法律、行政法规、部门规章等的总和。换句话说，税法体系就是通常所说的税收制度(简称税制)。

一个国家的税收制度，可按照构成方法和形式分为简单型税制及复合型税制。简单型税制主要是指税种单一、结构简单的税收制度；复合型税制主要是指由多个税种构成的税收制度。在现代社会中，世界各国一般都采用多种税并存的复税制税收制度。一个国家为了有效取得财政收入或调节社会经济活动，必须设置一定数量的税种，并规定每种税的征收和缴纳办法，包括对什么征税、向谁征税、征多少税，以及何时纳税、何地纳税、按什么手续纳税和不纳税如何处理等。

因此，税收制度的内容主要有3个层次：一是不同的要素构成税种，构成税种的要素主要包括纳税人、征税对象、税目、税率、纳税环节、纳税期限、减税免税等；二是不同的税种构成税收制度，构成税收制度的具体税种，国与国之间差异较大，但一般都包括所得税(直接税)，如企业(法人)所得税、个人所得税，也包括流转税(间接税)，如增值税、消费

税，以及其他一些税种，如财产税(房地产税、车船税)、关税、社会保障税等；三是规范税款征收程序的法律法规，如税收征收管理法等。

税种的设置及每种税的征税办法，一般是以法律形式确定的，这些法律就是税法。一个国家的税法一般包括税法通则、各税税法(条例)、实施细则、具体规定 4 个层次。其中，“税法通则”规定一个国家的税种设置和每个税种的立法精神；各个税种的“税法(条例)”分别规定每种税的征税办法；“实施细则”是对各税税法(条例)的详细说明和解释；“具体规定”则是根据不同地区、不同时期的具体情况制定补充性法规。目前，世界上只有少数国家单独制定税法通则，大多数国家都把税法通则的有关内容包含在各税税法(条例)之中，我国的税法就属于这种情况。

二、税法的分类

在税法体系中，按照各个税种的内容、职能、适用范围的不同，可以分为不同类型的税法。

(一) 税收基本法和税收普通法

按照基本内容和效力的不同，税法可分为税收基本法和税收普通法。税收基本法也称税法通则，是税法体系的主体和核心，具有税收母法的性质。其基本内容一般包括：税务管理机构、税收立法与管理权限、纳税人的基本权利与义务、征税机关的权利和义务、税种设置等。我国目前还没有制定统一的税收基本法。税收普通法是根据税收基本法的原则，对税收基本法规定的事项分别立法实施的法律，如个人所得税法、税收征收管理法等。

(二) 税收实体法和税收程序法

按照职能作用的不同，税法可分为税收实体法和税收程序法。税收实体法主要是指确定税种立法，具体规定各税种的征收对象、征收范围、税目、税率、纳税地点等。税收程序法是指税务管理方面的法律，主要包括税收管理法、纳税程序法、发票管理法、税务机关组织法、税务争议处理法等。

(三) 流转税法、所得税法、资源税法、财产税法和行为目的税法

按照相关税种征收对象的不同，税法可分为流转税法、所得税法、资源税法、财产税法和行为目的税法。流转税法是指以商品和劳务的流转额为征税对象的法律规范。其征税目的是在生产、流通及进口等方面发挥对经济的宏观调控作用，保障国家的财政收入。我国现行的增值税法、消费税法、关税法等都属于流转税法的范畴。所得税法是以企业、个人或社会组织取得的所得额为征税对象的法律规范。其征税目的是直接调节纳税人的收入，自动调节经济和实现公平分配。我国现行的企业所得税法、个人所得税法就属于所得税法的范畴。资源税法是以自然资源为征税对象的法律规范。其征税目的是调节资源的级差收入，保护自然资源的合理使用，促进资源的合理配置。我国现行的资源税法、城镇土地使用税法、土地增值税法等属于资源税法的范畴。财产税法是以纳税人拥有的各种财产为征税对象的法律规范。其征税目的是防止财产的闲置浪费和避免利用财产投机取巧，促进财产的节约和合理使用。我国现行的房产税、契税法、车船税法等属于财产税法的范畴。行为目的税法是对特定

行为课税的法律规范。其征税目的一般是满足政府的特定社会目的、特定经济目的或财政目的的需要。我国现行的城市维护建设税、印花税、车辆购置税等属于行为目的税法。

(四) 国内税法、国际税法和外国税法

按照主权国家行使税收管辖权的不同，可分为国内税法、国际税法、外国税法等。国内税法是指一个国家内部的税收制度，适用于国内的税收事务。国际税法是指国家间形成的税收制度，主要包括双边或多边国家间的税收制定协定、条约和国际惯例等。外国税法是指外国各个国家制定的税收制度。

三、我国现行税法体系

现行的税法体系由税收实体法和税收程序法组成。

(一) 税收实体法

我国现行的实体法是 1949 年中华人民共和国成立后经过几次较大的改革逐步演变而来的，按其性质和作用大致分为 5 类。

(1) 流转税类，包括增值税、消费税和关税，主要在生产、流通或者服务业中发挥调节作用。

(2) 所得税类，包括企业所得税、个人所得税，主要是在国民收入形成后，对生产经营者的利润和个人的纯收入发挥调节作用。

(3) 财产和行为税类，包括房产税、车船税、印花税、契税，主要是对某些财产和行为发挥调节作用。

(4) 资源税类，包括资源税、土地增值税和城镇土地使用税，主要是对因开发和利用自然资源产生的差异而形成的级差收入发挥调节作用。

(5) 特定目的税类，包括固定资产投资方向调节税(暂缓征收)、筵席税、城市维护建设税、车辆购置税、耕地占用税和烟叶税，主要是为了达到特定目的，对特定对象和特定行为发挥调节作用。

(二) 税收程序法

税收程序法是指税务管理方面的法律，我国对税收征收管理适用的法律制度，是按照税收管理机关的不同而分别规定的。

(1) 由税务机关负责征收的税种的征收管理，按照全国人大常委会发布实施的《中华人民共和国税收征收管理法》有关规定执行。

(2) 由海关机关负责征收的税种的征收管理，按照《中华人民共和国海关法》及《中华人民共和国进出口关税条例》等有关规定执行。

上述税收实体法和税收程序法的法律制度构成了我国现行的税法体系。

课后习题

一、单项选择题

1. 区分不同类型税种的主要标志是(　　)。
   A. 税率　　B. 征税对象
   C. 纳税人　　D. 纳税环节
2. 根据规定，有权制定税收法律的是(　　)。
   A. 国务院　　B. 财政部
   C. 全国人民代表大会及其常委会　　D. 国家税务总局
3. 下列各项中，表述正确的是(　　)。
   A. 税目是区分不同税种的主要标志
   B. 税率是衡量税负轻重的重要标志
   C. 纳税人就是履行纳税义务的法人和自然人
   D. 征税对象就是税收法律关系中征纳双方权利与义务所指的物品
4. 目前我国税制基本上是(　　)税制结构。
   A. 直接税为主体　　B. 间接税为主体　　C. 直接税和间接税为双主体　　D. 无主体
5. 关于税收法律关系，下列说法中正确的是(　　)。
   A. 税收法律关系的主体只能是国家
   B. 税收法律关系中权利与义务具有对等性
   C. 税收法律关系的成立不以征纳双方意思表示一致为要件
   D. 征税权虽是国家法律授予的，但是也可以放弃或转让
6. 下列权力中，作为国家征税依据的是(　　)。
   A. 管理权力　　B. 政治权力　　C. 财产权力　　D. 社会权力
7. 某人和当地税款征收机关在税款缴纳上存在争议，按要求必须在缴纳税款后税务机关才能受理其复议申请，这体现了税法适用原则中的(　　)。
   A. 新法优于旧法原则　　B. 特别法优于普通法原则
   C. 程序法优于实体法原则　　D. 实体法从旧原则
8. 下列规范性文件中，属于国务院制定的税收行政法规的是(　　)。
   A.《中华人民共和国增值税暂行条例实施细则》
   B.《中华人民共和国税收征收管理法实施细则》
   C.《中华人民共和国土地增值税暂行条例》
   D.《中华人民共和国车船税法》

二、多项选择题

1. 我国现行的税收实体法包括(　　)。
   A. 房产税法　　B. 税收征收管理法
   C. 个人所得税法　　D. 关税法

2. 关于税收实体法构成要素，下列说法中不正确的是(　　)。

A. 纳税人是税法规定的直接负有纳税义务的单位和个人，是实际负担税款的单位和个人

B. 征税对象是税法中规定的征税的目的物，是国家征税的依据

C. 纳税人在计算应纳税款时，应以税法规定的税率为依据，所以税法规定的税率反映纳税人的税收实际负担

D. 税目是征税对象的具体化，反映具体征税范围，代表征税的广度

3. 税收法律关系的构成要素包括(　　)。

A. 主体　　B. 客体　　C. 内容　　D. 义务

4. 在税收执法过程中，对法律效力的判断上，应遵循的原则是(　　)。

A. 层次高的法律优于层次低的法律

B. 国际法优于国内法

C. 同一层次法律中特别法优于普通法

D. 实体法从新，程序法从旧

5. 下列关于我国税收法律级次的表述中，正确的有(　　)。

A.《中华人民共和国城市维护建设税暂行条例》属于税收规章

B.《中华人民共和国企业所得税法实施条例》属于税收行政法规

C.《中华人民共和国企业所得税法》属于全国人大制定的税收法律

D.《中华人民共和国增值税暂行条例》属于全国人大常委会制定的税收法律

6. 税收立法程序是税收立法活动中必须遵守的法定步骤，目前我国税收立法程序经过的主要阶段包括(　　)。

A. 提议阶段　　B. 通过阶段　　C. 公布阶段　　D. 审议阶段

第二章

增 值 税 法

【学习要点】

本章主要介绍增值税的概念、类型、特点、纳税人、税率、应纳税额的计算及征收管理等内容。通过学习，应了解增值税的基本原理与特点，掌握增值税的征税范围、税率、应纳税额的计算及征收管理。

第一节　增值税概述

一、增值税的概念

增值税是以商品和劳务在流转过程中产生的增值额作为征税对象而征收的一种流转税。在我国，根据《中华人民共和国增值税暂行条例》(以下简称《增值税暂行条例》)和营业税改征增值税(以下简称“营改增”)的规定，增值税是对在我国境内销售货物，提供加工修理修配劳务(以下简称提供应税劳务)，销售服务、无形资产及不动产(以下简称发生应税行为)，以及进口货物的企业、单位和个人，就其销售货物、提供应税劳务、发生应税行为的增值额和货物进口金额为计税依据而课征的一种流转税。

从理论上讲，增值额是在一定时期内劳动者在生产商品和提供劳务以及提供服务时新创造的价值。按照马克思的商品价值构成公式，任何一种商品或劳务的价值均由 C、V 和 M 3部分构成。其中，C 为生产经营过程中消耗掉的补偿价值，即由上一生产环节转移过来的投入物品或劳务的价值，属于不变资本价值。商品或劳务的价值扣除 C 以后的部分，即为该商品或劳务的新增价值 $V+M$。其中 V 为劳动力的补偿价值，M 是剩余产品的价值，具体而言，可以从两个方面来理解。

(1) 从一个企业商品或劳务的生产经营全过程分析，增值额是指该企业商品或劳务的销售额扣除外购商品或劳务金额，即非增值项目金额之后的余额，也就是这个单位创造的没有纳过税的那部分价值额。所以，就全社会而言，全部商品的增值额大体上等于从社会商品总价值中扣除C后的余额，在财务上相当于净产值或国民收入部分，包括工资、利润、利息、租金和其他属于增值性的收入。

(2) 就商品经营的全过程而言，增值额是该商品经历的从生产到流通各个环节的增值额之和，也就是该项商品的最终销售价格。

但从各国实行增值税的实践来看，作为计税依据的增值额并非理论上的增值额，而是法定的增值额。所谓法定的增值额，是指各国政府根据各自的国情，在增值额制度中人为确定的增值额。法定的增值额可以等于，也可以大于或小于理论上的增值额。造成二者不一致的原因是各国在规定扣除项目或扣除范围时，对外购固定资产的处理办法不同。

二、增值税的类型

为了避免重复征税，世界上实行增值税的国家，对纳税人外购原材料、燃料、动力、包装物和低值易耗品等已纳的税款，一般都准予从销项税额中扣除，但对固定资产已纳的增值税税金是否允许扣除，政策不一，在处理上也不尽相同，由此形成了 3 种不同的增值税类型。

1. 生产型增值税

生产型增值税是指计算增值税时，不允许扣除任何外购固定资产的价款，作为课税基数的法定增值额除包括纳税人新创造的价值外，还包括当期计入成本的外购固定资产价款部分，即法定增值额相当于当期工资、利息、租金、利润等理论增值额和折旧额之和。从整个国民经济来看，这一课税基数大体相当于国民生产总值的统计口径，故称为生产型增值税。

2. 收入型增值税

收入型增值税是指计算增值税时，对外购固定资产价款只允许扣除当期计入产品价值的折旧费部分，作为课税基数的法定增值额相当于当期工资、利息、租金和利润等各项增值额之和。从整个国民经济来看，这一课税基数大体相当于国民收入部分，故称为收入型增值税。

3. 消费型增值税

消费型增值税是指计算增值税时，允许将当期的固定资产价款一次全部扣除，作为课税基数的法定增值额相当于纳税人当期的全部销售额扣除外购的全部生产资料价款的余额。从整个国民经济来看，这一课税基数仅限于消费资料价值的部分，故称为消费型增值税。

三、我国增值税的特点

增值税与其他税种相比，具有如下特点。

1. 采用消费型增值税

由于生产型增值税对固定资产存在重复征税的情况，抑制了纳税人对固定资产投资的积极性，为了提高企业的技术改造能力，加强企业的固定资产改造，国务院决定自 2009 年 1 月 1 日起，在全国范围内实施消费型增值税。

2. 增值税实行价外税

所谓的价外税是指销售价格中不包括税金，把税款同价格分开，使企业的成本核算不受税收影响。这样可以更清楚地体现增值税的转嫁性，同时也为使用专用发票实行发票抵扣制奠定了基础。

3. 实行税款抵扣制

我国实行凭注明税款的专用发票进行抵扣的办法。专用发票分别标明货物价款和税金，纳税人在销售货物时，要注明增值税税款，下个环节凭购进货物专用发票注明的税款予以抵扣。

4. 规定两类不同纳税人，实行不同的计税方法

现行的增值税根据企业经营规模和会计核算的健全程度，将纳税人划分为两大类：一类是一般纳税人，对其实行购进扣税法，即采用间接计算法；另一类是小规模纳税人，对其实行简易征收法，即用销售额乘以征收率计算应纳税额。这样的划分不仅有利于配合增值税专用发票管理的需要，也有利于加强税款征收管理，提高征收效率。

我国从1979年开始在部分城市试行生产型增值税。1994年在生产和流通领域全面实行生产型增值税，2008年国务院决定全面实施增值税改革，即将生产型增值税转为消费型增值税。2011年年底，国家决定在上海试点营业税改征增值税工作，并逐步将试点地区扩展到全国。2016年3月23日，经国务院批准，财政部和国家税务总局发布了《关于全面推开营业税改征增值税试点的通知》(财税〔2016〕36号，以下简称“营改增通知”)，通知决定自2016年5月1日起，在全国范围内全面推开营业税改征增值税试点，将建筑业、房地产业、金融业、生活服务业等全部营业税纳税人，纳入试点范围，由缴纳营业税改为缴纳增值税。

第二节　增值税的征税范围概述

一、增值税征税范围

根据《中华人民共和国增值税暂行条例》《中华人民共和国增值税暂行条例实施细则》和“营改增”的规定，我国增值税的征税范围包括销售货物、提供应税劳务、发生应税行为以及进口货物。

(一) 征税范围的一般规定

1. 销售货物

销售货物是指有偿转让货物的所有权。“有偿”不仅仅指从购买方取得货币，还包括取得货物或其他经济利益。货物是指有形动产，也包括电力、热力和气体。

2. 提供应税劳务

提供应税劳务是指有偿提供加工、修理修配劳务。“加工”是指受托加工货物，即委托方提供原料及主要材料，受托方按照委托方的要求制造货物并收取加工费的业务；“修理修配”是指受托方对损伤和丧失功能的货物进行修复，使其恢复原状和功能的业务。单位或者个体工商户聘用的员工为本单位或者雇主提供加工、修理修配劳务，不包括在内。

3. 进口货物

进口货物是指申报进入我国海关境内的有形动产。进口货物包括国外产制和我国已出口

又转内销的货物、国外捐赠的货物，以及进口者自行采购的货物、用于贸易行为的货物、自用或用于其他方面的货物。报关进口的货物之所以也属于增值税的征税范围主要是基于平衡货物税收负担的考虑。

4. 发生应税行为

应税行为的具体范围包括销售应税服务、销售无形资产和销售不动产 3 大类。

1) 销售应税服务

应税服务包括交通运输服务、邮政服务、电信服务、建筑服务、金融服务、现代服务、生活服务，具体征税范围如下。

(1) 交通运输服务。交通运输服务是指利用运输工具将货物或者旅客送达目的地，使其空间位置得到转移的业务活动，包括陆路运输服务、水路运输服务、航空运输服务、管道运输服务和无运输工具承运业务。

① 陆路运输服务，是指通过陆路(地上或者地下)运送货物或者旅客的运输业务活动，包括铁路运输服务和其他陆路运输服务。出租车公司向使用本公司自有出租车的出租车司机收取的管理费用，按照陆路运输服务缴纳增值税。

② 水路运输服务，是指通过江、河、湖、川等天然、人工水道或者海洋航道运送货物或者旅客的运输业务活动。水路运输的程租、期租业务，属于水路运输业务。程租业务，是指运输企业为租船人完成某一特定航次的运输任务并收取租赁费的业务。期租业务，是指运输企业将配备有操作人员的船舶承租给他人使用一定期限，承租期内听候承租方调遣，不论是否经营，均按天向承租方收取租赁费，发生的固定资产费用均由船东负担的业务。

③ 航空运输服务，是指通过空中航线运送货物或者旅客的运输活动。航天运输服务按照航空运输服务缴纳增值税。航空运输的湿租业务，属于航空运输业务。湿租业务，是指航空运输企业将配有机组人员的飞机承租给他人使用一定期限，承租期内听候承租方调遣，不论是否经营，均按一定标准向承租方收取租赁费，发生的固定费用均由承租方承担的业务。

④ 管道运输服务，是指通过管道设施运送气体、液体、固体物质的运输业务活动。

⑤ 无运输工具承运业务，是指经营者以承运人的身份与托运人签订运输服务合同，收取运费并承担承运人责任，然后委托实际承运人完成运输服务的经营活动。无运输工具承运业务按照交通运输服务缴纳税款。

(2) 邮政服务。邮政服务是指中国邮政集团公司及其所属邮政企业提供邮件寄送、邮政汇兑和机要通信等邮政基本服务的业务活动，包括邮政普遍服务、邮政特殊服务和其他邮政服务。

① 邮政普遍服务，是指函件、包裹等邮件寄递，以及邮票发行、报刊发行和邮政汇兑等业务活动。

② 邮政特殊服务，是指义务兵平常家信、机要通信、盲人读物和革命烈士遗物的寄递等业务活动。

③ 其他邮政服务，是指邮册等邮品销售、邮政代理等业务活动。

根据《财政部国家税务总局关于营业税改征增值税试点若干政策的通知》(财税〔2016〕39号)第七条规定，中国邮政集团公司及其所属邮政企业提供的邮政普遍服务和邮政特殊服务，免征增值税。

(3) 电信服务。电信服务是指为满足特定的电信需要，由主管部门或经过认可的私营机构向其客户提供的服务。电信服务包括基础电信服务和增值电信服务。

① 基础电信服务，是指利用固网、移动网、卫星、互联网提供语音通话服务的业务活动，以及出租或者出售宽带、波长等网络元素的业务活动。

② 增值电信服务，是指利用固网、移动网、卫星、互联网、有线电视网络提供短信和彩信服务、电子数据和信息的传输及应用服务、互联网接入服务等业务活动。卫星电视信号落地转接服务按照增值电信服务缴纳增值税。

(4) 建筑服务。建筑服务是指各类建筑物、构筑物及其附属设施的建造、修缮、装饰，线路、管道、设备、设施等的安装以及其他工程作业的业务活动，包括工程服务、安装服务、修缮服务、装饰服务和其他建筑服务。

① 工程服务，是指新建、改建各种建筑物、构筑物的工程作业，包括与建筑物相连的各种设备或者支柱、操作平台的安装或者装设工程作业，以及各种窑炉和金属结构工程作业。

② 安装服务，是指生产设备、动力设备、起重设备、运输设备、传动设备、医疗实验设备以及各种设备、设施的装配、安置工程作业，包括与被安装设备相连的工作台、梯子、栏杆的装设工程作业，以及被安装设备的绝缘、防腐、保温、油漆等工程作业。固定电话、有线电视、宽带、水、电、煤气、暖气等经营者向用户收取的安装费、初装费、开户费、扩容费以及类似收费，按照安装服务缴纳增值税。

③ 修缮服务，是指对建筑物、构筑物进行修补、加固、养护、改善，使之恢复原来的使用价值或者延长其使用期限的工程作业。

④ 装饰服务，是指对建筑物、构筑物进行修饰装修，使之美观或者具有特定用途的工程作业。

⑤ 其他建筑服务，是指上列工程作业之外的各种工程作业服务，如钻井(打井)、拆除建筑物或者构筑物、平整土地、园林绿化、疏浚(不包括航道疏浚)、建筑物平移、搭脚手架、爆破、矿山穿孔、表面附着物(包括岩层、图层、砂层等)剥离和清理等工程业务。

(5) 金融服务。金融服务是指经营金融保险的业务活动，包括贷款服务、直接收费金融服务、保险服务和金融商品转让。

① 贷款服务，是指将资金贷与他人使用而取得利息收入的业务活动。以货币资金投资收取的固定利润或者保底利润，按照贷款服务缴纳增值税。各种占用、拆借资金取得的收入，包括金融商品持有期间(含到期)利息(保本收益、报酬、资金占用费、补偿金等)收入、信用卡透支利息收入、买入返售金融商品利息收入、融资融券收取的利息收入，以及融资性售后回租、押汇、罚息、票据贴现、转贷等业务取得的利息及利息性质的收入，按照贷款服务缴纳增值税。

② 直接收费金融服务，是指为货币资金融通及其他金融业务提供相关服务并收取费用的业务活动，包括提供货币兑换、账户管理、电子银行、信用卡、信用证、财务担保、资产管理、信托管理、基金管理、金融交易所(平台)管理、资金结算、资金清算、金融支付等服务。

③ 保险服务，是指投保人根据合同的约定，向保险人支付保险费，保险人对于合同约定的可能发生的事故因其发生所造成的财产损失承担赔偿保险金责任，或者当被保险人死亡、伤残、疾病或者达到合同预定的年龄、期限等条件时承担给付保险金责任的商业保险行为，包括人身保险服务和财产保险服务。

④ 金融商品转让，是指转让外汇、有价证券、非货币期货和其他金融商品所有权的业

务活动。其他金融商品转让包括基金、信托、理财产品等各类资产管理产品和各种金融衍生品的转让。

(6) 现代服务。现代服务是指围绕制造业、文化产业、现代物流产业等提供技术性、知识性服务的业务活动，包括研发和技术服务、信息技术服务、文化创意服务、物流辅助服务、租赁服务、鉴证咨询服务、广播影视服务、商务辅助服务和其他现代服务。

① 研发和技术服务，包括研发服务、合同能源管理服务、工程勘察勘探服务、专业技术服务。

② 信息技术服务，是指利用计算机、通信网络等技术对信息进行生产、收集、处理、加工、储存、运输、检索和利用，并提供信息服务的业务活动，包括软件服务、电路设计及测试服务、信息系统服务、业务流程管理服务和信息系统增值服务。

③ 文化创意服务，包括设计服务、知识产权服务、广告服务和会议展览服务。其中广告服务包括广告代理和广告发布、播映、宣传、展示等。

④ 物流辅助服务，包括航空服务、港口码头服务、货运场站服务、打捞救助服务、装卸搬运服务、仓储服务和收派服务。其中航空服务包括航空地面服务和通用航空服务。港口设施经营人收取的港口设施保安费，按照港口码头服务缴纳增值税。

⑤ 租赁服务，包括融资租赁服务和经营租赁服务。其中按照标的物的不同，融资租赁服务可分为有形动产租赁服务和不动产融资租赁服务；经营租赁按照标的物的不同也可分为有形动产经营租赁服务和不动产经营租赁服务。将建筑物、构筑物等不动产或者飞机、车辆等有形动产的广告位出租给其他单位和个人用于广告发布的，按照经营租赁服务缴纳增值税。车辆停放服务、道路通行服务(包括过路费、过桥费、过闸费等)等按照不动产经营租赁服务缴纳增值税。水路运输的光租业务、航空运输的干租业务，属于经营租赁。光租业务，是指运输企业将船舶在约定的时间内出租给他人使用，不配备操作人员，不承担运输过程中发生的各项费用，只收取固定租赁费的业务活动。干租业务，是指航空运输企业将飞机在约定的时间内出租给他人使用，不配备操作人员，不承担运输过程中发生的各项费用，只收取固定租赁费的业务活动。

⑥ 鉴证咨询服务，包括认证服务、鉴证服务和咨询服务。翻译服务和市场调查服务按照咨询服务缴纳增值税。

⑦ 广告影视服务，包括广播影视节目(作品)的制作服务、发行服务和播映(含放映，下同)服务。

⑧ 商务辅助服务，包括企业管理服务、经纪代理服务、人力资源服务、安全保护服务。其中经纪代理服务包括金融代理、知识产权代理、货物运输代理、代理报关、法律代理、房地产中介、职业中介、婚姻中介、代理记账、拍卖等服务。

⑨ 其他现代服务，是指除研发和技术服务、信息技术服务、文化创意服务、物流辅助服务、租赁服务、鉴证咨询服务、广播影视服务和商务辅助服务以外的现代服务。

(7) 生活服务。生活服务是指为满足城乡居民日常生活需求提供的各类服务，包括文化体育服务、教育医疗服务、旅游娱乐服务、餐饮住宿服务、居民日常服务等。

① 文化体育服务，包括文化服务和体育服务。

② 教育医疗服务，包括教育服务和医疗服务。

③ 旅游娱乐服务，包括旅游服务和娱乐服务。

④ 餐饮住宿服务，包括餐饮服务和住宿服务。

⑤ 居民日常服务，是指主要为满足居民个人及家庭日常生活需求而提供的服务，包括市容市政管理、家政、婚庆、养老、殡葬、照料和护理、美容美发、按摩、桑拿、氧吧、足疗、沐浴、洗染、摄影扩印等服务。

2) 销售无形资产

销售无形资产是指转让无形资产所有权或者使用权的业务活动。无形资产，是指不具实物形态，但能带来经济利益的资产，包括技术、商标、著作权、商誉、自然资源使用权和其他权益性无形资产。技术，包括专利技术和非专利技术。自然资源使用权，包括土地使用权、海域使用权、探矿权、采矿权、取水权和其他自然资源使用权。其他权益性无形资产，包括基础设施资产经营权、公共事业特许权、配额、经营权(包括特许经营权、连锁经营权、其他经营权)、经销权、分销权、代理权、会员权、席位权、网络游戏虚拟道具、域名、名称权、肖像权、冠名权、转会费等。

3) 销售不动产

销售不动产，是指转让不动产所有权的业务活动。不动产，是指不能移动或者移动后会引起性质、形状改变的财产，包括建筑物、构筑物等。建筑物，包括住宅、商业营业用房、办公楼等可供居住、工作或者进行其他活动的建筑物。构筑物，包括道路、桥梁、隧道、水坝等建造物。转让建筑物有限产权或者永久使用权的，转让在建的建筑物或者构筑物所有权的，以及在转让建筑物或者构筑物时一并转让其所占土地的使用权的，按照销售不动产缴纳增值税。

(二) 征税范围的具体规定

增值税的征税范围除了上述的一般规定以外，对于实务中某些特殊项目或行为是否属于增值税的征税范围，还需要做出具体确定。

1. 属于征税范围的特殊项目

(1) 航空运输企业已售票但未提供航空运输服务取得的逾期票证收入，按照航空运输服务征收增值税。

(2) 纳税人取得的中央财政补贴，不属于增值税应税收入，不征收增值税。

(3) 药品生产企业销售自产创新药的销售额，为向买方收取的全部价款和价外费用，其提供给患者后续免费使用的相同创新药，不属于增值税的视同销售。

(4) 融资性售后回租业务中，承租方出售资产的行为不属于增值税的征税范围，不征收增值税。

(5) 存款利息不征收增值税。

(6) 被保险人获得的保险赔付不征收增值税。

(7) 房地产主管部门或者其指定机构、公积金管理中心、开发企业以及物业管理单位代收的住宅专项维修基金，不征收增值税。

2. 属于征税范围的特殊行为

1) 视同销售货物行为

单位或者个体工商户的下列行为，视同销售货物：

(1) 将货物交付其他单位或者个人代销；

(2) 销售代销货物；

(3) 设有两个以上机构并实行统一核算的纳税人，将货物从一个机构移送至其他机构用于销售，但相关机构设在同一县(市)的除外；

(4) 将自产或者委托加工的货物用于非增值税应税项目；

(5) 将自产、委托加工的货物用于集体福利或者个人消费；

(6) 将自产、委托加工或者购进的货物作为投资，提供给其他单位或者个体工商户；

(7) 将自产、委托加工或者购进的货物分配给股东或者投资者；

(8) 将自产、委托加工或者购进的货物无偿赠送给其他单位或者个人；

(9) 单位和个体工商户向其他单位或者个人无偿提供服务，提供交通运输业、邮政业和部分现代服务业服务，但以公益活动为目的或者以社会公众为对象的除外；

(10) 财政部和国家税务总局规定的其他情形。

将上述行为确定为视同销售货物行为，均要征收增值税。其目的主要有3个。一是保证增值税税款抵扣制度的实施，不致因发生上述行为而造成各相关环节税款抵扣链条的中断，如前两种情况就是这种原因。如果不将之视同销售就会出现销售代销货物方仅有销项税额而无进项税额，而将货物交付其他单位或者个人代销方仅有进项税额而无销项税额的情况，就会出现增值税抵扣链条不完整。二是避免因发生上述行为而造成货物销售税收负担不平衡的矛盾，防止以上述行为逃避纳税的现象。三是体现增值税计算的配比原则，即购进货物已经在购进环节实施了进项税额抵扣，这些购进货物应该产生相应的销售额，同时应该产生相应的销项税额，否则就会产生不配比情况。

2) 混合销售行为

一项销售行为既涉及货物又涉及服务，为混合销售行为。从事货物的生产、批发或者零售的单位和个体工商户的混合销售行为，按照销售货物缴纳增值税；其他单位和个体工商户的混合销售行为，按照销售服务缴纳增值税。

上述从事货物的生产、批发或者零售的单位和个体工商户，包括以从事货物的生产、批发或者零售为主，并兼营销售服务的单位和个体工商户在内。

混合销售行为成立的行为标准有两点：一是其销售行为必须是一项；二是该项行为必须既涉及货物销售又涉及应税行为。

二、增值税的纳税义务人和扣缴义务人

(一) 纳税义务人

在中华人民共和国境内(以下简称境内)销售或者进口货物、提供应税劳务或服务、销售无形资产或不动产的单位和个人是增值税纳税义务人。

单位，是指企业、行政单位、事业单位、军事单位、社会团体及其他单位。

个人，是指个体工商户和其他个人。

单位以承包、承租、挂靠方式经营的，承包人、承租人、挂靠人(以下统称承包人)以发包人、出租人、被挂靠人(以下统称发包人)名义对外经营并由发包人承担相关法律责任的，以该发包人为纳税人。不然，则以承包人为纳税人。

(二) 扣缴义务人

中华人民共和国境外(以下简称境外)的单位或者个人在境内提供应税劳务，在境内未设有经营机构的，以其境内代理人为扣缴义务人；在境内没有代理人的，以购买方为扣缴义务人。

第三节　一般纳税人和小规模纳税人的登记

增值税实行凭专用发票抵扣税款的制度，客观上要求纳税人具备健全的会计核算制度和能力。为了征收的方便，我国采用国际通行办法，以纳税人经营规模的大小和会计核算的健全程度为标准，把增值税纳税人分为一般纳税人和小规模纳税人两类，分别采用不同的登记管理办法。区分一般纳税人和小规模纳税人的主要意义在于，二者在增值税法中的地位不同：一般纳税人可以领购增值税专用发票，采用购进扣税法计算应纳税额；而小规模纳税人不能领购增值税专用发票，采用简易方法计算应纳税额。

本部分内容为2017年11月30日国家税务总局2017年度第2次局务会议审议通过的自2018年2月1日起施行的《增值税一般纳税人登记管理办法》规定的内容。

一、一般纳税人的登记

(一) 一般纳税人的登记条件

根据《增值税一般纳税人登记管理办法》的规定，增值税纳税人，年应税销售额超过财政部、国家税务总局规定的小规模纳税人标准的，除按规定不得办理一般纳税人登记之外的情形，应当向主管税务机关办理一般纳税人登记。

年应税销售额是指增值税纳税人在连续不超过12个月或4个季度的经营期内累计应征增值税销售额，包括纳税申报销售额、稽查查补销售额、纳税评估调整销售额。

销售服务、无形资产或者不动产有扣除项目的增值税纳税人，其应税行为年应税销售额按未扣除之前的销售额计算。增值税纳税人偶然发生的销售无形资产、转让不动产的销售额，不计入应税行为年应税销售额。

年应税销售额未超过规定标准的纳税人，会计核算健全，能提供准确税务资料的，可以向主管税务机关办理一般纳税人登记。

纳税人应当向其机构所在地主管税务机关办理一般纳税人登记手续。

(二) 不得办理一般纳税人登记的情形

不得办理一般纳税人登记的情形如下。

(1) 按照政策规定，选择按照小规模纳税人纳税的。

(2) 年应税销售额超过规定标准的其他个人。

(三) 办理一般纳税人登记的程序

办理一般纳税人登记的程序如下。

(1) 纳税人向主管税务机关填报《增值税一般纳税人资格登记表》，如实填写固定生产经营场所等信息，并提供税务登记证件。

(2) 纳税人填报内容与税务登记信息一致的，主管税务机关当场登记。

(3) 纳税人填报内容与税务登记信息不一致，或者不符合填列要求的，税务机关应当场告知纳税人需要补正的内容。

(四) 办理登记的时限

纳税人在年应税销售额超过规定标准的月份(或季度)的所属申报期结束后 15 日内按照规定办理相关手续，未按规定时限办理的，主管税务机关应当在规定时限结束后 5 日内制作《税务事项通知书》，告知纳税人应当在 5 日内向主管税务机关办理相关手续；逾期仍不办理的，次月起按销售额依照增值税税率计算应纳税额，不得抵扣进项税额，直至纳税人办理相关手续为止。

纳税人自一般纳税人生效之日起，按照增值税一般计税方法计算应纳税额，并可以按照规定领用增值税专用发票，财政部、国家税务总局另有规定的除外。这里所说生效之日，是指纳税人办理登记的当月 1 日或者次月 1 日，由纳税人在办理登记手续时自行选择。

二、小规模纳税人的登记

小规模纳税人是指年销售额在规定标准以下，并且会计核算不健全，不能按规定报送有关税务资料的增值税纳税人。会计核算不健全是指不能正确核算增值税的销项税额、进项税额和应纳税额。

根据《关于统一增值税小规模纳税人标准的通知》(财税〔2018〕33 号文件)，为完善增值税制度，进一步支持中小微企业发展，将增值税小规模纳税人标准进行了修订；增值税小规模纳税人认定标准为年应征增值税销售额 500 万元以下；按照《中华人民共和国增值税暂行条例实施细则》第二十八条规定已登记为增值税一般纳税人的单位和个人，在 2018 年 12 月 31 日前，可转登记为小规模纳税人，其未抵扣的进项税额做转出处理。

第四节　增值税税率与征收率

一、增值税税率

根据《关于深化增值税改革有关政策的公告》(财政部 税务总局 海关总署公告 2019 年第 39 号)，自 2019 年 4 月 1 日起，增值税一般纳税人发生增值税应税销售行为或者进口货物，原适用 16%税率的，税率调整为 13%；原适用 10%税率的，税率调整为 9%。这样，目前执行的增值税税率分别是 13%、9%、6%和零税率。

(一) 基本税率(适用税率为 13%的情形)

纳税人销售货物、劳务、有形动产租赁服务或者进口货物，除下列第(二)项、第(四)项另有规定外，税率为13%。

(二) 低税率(适用税率为 9%的情形)

纳税人提供交通运输、邮政、基础电信、建筑、不动产租赁服务，销售不动产，转让土地使用权，销售或进口下列货物，税率为 9%。

(1) 粮食等农产品、食用植物油、食用盐。

(2) 自来水、暖气、冷气、热水、煤气、石油液化气、天然气、二甲醚、沼气、居民用煤炭制品。

(3) 图书、报纸、杂志、录音制品、电子出版物。

(4) 饲料、化肥、农药、农机、农膜。

(5) 国务院规定的其他货物。

适用增值税税率 9%的货物的范围注释如下。

(1) 农产品，是指种植业、养殖业、林业、牧业、水产业生产的各种植物、动物的初级产品，具体征税范围暂继续按照《财政部、国家税务总局关于印发〈农业产品征税范围注释〉的通知》(财税字〔1995〕52 号)及现行相关规定执行，并包括挂面、干姜、姜黄、玉米胚芽、动物骨粒、按照《食品安全国家标准—巴氏杀菌乳》(GB 19645—2010)生产的巴氏杀菌乳、按照《食品安全国家标准—灭菌乳》(GB 25190—2010)生产的灭菌乳。

(2) 食用盐，是指符合《食用盐》(GB/T 5461—2016)和《食用盐卫生标准》(GB 2721—2003)两项国家标准的食用盐。

(3) 自来水、暖气、冷气、热水、煤气、石油液化气、天然气、沼气、居民用煤炭制品，上述货物的具体征税范围暂继续按照《国家税务总局关于印发〈增值税部分货物征税范围注释〉的通知》(国税发〔1993〕151 号)及现行相关规定执行，并包括棕榈油、棉籽油、茴油、毛椰子油、核桃油、橄榄油、花椒油、杏仁油、葡萄籽油、牡丹籽油、由石油伴生气加工压缩而成的石油液化气、西气东输项目上游中外合作开采天然气、中小学课本配套产品(包括各种纸制品或图片)、国内印刷企业承印的经新闻出版主管部门批准印刷且采用国际标准书号编序的境外图书、农用水泵、农用柴油机、不带动力的手扶拖拉机、三轮农用运输车、密集型烤房设备、频振式杀虫灯、自动虫情测报灯、粘虫板、卷帘机、农用挖掘机、养鸡设备系列产品、养猪设备系列产品、动物尸体降解处理机、蔬菜清洗机。

(4) 二甲醚，是指化学分子式为CH_3OCH_3，常温常压下为具有轻微醚香味，易燃、无毒、无腐蚀性的气体。

(5) 录音制品，是指正式出版的录有内容的录音带、录像带、唱片、激光唱盘和激光视盘。

(6) 电子出版物，是指以数字代码方式使用计算机应用程序，将图文声像等内容信息编辑加工后存储在具有确定的物理形态的磁、光、电等介质上，通过内嵌在计算机、手机、电子阅读设备、电子显示设备、数字音/视频播放设备、电子游戏机、导航仪以及其他具有类似功能的设备上读取使用，具有交互功能，用以表达思想、普及知识和积累文化的大众传播媒体。

(7) 饲料，是指用于动物饲养的产品或其加工品，具体征税范围按照《国家税务总局关于修订“饲料”注释及加强饲料征免增值税管理问题的通知》(国税发〔1999〕39 号)执行，其包括豆粕、宠物饲料、饲用鱼油、矿物质微量元素舔砖、饲料级磷酸二氢钙产品。

(三) 适用税率为 6%的情形

纳税人提供增值电信服务、金融服务、现代服务(租赁服务除外)、生活服务、转让土地使用权以外的其他无形资产的应税行为，税率为 6%。

(四) 零税率(适用零税率的情形)

境内单位和个人发生的跨境销售应税行为，税率为零。

(1) 国际运输服务，是指在境内载运旅客或货物出境；在境外载运旅客或货物入境；在境外载运旅客或货物。

(2) 航天运输服务。

(3) 向境外单位提供的完全在境外消费的研发服务、合同能源管理服务、设计服务、广播影视节目(作品)的制作和发行服务、软件服务、电路设计及测试服务、信息系统服务、业务流程管理服务、离岸服务外包业务、转让技术。

(4) 财政部和国家税务总局规定的其他业务。

二、增值税征收率

增值税征收率是指特定的货物或特定的纳税人销售的货物、提供的应税劳务、发生的应税行为在某一生产流通环节应纳税额与销售额的比率。适用增值税的征收率有两种情形：一是小规模纳税人；二是一般纳税人销售货物、提供应税劳务、发生应税行为按规定可以选择简易计税方法计税的。

(一) 征收率的一般规定

1. 按 5%的征收率征税

根据“营改增”的规定，下列情况适用 5%的征收率：

(1) 小规模纳税人销售自建或者取得的不动产；

(2) 一般纳税人选择简易计税方法计税的不动产销售；

(3) 房地产开发企业中的小规模纳税人，销售自行开发的房地产项目；

(4) 其他个人销售其取得(不含自建)的不动产(不含其购买的住房)；

(5) 一般纳税人选择简易计税方法计税的不动产租赁；

(6) 小规模纳税人出租(经营租赁)其取得的不动产(不含个人出租住房)；

(7) 其他个人出租(经营租赁)其取得的不动产(不含住房)；

(8) 个人出租住房，应按 5%的征收率减按 1.5%计算应纳税额；

(9) 一般纳税人和小规模纳税人提供劳务派遣服务选择差额纳税的；

(10) 一般纳税人 2016 年 4 月 30 日前签订的不动产融资租赁合同，或以 2016 年 4 月 30 日前取得的不动产提供的融资租赁服务，选择适用简易计税方法的；

(11) 一般纳税人收取试点前开工的一级公路、二级公路、桥、闸的通行费，选择适用简易计税方法的；

(12) 一般纳税人提供人力资源外包服务，选择适用简易计税方法的；

(13) 纳税人转让 2016 年 4 月 30 日前取得的土地使用权，选择适用简易方法计税的。

2. 按 3%的征收率征税

除上述适用5%征收率以外的纳税人选择简易计税方法销售货物、提供应税劳务、发生应税行为的，均按3%征收税款。

(二) 征收率的特殊规定

1. 纳税人销售使用过的物品

纳税人销售自己使用过的物品，按下列政策执行。

(1) 一般纳税人销售自己使用过的属于《增值税暂行条例》第十条规定不得抵扣且未抵扣进项税额的固定资产，按简易办法依3%征收率减按2%征收增值税。一般纳税人销售自己使用过的除固定资产以外的物品，应当按照适用税率征收增值税。

纳税人销售自己使用过的固定资产，适用简易办法依照3%的征收率减按2%的征收增值税政策的，可以放弃减税，按照简易办法依照3%的征收率缴纳增值税，并可以开具增值税专用发票。

(2) 小规模纳税人(除其他个人外，下同)销售自己使用过的固定资产，减按2%的征收率征收增值税。小规模纳税人销售自己使用过的除固定资产以外的物品，应按3%的征收率征收增值税。

2. 纳税人销售旧货

纳税人销售旧货，按照简易办法依照3%征收率减按2%征收增值税。所称旧货，是指进入二次流通的具有部分使用价值的货物(含旧汽车、旧摩托车和旧游艇)，但不包括自己使用过的物品。

上述纳税人销售自己使用过的固定资产、旧货适用按简易办法依3%征收率减按2%征收增值税政策的，按下列公式确定销售额和应纳税额。

$$销售额=含税销售额\div(1+3\%)$$

$$应纳税额=销售额\times 2\%$$

三、兼营行为的税率选择

试点纳税人发生应税销售行为适用不同税率或者征收率的，应当分别核算适用不同税率或者征收率的销售额，未分别核算销售额的，按照以下方法适用税率或者征收率：

(1) 兼有不同税率的应税销售行为，从高适用税率；

(2) 兼有不同征收率的应税销售行为，从高适用税率；

(3) 兼有不同税率和征收率的应税销售行为，从高适用税率。

第五节 一般计税方法应纳税额的计算

我国目前对一般纳税人采用的计税方法是国际上通行的购进扣税法，即先按当期销售额和适用税率计算出销项税额(这是对销售全额的征税)，然后对当期购进项目已经缴纳的税款进行抵扣，从而间接计算出对当期增值额部分的应纳税额。

增值税一般纳税人销售货物或者提供应税劳务的应纳税额，应该等于当期销项税额抵扣当期进项税额后的余额。其计算公式如下。

当期应纳税额＝当期销项税额－当期进项税额

＝当期销售额×适用税率－当期进项税额

增值税一般纳税人当期应纳税额的多少，取决于当期销项税额和当期进项税额这两个因素，而当期销项税额的确定关键在于确定当期销售额。对当期进项税额的确定在税法中也做了一些具体的规定。在分别确定销项税额和进项税额的情况下，不难计算出应纳税额。

一、销项税额的计算

销项税额是指纳税人销售货物或者提供应税劳务，按照销售额或提供应税劳务收入和规定的税率计算并向购买方收取的增值税税额。销项税额的计算公式为

销项税额＝销售额×适用税率

从销项税额的定义和公式中我们可以知道，它是由购买方在购买货物或者应税劳务支付价款时，一并向销售方支付的税额。对于属于一般纳税人的销售方来说，在没有抵扣其进项税额前，销售方收取的销项税额还不是其应纳增值税税额。销项税额的计算取决于销售额和适用税率两个因素。在适用税率既定的前提下，销项税额的大小主要取决于销售额的大小。增值税适用税率是比较简单的，因而销项税额计算的关键是如何准确确定作为增值税计税依据的销售额。

(一) 一般销售方式下的销售额

销售额是指纳税人销售货物或者提供应税劳务向购买方(承受应税劳务也视为购买方)收取的全部价款和价外费用。特别需要强调的是，尽管销项税额也是销售方向购买方收取的，但是增值税采用价外计税方式，用不含税价作为计税依据，因而销售额中不包括向购买方收取的销项税额。

价外费用，包括价外向购买方收取的手续费、补贴、基金、集资费、返还利润、奖励费、违约金、滞纳金、延期付款利息、赔偿金、代收款项、代垫款项、包装费、包装物租金、储备费、优质费、运输装卸费以及其他各种性质的价外收费，但下列项目不包括在内。

(1) 受托加工应征消费税的消费品所代收代缴的消费税。

(2) 同时符合以下条件的代垫运输费用：

① 承运部门的运输费用发票开具给购买方的；

② 纳税人将该项发票转交给购买方的。

(3) 同时符合以下条件代为收取的政府性基金或者行政事业性收费：

① 由国务院或者财政部批准设立的政府性基金，由国务院或者省级人民政府及其财政、价格主管部门批准设立的行政事业性收费；

② 收取时开具省级以上财政部门印制的财政票据；

③ 所收款项全额上缴财政。

(4) 销售货物的同时因代办保险等而向购买方收取的保险费，以及向购买方收取的代购买方缴纳的车辆购置税、车辆牌照费。

凡随同销售货物或提供应税劳务向购买方收取的价外费用，无论其会计制度如何核算，均应并入销售额计算应纳税额。税法规定各种性质的价外收费都要并入销售额计算征税，目的是防止以各种名目的收费减少销售额逃避纳税的现象。上述 4 项允许不计入价外费用是因为在满足了上述相关条件后可以确认销售方在其中仅仅是代为收取了有关费用，这些价外费用确实没有形成销售方的收入。

应当注意，根据国家税务总局的规定，对增值税一般纳税人(包括纳税人自己或代其他部门)向购买方收取的价外费用和逾期包装物押金，应视为含税收入，在征税时换算成不含税收入再并入销售额。

按会计制度规定，由于对价外收费一般都不在“产品销售收入”或“商品销售收入”科目中核算，而在“其他应付款”“其他业务收入”“营业外收入”等科目中核算。这样，企业在实务中时常出现对价外收费虽在相应科目中做会计核算，但却未核算其销项税额；有的企业则既不按会计核算要求进行收入核算，又不按规定核算销项税额，而是将发生的价外收费直接冲减有关费用科目。这些做法都是逃避纳税的错误行为，是要受到处罚的。因此，纳税人对价外收费按税法规定并入销售额计税必须予以高度重视，严格核查各项价外收费，保证做到正确计税和会计核算。

销售额以人民币计算。纳税人以人民币以外的货币结算销售额的，应当折合成人民币计算。

(二) 特殊销售方式下的销售额

在销售活动中，为了达到促销的目的，有多种销售方式。不同销售方式下，销售者取得的销售额会有所不同。对不同销售方式如何确定其计征增值税的销售额，既是纳税人关心的问题，也是税法必须予以明确规定的事情。

1. 采取折扣方式销售

折扣销售是指销货方在销售货物或应税劳务时，因购货方购货数量较大等原因而给予购货方的价格优惠。根据税法规定，纳税人销售货物并向购买方开具增值税专用发票后，由于购货方在一定时期内累计购买货物达到一定数量，或者由于市场价格下降等原因，销货方给予购货方相应的价格优惠或补偿等折扣、折让行为，销货方可按现行《增值税专用发票使用规定》的有关规定开具红字增值税专用发票。这里需要做几点解释。

(1) 销售折扣不同于折扣销售。销售折扣是指销货方在销售货物或应税劳务后，为了鼓励购货方及早偿还货款而协议许诺给予购货方的一种折扣优待。销售折扣发生在销货之后，是一种融资性质的理财费用，因此，销售折扣不得从销售额中减除。企业在确定销售额时应把折扣销售与销售折扣严格区分开。另外，销售折扣又不同于销售折让。销售折让是指货物销售后，由于其品种、质量问题等原因购货方未予退货，但销货方需给予购货方的一种价格折让。销售折让与销售折扣相比较，虽然都是在货物销售后发生的，但因为销售折让是由于货物的品种和质量问题引起销售额的减少，因此，对销售折让可以折让后的货款为销售额。

(2) 折扣销售仅限于货物价格的折扣，如果销货者将自产、委托加工和购买的货物用于实物折扣，则该实物款额不能从货物销售额中减除，且该实物应按增值税条例“视同销售货物”中的“赠送他人”计算征收增值税。

《国家税务总局关于印发〈增值税若干具体问题的规定〉的通知》(国税发〔1993〕154 号)第二条第(二)项规定，纳税人采取折扣方式销售货物，如果销售额和折扣额在同一张发票上分别注明的，可按折扣后的销售额征收增值税。纳税人采取折扣方式销售货物，销售额和折扣额在同一张发票上分别注明是指销售额和折扣额在同一张发票上“金额”栏分别注明的，可按折扣后的销售额征收增值税。未在同一张发票“金额”栏注明折扣额，而仅在发票的“备注”栏注明折扣额的，折扣额不得从销售额中减除。

【例 2-1】某工艺品厂为增值税一般纳税人，2019 年 12 月 2 日销售给甲企业 200 套工艺品，每套不含税价格 600 元。由于部分工艺品存在瑕疵，该工艺品厂给予甲企业 15%的销售折让，已开具红字专用发票。为了鼓励甲企业及时付款，该工艺品厂提出 2/20，*n*/30 的付款条件，甲企业于当月 15 日付款。计算该工艺品厂此项业务的销项税额为多少元？

销项税额＝600×200×(1－15%)×13%＝13 260(元)

2. 采取以旧换新方式销售

以旧换新是指纳税人在销售自己的货物时，有偿收回旧货物的行为。根据税法规定，采取以旧换新方式销售货物的，应按新货物的同期销售价格确定销售额，不得扣减旧货物的收购价格。之所以这样规定，既是因为销售货物与收购货物是两个不同的业务活动，销售额与收购额不能相互抵减，也是为了严格增值税的计算征收，防止出现销售额不实、减少纳税的现象。考虑到金银首饰以旧换新业务的特殊情况，对金银首饰以旧换新业务，可以按销售方实际收取的不含增值税的全部价款征收增值税。

【例2-2】位于某市区的一家百货商场为增值税一般纳税人。2018年6月份零售金银首饰取得含税销售额10.51万元，其中包括以旧换新首饰的含税销售额5.99万元。在以旧换新业务中，旧首饰作价的含税金额为3.73万元，百货商场实际收取的含税金额为2.32万元。百货商场3月份零售金银首饰的销售额是多少？

百货商场3月份零售金银首饰的销售额＝(10.51－5.99)÷(1＋13%)＋(5.99－3.73)÷(1＋13%)
＝6(万元)

3. 采取还本销售方式销售

还本销售是指纳税人在销售货物后，到一定期限由销售方一次或分次退还给购货方全部或部分价款。这种方式实际上是一种筹资，是以货物换取资金的使用价值，到期还本不付息的方法。税法规定，采取还本销售方式销售货物，其销售额就是货物的销售价格，不得从销售额中减除还本支出。

4. 采取以物易物方式销售

以物易物是一种较为特殊的购销活动，是指购销双方不是以货币结算，而是以同等价款的货物相互结算，实现货物购销的一种方式。在实务中，有的纳税人以为以物易物不是购销行为，销货方收到购货方抵顶货款的货物，认为自己不是购货；购货方发出抵顶货款的货物，认为自己不是销货。这两种认识都是错误的。正确的方法应当是，以物易物双方都应做购销处理，以各自发出的货物核算销售额并计算销项税额，以各自收到的货物按规定核算购货额并计算进项税额。应注意，在以物易物活动中，应分别开具合法的票据，如收到的货物不能取得相应的增值税专用发票或其他合法票据，不能抵扣进项税额。

5. 包装物押金是否计入销售额

包装物是指纳税人包装本单位货物的各种物品。纳税人销售货物时另收取包装物押金，目的是促使购货方及早退回包装物以便周转使用。

为此税法规定，纳税人为销售货物而出租、出借包装物收取的押金，单独记账核算的，时间在 1 年以内，又未过期的，不并入销售额征税，但对因逾期未收回包装物不再退还的押金，应按所包装货物的适用税率计算销项税额。

上述规定中，“逾期”是指按合同约定实际逾期或以 1 年为期限，对收取 1 年以上的押金，无论是否退还均并入销售额征税。当然，在将包装物押金并入销售额征税时，需要先将该押金换算为不含税价，再并入销售额征税。对于个别周转使用期限较长的包装物，报经税务机关确定后，可适当放宽逾期期限。

另外，包装物押金不应混同于包装物租金，包装物租金在销货时作为价外费用并入销售额计算销项税额。从 1995 年 6 月 1 日起，对销售除啤酒、黄酒外的其他酒类产品而收取的包装物押金，无论是否返还以及会计上如何核算，均应并入当期销售额征税。对销售啤酒、黄酒所收的押金，按上述一般押金的规定处理。

【例 2-3】某酒厂为一般纳税人。本月向一小规模纳税人销售白酒，并在开具的普通发票上注明金额 93 600 元，同时收取单独核算的包装物押金 2 000 元(尚未逾期)，试计算此业务酒厂应确认的销售额。

此业务的销售额＝(93 600＋2 000)÷(1＋13%)＝84 601.77(元)

6. 对视同销售货物行为的销售额的确定

纳税人发生应税销售行为的情形，价格明显偏低并无正当理由的，或者视同发生应税销售行为而无销售价格的，由主管税务机关按照下列顺序核定销售。

(1) 按纳税人最近时期同类货物(或者同类服务)的平均销售价格确定。

(2) 按其他纳税人最近时期同类货物(或者同类服务)的平均销售价格确定。

(3) 按组成计税价格确定。组成计税价格的公式为

组成计税价格＝成本×(1＋成本利润率)

征收增值税的，同时又属于应征消费税的货物，其组成计税价格中应加计消费税税额。其组成计税价格公式为

组成计税价格＝成本×(1＋成本利润率)＋消费税税额

或

组成计税价格＝成本×(1＋成本利润率)÷(1－消费税税率)

公式中的成本是指：销售自产货物的为实际生产成本，销售外购货物的为实际采购成本。公式中的成本利润率由国家税务总局确定。

7. 直销业务的销售额

直销企业先将货物销售给直销员，直销员再将货物销售给消费者的，直销企业的销售额为其向直销员收取的全部价款和价外费用。直销员将货物销售给消费者时，应按照现行规定缴纳增值税；直销企业通过直销员向消费者销售货物，直接向消费者收取货款，直销企业的销售额为其向消费者收取的全部价款和价外费用。

8. 贷款服务的销售额

贷款服务，以提供贷款服务收取的全部利息及利息性质的收入为销售额。

9. 直接收费金融服务的销售额

直接收费金融服务以提供直接收费金融服务收取的手续费、佣金、酬金、管理费、服务费、经纪费、开户费、过户费、结算费、转托管费等各类费用为销售额。

(三) 按差额确定的销售额

全面实施“营改增”后，尽管原营业税的征税范围全部纳入了增值税的征税范围，但目前还是不能完全按增值税税款抵扣制度进行税额计算，这样就避免不了在计税中重复计税的问题，因此在确定增值税销售额时增加了差额确定销售额的内容，以解决纳税人因重复计税而增加税收负担的现象。根据相关文件，以下项目属于按差额确定销售额。

1. 金融商品转让

金融商品转让，按照卖出价扣除买入价后的余额为销售额。转让金融商品出现的正负差，按盈亏相抵后的余额为销售额。若相抵后出现负差，可转结下一纳税期与下期转让金融商品销售额相抵，但年末时仍出现负差的，不得转入下一个会计年度。金融商品的买入价，可以选择按照加权平均法或者移动加权平均法进行核算，选择后 36 个月内不得变更。金融商品转让，不得开具增值税专用发票。

2. 经纪代理服务

经纪代理服务，以取得的全部价款和价外费用，扣除向委托方收取并代为支付的政府性基金或者事业性收费后的余额为销售额。向委托方收取的政府性基金或者行政事业性收费，不得开具增值税专用发票。

3. 航空运输服务

航空运输企业的销售额，不包括代收的机场建设费和代售其他航空运输企业客票而代收转付的价款。

4. 客运场站服务

试点纳税人中的一般纳税人提供客运场站服务，以其取得的全部价款和价外费用扣除支付给承运方运费后的余额为销售额。

5. 旅游服务

试点纳税人提供旅游服务，可以选择以取得的全部价款和价外费用，扣除向旅游服务购买方收取并支付给其他单位和个人的住宿费、餐饮费、交通费、签证费、门票费和支付给其他接团旅游企业的旅游费用后的余额为销售额。选择上述办法计算销售额的试点纳税人，向旅游服务购买方收取并支付的上述费用，不得开具增值税专用发票，可以开具普通发票。

6. 建筑服务简易计税

试点纳税人提供建筑劳务服务适用简易计税方法的，以取得的全部价款和价外费用扣除支付的分包款后的余额为销售额，其中分包款是指支付给分包方的全部价款和价外费用。

7. 房地产开发企业一般计税

房地产开发企业中的一般纳税人销售其开发的房地产项目(选择简易计税方法的房地产老项目除外)，以取得的全部价款和价外费用，扣除受让土地时向政府支付的土地价款后的余额为销售额。其中向政府支付的土地价款包括土地受让人向政府部门支付的征地和拆迁补偿费用、土地前期开发费用和土地出让收益等。

房地产老项目，是指《建筑工程施工许可证》注明的合同开工日期在2016年4月30日前的房地产项目。

8. 劳务派遣服务

一般纳税人提供劳务派遣服务，可以按照财税〔2016〕36号的有关规定，以取得的全部价款和价外费用为销售额，按照一般计税方法计算缴纳增值税；也可以选择差额计税，以取得的全部价款和价外费用，扣除代用工单位支付给劳务派遣员工的工资、福利和为其办理社会保险及住房公积金后的余额为销售额，按照简易计税方法依5%的征收率计算缴纳增值税。

9. 人力资源外包

纳税人提供人力资源外包服务，按照经纪代理服务缴纳增值税，其销售额不包括受客户单位委托代为向客户单位员工发放的工资和代理缴纳的社会保险、住房公积金。向委托方收取并代为发放的工资和代理缴纳的社会保险、住房公积金，不得开具增值税专用发票，可以开具普通发票。

一般纳税人提供人力资源外包服务，可以选择适用简易计税方法，按照5%的征收率计算缴纳增值税。

这里特别需要注意的是，无论是一般计税方法还是简易计税方法，人力资源外包均可享受差额征税政策。

(四) 含税销售额的换算

为了符合增值税作为价外税的要求，纳税人在填写进销货及纳税凭证、进行账务处理时，应分项记录不含税销售额、销项税额和进项税额，以正确计算应纳增值税税额。然而，在实际工作中，常常会出现一般纳税人将销售货物或者应税劳务采用销售额和销项税额合并定价收取的方法，这样，就会形成含税销售额。我国增值税是价外税，计税依据中不含增值税本身的数额。在计算应纳税额时，如果不将含税销售额换算为不含税销售额，就不符合我国增值税的设计原则，即仍会导致对增值税销项税额本身的重复征税现象，也会影响企业成本核算过程。如果普遍出现以含税销售额作为计税依据的做法，会在某种程度上推动物价非正常上涨。因此，一般纳税人销售货物或者应税劳务取得的含税销售额在计算销项税额时，必须将其换算为不含税的销售额。对于一般纳税人销售货物或应税劳务，采用销售额和销项税额合并定价方法的，按下列公式计算销售额。

$$销售额＝含税销售额÷(1＋税率)$$

公式中的税率为销售货物，或者提供应税劳务，或者发生应税行为时，按《增值税暂行条例》所适用的税率。

二、进项税额的计算

进项税额，是指纳税人购进货物、加工修理修配劳务、服务、无形资产或者不动产，所支付或者负担的增值税税额。进项税额是与销项税额相对应的一个概念。在开具增值税专用发票的情况下，它们之间的对应关系是，销售方收取的销项税额，就是购买方支付的进项税额。对于任何一个一般纳税人而言，由于其在经营活动中，既会发生销售货物或提供应税劳务，又会发生购进货物、劳务、服务、无形资产、不动产行为，因此，每一个一般纳税人都会有收取的销项税额和支付的进项税额。增值税的核心就是用纳税人收取的销项税额抵扣其支付的进项税额，其余额为纳税人实际应缴纳的增值税税额。这样，进项税额作为可抵扣的部分，对于纳税人实际纳税多少就产生了举足轻重的作用。

然而，需要注意的是，并不是纳税人支付的所有进项税额都可以从销项税额中抵扣。为体现增值税的配比原则，即购进项目金额与销售产品销售额之间应有配比性，当纳税人购进的货物、劳务、服务、无形资产、不动产不是用于增值税应税项目，而是用于非应税项目、免税项目或用于集体福利、个人消费等情况时，其支付的进项税额就不能从销项税额中抵扣。税法对不能抵扣进项税额的项目做了严格的规定，如果违反税法规定，随意抵扣进项税额就将以偷税论处。

(一) 准予从销项税额中抵扣的进项税额

根据《增值税暂行条例》和《营改增通知》的规定，准予从销项税额中抵扣的进项税额，限于下列增值税扣税凭证上注明的增值税税额和按规定的扣除率计算的进项税额。

(1) 从销售方取得的增值税专用发票上注明的增值税税额。

这里的增值税专用发票包括两种：一种是“增值税专用发票”，即增值税一般纳税人发生应税销售行为开具的发票；一种是“机动车销售统一发票”，即增值税一般纳税人从事机动车零售业务开具的发票。

(2) 从海关取得的海关进口增值税专用缴款书上注明的增值税税额。

纳税人进口货物，凡已缴纳了进口环节增值税的，不论其是否已经支付货款，其取得的海关进口增值税专用缴款书均可作为增值税进项税额抵扣凭证。

自 2009 年 4 月起，国家税务总局与海关部门共同推行海关专用缴款书“先比对、后抵扣”管理办法。由海关向税务机关传递专用缴款书电子信息，将原来的“先抵扣、后比对”调整为“先比对、后抵扣”。增值税一般纳税人进口货物取得的属于增值税扣税范围的海关专用缴款书，必须经稽核比对相符后方可申报抵扣税款，从根本上解决利用伪造海关专用缴款书骗抵税款问题。该管理办法已在部分地区试行，待条件成熟时在全国范围内实行。

(3) 纳税人购进农产品，按下列规定抵扣进项税额。

① 纳税人购进农产品，取得一般纳税人开具的增值税专用发票或海关进口增值税专用缴款书的，以增值税专用发票或海关进口增值税专用缴款书上注明的增值税税额为进项税额。

② 按照简易计税方法依照3%的征收率计算缴纳增值税的小规模纳税人取得增值税专用发票的，以增值税专用发票上注明的金额和9%的扣除率计算进项税额。

③ 取得(开具)农产品销售发票或收购发票的，以农产品销售发票或收购发票上的注明的农产品买价和 9%的扣除率计算进项税额。

④ 纳税人购进用于生产销售或委托加工13%税率货物的农产品，按照10%的扣除率计算进项税额。

⑤ 购进农产品进项税额的计算公式为

进项税额＝买价×扣除率

⑥ 纳税人从批发、零售环节购进适用免征增值税政策的蔬菜、部分鲜活肉蛋而取得的普通发票，不得作为计算抵扣进项税额的凭证。

⑦ 纳税人购进农产品既用于生产销售或委托加工13%税率的货物又用于生产销售其他货物服务的，应当分别核算用于生产销售或委托加工13%税率货物和其他货物服务的农产品进项税额。未分别核算的，统一以增值税专用发票或海关进口增值税专用缴款书注明的增值税税额为进项税额，或以农产品收购发票或销售发票上注明的农产品买价和9%的扣除率计算进项税额。

⑧ 对纳税人按规定缴纳的烟叶税，准予并入烟叶产品的买价计算增值税的进项税额，并在计算缴纳增值税时予以抵扣，即购进烟叶准予抵扣的增值税进项税额，按照《中华人民共和国烟叶税暂行条例》及《财政部、国家税务总局印发〈关于烟叶税若干具体问题的规定〉的通知》(财税〔2006〕64 号)规定的烟叶收购金额和烟叶税应纳税额及法定扣除率计算。烟叶收购金额包括纳税人支付给烟叶销售者的烟叶收购价款和价外补贴，价外补贴统一暂按烟叶收购价款的 10%计算。计算公式如下。

烟叶收购金额＝烟叶收购价款×(1＋10%)

烟叶税应纳税额＝烟叶收购金额×税率(20%)

准予抵扣的进项税额＝(烟叶收购金额＋烟叶税应纳税额)×法定扣除率

【例 2-4】某卷烟厂 2019 年 6 月从农民手中收购烟叶，收购凭证上注明的价款为 50 万元，并向烟叶生产者支付了价外补贴。计算该卷烟厂 6 月份收购烟叶可以抵扣的进项税额。

可以抵扣的烟叶的进项税额＝50×(1＋10%)×(1＋20%)×12%＝7.92(万元)

(4) 接受境外单位和个人提供的应税服务，从税务机关或者境内代理人取得的解缴税款的中华人民共和国税收缴款凭证上注明的增值税税额。

(二) 不得从销项税额中抵扣的进项税额

纳税人购进货物、劳务、服务、无形资产、不动产，取得的增值税扣税凭证不符合法律、行政法规或者国务院税务主管部门有关规定的，其进项税额不得从销项税额中抵扣。按《增值税暂行条例》和《营改增通知》的规定，进项税额不得从销项税额中抵扣的项目及其相关说明如下。

(1) 用于简易计税方法计税项目、免征增值税项目、集体福利或者个人消费的购进货物、劳务、服务、无形资产和不动产。其中涉及的固定资产、无形资产、不动产，仅指专用于上述项目的固定资产、无形资产(不包括其他权益性无形资产)、不动产，但是发生兼用于上述不允许扣除项目情况的，该进项税额准予全部扣除。

(2) 非正常损失的购进货物以及相关劳务和交通运输服务。

(3) 非正常损失的在产品、产成品所耗用的购进货物(不包括固定资产)、劳务和交通运输服务。

(4) 非正常损失的不动产，以及该不动产所耗用的购进货物、设计服务和建筑服务。

(5) 非正常损失的不动产在建工程所耗用的购进货物、设计服务和建筑服务。纳税人新建、改建、扩建、修缮、装饰不动产，均属于不动产在建工程。

上述(2)(3)(4)(5)项所说的非正常损失，是指因管理不善造成货物被盗、丢失、霉烂变质，以及因违反法律规定造成货物或者不动产被依法没收、销毁、拆除的情形。这些非正常损失是由于纳税人自身原因导致征税对象实体的灭失，为保证税收公平，其损失不应由国家承担，因此纳税人无权要求抵扣进项税额。

(6) 购进的贷款服务、餐饮服务、居民日常服务和娱乐服务。

(7) 纳税人接受贷款服务向贷款方支付的与该笔贷款直接相关的投融资顾问费、咨询费等费用。

(8) 提供保险服务的纳税人以现金赔付方式承担机动车保险责任的，将应付给被保险人的赔偿金直接支付给车辆修理劳务提供方，不属于保险公司购进车辆修理劳务，其进项税额不得从保险公司销项税额中抵扣。

(9) 财政部和国家税务总局规定的其他情形。

(10) 适用一般计税方法的纳税人，兼营简易计税方法计税项目、免征增值税项目而无法划分抵扣进项税额的，按照下列公式计算不得抵扣的进项税额：

不得抵扣的进项税额＝当期无法划分的全部进项税额×(当期简易计税项目销售额＋免征增值税项目销售额)÷当期全部销售额

(11) 一般纳税人已抵扣进项税额的固定资产、无形资产或者不动产，发生《增值税暂行条例》和“营改增通知”规定不得从销项税额中抵扣进项税额情形的，按照下列公式计算不得抵扣的进项税额：

不得抵扣的进项税额＝已抵扣进项税额×不动产净值率

不动产净值率＝(不动产净值÷不动产原值)×100%

(12) 有下列情形之一者，应当按照销售额和增值税税率计算应纳税额，不得抵扣进项税额，也不得使用增值税专用发票：

① 一般纳税人会计核算不健全，或者不能提供准确税务资料的；

② 应当办理一般纳税人资格登记而未办理的。

三、应纳税额的计算

一般纳税人在计算出销项税额和进项税额后就可以得出实际应纳税额。其计算公式为

应纳增值税＝当期销项税额－当期进项税额

为了更准确计算一般纳税人的应纳税额，在实际操作中还需要掌握以下几个重要规定。

(一) 计算应纳税额的时间限定概述

为了保证计算应纳税额的合理、准确性，纳税人必须严格把握当期进项税额从当期销项税额中抵扣这个要点。“当期”是一个重要的时间限定，具体是指税务机关依照税法规定对纳税人确定的纳税期限。只有在纳税期限内实际发生的销项税额、进项税额，才是法定的当期销项税额或当期进项税额。目前，有些纳税人为了达到逃避纳税的目的，把当期实现的销售额隐瞒不记账或滞后记账，以减少当期销项税额，或者把不是当期实际发生的进项税额(上期结转的进项税额除外)也充作当期进项税额，以加大进项税额，少纳税甚至不纳税，这是违反税法规定的行为。为了制止这种违法行为，税法首先对销售货物或应税劳务应计入当

期销项税额以及抵扣进项税额的时间做了限定。

1. 计算销项税额的时间限定

销项税额是增值税一般纳税人销售货物或提供应税劳务和应税服务按照实现的销售额计算的金额。纳税人在什么时间计算销项税额，《增值税暂行条例》及《增值税暂行条例实施细则》和《营改增通知》都做了严格的规定。销项税额时间的限定与会计结算方式密切相关，如采取直接收款方式销售货物，不论货物是否发出，均为收到销售款或者取得索取销售款凭据的当天；采取托收承付和委托银行收款方式销售货物，为发出货物并办妥托收手续的当天。概括来说，纳税人计算销项税额的时间确定与纳税人销售货物或提供应税劳务和应税服务所采用的结算方式有关。

2. 增值税专用发票进项税额抵扣的时间限定

增值税一般纳税人取得 2017 年 1 月 1 日及以后开具的增值税专用发票、海关进口增值税专用缴款书、机动车销售统一发票、收费公路通行费增值税电子发票，取消认证确认、稽核比对、申报抵扣的时限。纳税人在进行增值税纳税申报时，应当通过本省(自治区、直辖市和计划单列市)增值税发票综合服务平台对上述扣税凭证信息进行用途确认。

增值税一般纳税人取得 2016 年 12 月 31 日及以前开具的增值税专用发票、海关进口增值税专用缴款书、机动车销售统一发票，超过认证确认、稽核比对、申报抵扣期限，但符合规定条件的，仍可按照《国家税务总局关于逾期增值税扣税凭证抵扣问题的公告》和《国家税务总局关于未按期申报抵扣增值税扣税凭证有关问题的公告》的规定，继续抵扣进项税额。

(二) 计算应纳税额时进项税额不足抵扣的处理

由于增值税实行购进扣税法，有时企业当期购进的货物很多，在计算应纳税额时会出现当期销项税额小于当期进项税额不足以抵扣的情况。根据税法规定，当期进项税额不足以抵扣的部分可以结转下期继续抵扣。

(三) 扣减发生期进项税额的规定

由于增值税实行以当期销项税额抵扣当期进项税额的“购进扣税法”，当期购进的货物、劳务、服务、无形资产、不动产，如果事先并未确定将用于不得抵扣进项税额项目，其进项税额会在当期销项税额中予以抵扣，但已抵扣进项税额的购进货物、劳务、服务、无形资产、不动产，如果事后改变用途，用于不得抵扣进项税额项目，应当将该项购进货物、劳务、服务、无形资产、不动产的进项税额从当期的进项税额中扣减。无法确定该项进项税额的，按当期实际成本计算应扣减的进项税额。上述货物的增值税税额在其购进时已作为进项税额抵扣过的，在财务核算时应做“进项税额转出”处理。

(四) 销货退回或折让涉及销项税额和进项税额的税务处理

一般纳税人销售货物或者应税劳务，开具增值税专用发票后，发生销售货物退回或者折让、开票有误等情形，应按国家税务总局的规定开具红字增值税专用发票。未按规定开具红字增值税专用发票的，增值税税额不得从销项税额中扣减。

纳税人在货物购销活动中，因货物质量、规格等原因常会发生销货退回或销售折让的情况。由于销货退回或折让不仅涉及销货价款或折让价款的退回，还涉及增值税的退回，这样，销货方和购货方应相应对当期的销项税额或进项税额进行调整。为此，《增值税暂行条例》及《增值税暂行条例实施细则》和《营改增通知》均规定，增值税一般纳税人因销售货物退回或者折让而退还给购买方的增值税税额，应从发生销售货物退回或者折让当期的销项税额中扣减；因购进货物退回或者折让而收回的增值税税额，应从发生购进货物退回或者折让当期的进项税额中扣减。

目前，一些企业在发生购进货物退回或折让并收回价款和增值税税额时，没有相应减少当期进项税额，造成进项税额虚增，减少纳税的现象，这是税法所不能允许的，其将被认定为是逃避缴纳税款行为，并按逃避缴纳税款予以处罚。

(五) 从供货方取得返还收入的税务处理

对商业企业从供货方收取的与商品销售量、销售额挂钩(如以一定比例、金额、数量计算)的各种返还收入，均应按照平销返利行为的有关规定冲减当期增值税进项税金。应冲减进项税额的计算公式调整为

当期应冲减进项税额＝当期取得的返还资金÷(1＋所购货物适用增值税税率)×所购货物适用增值税税率

商业企业从供货方收取的各种返还收入，一律不得开具增值税专用发票。

(六) 一般纳税人注销时进项税额的处理

一般纳税人注销或被取消辅导期一般纳税人资格，转为小规模纳税人时，其存货不做进项税额转出处理，其留抵税额也不予以退税。

第六节　简易征税方法应纳税额的计算

纳税人发生应税销售行为，适用简易计税方法的，应按照销售额和征收率计算应纳税额，并不得抵扣进项税额。其应纳税额计算公式如下。

应纳税额＝销售额×征收率

销售额＝含税销售额÷(1＋征收率)

这里所说的简易征税方法主要是针对小规模纳税人应纳税额的计算。

【例 2-5】某商店为增值税小规模纳税人，2019 年 8 月取得零售收入总额 12.36 万元。计算该商店 8 月应缴纳的增值税税额。

商店 8 月应缴纳的增值税税额＝12.36÷(1＋3%)×3%＝0.36(万元)

小规模纳税人一律采用简易计税方法计税，一般纳税人发生应税销售行为可以选择适用简易计税方法。

第七节　进口货物征收增值税

一、进口货物的征税范围及纳税人

(一) 进口货物征税的范围

根据《增值税暂行条例》的规定，申报进入中华人民共和国海关境内的货物，均应缴纳增值税。

确定一项货物是否属于进口货物，首先必须看其是否有报关进口手续。只要是报关进口的应税货物，不论其是国外产制还是我国已出口而转销国内的货物，是进口者自行采购还是国外捐赠的货物，是进口者自用还是作为贸易或其他用途的货物等，均应按照规定缴纳进口环节的增值税。

(二) 进口货物的纳税人

进口货物的收货人(承受人)或办理报关手续的单位和个人，为进口货物增值税的纳税义务人。也就是说，进口货物增值税纳税人的范围较宽，包括了国内一切从事进口业务的企事业单位、机关团体和个人。

企业、单位和个人委托代理进口应征增值税的货物的，以海关开具的完税凭证上的纳税人为增值税纳税人。在实际工作中一般由进口代理者代缴进口环节增值税。纳税后，由代理者将已纳税款和进口货物价款费用等与委托方结算，由委托者承担已纳税款。

二、进口环节增值税的适用税率

进口环节的增值税税率与本章第四节的内容相同。

对进口抗癌药品，自 2018 年 5 月 1 日起，减按 3%征收进口环节增值税。对进口罕见病药品，自 2019 年 3 月 1 日起，减按 3%征收进口环节增值税。

对跨境电子商务零售进口商品的单次交易限值为人民币 5 000 元，个人年度交易限值为人民币 26 000 元以内进口的跨境电子商务零售进口商品，关税税率暂设为 0。

三、进口货物应纳税额的计算

纳税人进口货物，按照组成计税价格和《增值税暂行条例》规定的税率计算应纳税额。组成计税价格是指在没有实际销售价格时，按照税法规定计算出的作为计税依据的价格。组成计税价格和应纳税额的计算公式为

组成计税价格＝关税完税价格＋关税＋消费税

应纳税额＝组成计税价格×税率

纳税人在计算进口货物的增值税时应该注意以下几个问题。

(1) 进口货物增值税的组成计税价格中包括已纳关税税额，如果进口货物属于消费税应

税消费品，其组成计税价格中还要包括进口环节已纳消费税税额。

(2) 在计算进口环节的应纳增值税税额时不得抵扣任何税额，即在计算进口环节的应纳增值税税额时，不得抵扣发生在我国境外的各种税金。

(3) 按照《海关法》和《进出口关税条例》的规定，一般贸易下进口货物的关税完税价格以海关审定的成交价格为基础的到岸价格作为完税价格。所谓成交价格是一般贸易下进口货物的买方为购买该项货物向卖方实际支付或应当支付的价格；到岸价格，是指货价加上货物运抵我国关境内输入地点起卸前的包装费、运费、保险费和其他劳务费等费用构成的一种价格。特殊贸易下进口的货物，由于进口时没有“成交价格”作为依据，为此，《进出口关税条例》对这些进口货物制定了确定其完税价格的具体办法。

(4) 纳税人进口货物取得的合法海关完税凭证，是计算增值税进项税额的唯一依据，其价格差额部分以及从境外供应商取得的退还或返还的资金，不做进项税额转出处理。

(5) 跨境电子商务零售进口商品按照货物征收关税和进口环节的增值税、消费税，以实际交易价格(包括货物零售价格、运费和保险费)作为完税价格。

四、进口货物增值税的征收管理

进口货物的增值税由海关代征。个人携带或者邮寄进境自用物品的增值税，连同关税一并计征。具体办法由国务院关税税则委员会会同有关部门制定。

进口货物增值税纳税义务发生时间为报关进口的当天；其纳税地点应当由进口人或其代理人向报关地海关申报纳税；其纳税期限应当自海关填发海关进口增值税专用缴款书之日起15日内缴纳税款。

跨境电子商务零售进口商品自海关放行之日起 30 天内退货的，可申请退税，并相应调整个人年度交易总额。跨境电子商务零售进口商品购买人(订购人)的身份信息应进行认证；未进行认证的，购买人(订购人)身份信息应与付款人一致。

进口货物增值税的征收管理，依据《税收征收管理法》《海关法》《进出口关税条例》和《进出口税则》的有关规定执行。

第八节　增值税的税收优惠

一、《增值税暂行条例》规定的免税项目

(1) 农业生产者销售的自产农产品，即从事种植业、养殖业、林业、牧业、水产业生产的单位和个人销售的自产初级农业产品。初级农业产品的具体范围由财政部、国家税务总局确定；对上述单位和个人销售的外购农产品，以及单位和个人外购农产品生产、加工后销售的仍然属于规定范围的农业产品(不属于免税的范围)，应当按照规定的税率征收增值税。

(2) 避孕药品和用具。

(3) 古旧图书，即向社会收购的古书和旧书。

(4) 直接用于科学研究、科学试验和教学的进口仪器、设备。

(5) 外国政府、国际组织无偿援助的进口物资和设备。

(6) 由残疾人的组织直接进口供残疾人专用的物品。

(7) 销售的自己使用过的物品。自己使用过的物品，是指其他个人自己使用过的物品。

二、增值税起征点的规定

根据《增值税暂行条例》，个人销售额未达到国务院财政、税务主管部门规定的增值税起征点的，免征增值税；达到起征点的，依照规定全额计算缴纳增值税。《增值税暂行条例实施细则》和《营改增通知》规定，增值税起征点的适用范围限于个人，包括个体工商户和其他个人，但不适用于认定为一般纳税人的个体工商户。增值税起征点的幅度规定如下。

《营改增通知》规定，个人发生应税行为的销售额未达到增值税起征点的，免征增值税；达到起征点的，全额计算缴纳增值税。但是根据《财政部　税务总局关于实施小微企业普惠性税收减免政策的通知》的规定，月销售额 10 万元以下(含本数)的增值税小规模纳税人，免征增值税。

增值税起征点幅度如下。

(1) 按期纳税的，为月销售额 5 000～20 000 元(含本数)。

(2) 按次纳税的，为每次(日)销售额 300～500 元(含本数)。

起征点的调整由财政部和国家税务总局规定。省、自治区、直辖市财政厅(局)和国家税务局应在规定的幅度内，根据实际情况确定本地区适用的起征点，并报财政部、国家税务总局备案。

三、其他有关减免税的规定

(1) 纳税人兼营免税、减税项目的，应当分别核算免税、减税项目的销售额；未分别核算销售额的，不得免税、减税。

(2) 纳税人销售货物、劳务和发生应税行为的，可以放弃免税，依照《增值税暂行条例》的规定缴纳增值税，放弃免税后，36 个月内不得再申请免税。

① 生产和销售免征增值税货物或劳务的纳税人要求放弃免税权，应当以书面形式提交放弃免税权声明，报主管税务机关备案。纳税人自提交备案资料的次月起，按照现行有关规定计算缴纳增值税。

② 放弃免税权的纳税人符合一般纳税人认定条件尚未认定为增值税一般纳税人的，应当按现行规定认定为增值税一般纳税人，其销售的货物或劳务可开具增值税专用发票。

③ 纳税人一经放弃免税权，其生产销售的全部增值税应税货物或劳务均应按照适用税率征税，不得选择某一免税项目放弃免税权，也不得根据不同的销售对象选择部分货物或劳务放弃免税权。

④ 纳税人在免税期内购进用于免税项目的货物或者应税劳务所取得的增值税扣税凭证，一律不得抵扣。

(3) 安置残疾人单位既符合促进残疾人就业增值税优惠政策条件，又符合其他增值税优惠政策条件的，可同时享受多项增值税优惠政策，但年度申请退还增值税总额不得超过本年度内应纳增值税总额。

第九节　增值税的征收管理

一、增值税的纳税义务发生时间

《增值税暂行条例》和《关于全面推开营业税改征增值税试点的通知》明确规定了增值税纳税义务的发生时间。纳税义务发生时间，是纳税人销售货物、提供应税劳务和发生应税行为应当承担纳税义务的起始时间。税法明确规定纳税义务发生时间的作用在于：第一，正式确认纳税人已经发生属于税法规定的应税行为，应承担纳税义务；第二，有利于税务机关实施税务管理，合理规定申报期限和纳税期限，监督纳税人切实履行纳税义务。

按照《增值税暂行条例》和“营改增”的规定，纳税人销售货物、提供应税劳务，其纳税义务发生的时间为收讫销售款项或取得索取销售款项凭据的当天。先开发票的，为开具发票的当天。按销售结算方式的不同，具体规定如下。

(1) 采取直接收款方式销售货物，不论货物是否发出，均为收到销售款项或者取得索取销售款项凭据的当天；先开发票的，为开具发票的当天。

(2) 采取托收承付和委托银行收款方式销售货物，为发出货物并办妥托收手续的当天。

(3) 采取赊销和分期收款方式销售货物，为书面合同约定的收款日期的当天，无书面合同的或者书面合同没有约定收款日期的，为货物发出的当天。

(4) 采取预收货款方式销售货物，为货物发出的当天，但生产销售生产工期超过 12 个月的大型机械设备、船舶、飞机等货物，为收到预收款或者书面合同约定的收款日期的当天。

(5) 委托其他纳税人代销货物，为收到代销单位的代销清单或者收到全部或者部分货款的当天。未收到代销清单及货款的，为发出代销货物满 180 天的当天。

(6) 销售应税劳务，为提供劳务同时收讫销售款或者取得索取销售款的凭据的当天。

(7) 纳税人发生的视同销售货物行为，除将货物交付其他单位或个人代销及销售代销货物以外，均为货物移送的当天。

(8) 纳税人提供建筑服务、租赁服务采取预收款方式的，为收到预收款的当天。

(9) 纳税人发生视同销售服务、无形资产或者不动产情形的，其纳税义务发生时间为服务、无形资产转让完成的当天或者不动产权属变更的当天。

(10) 纳税人进口货物，其纳税义务发生时间为报关进口的当天。

(11) 纳税人从事金融商品转让的，为金融商品所有权转移的当天。

(12) 增值税扣缴义务发生时间为纳税人增值税纳税义务发生的当天。

二、纳税期限

在明确了增值税纳税义务发生时间后，还需要掌握具体纳税期限，以保证按期缴纳税款。根据《增值税暂行条例》和《关于全面推进营业税改征增值税试点的通知》的规定，增值税的纳税期限分别为 1 日、3 日、5 日、10 日、15 日、1 个月或者 1 个季度。

纳税人的具体纳税期限，由主管税务机关根据纳税人应纳税额的大小分别核定；不能按照固定期限纳税的，可以按次纳税。以 1 个季度为纳税期限的规定仅适用于小规模纳税人、银行、财务公司、信托投资公司、信用社。

纳税人以 1 个月或者 1 个季度为 1 个纳税期的，自期满之日起 15 日内申报纳税；以 1 日、3 日、5 日、10 日或者 15 日为 1 个纳税期的，自期满之日起 5 日内预缴税款，于次月 1 日起 15 日内申报纳税并结清上月应纳税款。

扣缴义务人解缴税款的期限，依照前两款规定执行。

纳税人进口货物，应当自海关填发进口增值税专用缴纳书之日起 15 日内缴纳税款。

三、纳税地点

为了保证纳税人按期申报纳税，根据企业跨地区经营和搞活商品流通的特点及不同情况，税法还具体规定了增值税的纳税地点。

(1) 固定业户应当向其机构所在地的主管税务机关申报纳税。总机构和分支机构不在同一县(市)的，应当分别向各自所在地的主管税务机关申报纳税；经国务院财政、税务主管部门或者其授权的财政、税务机关批准，可以由总机构汇总向总机构所在地的主管税务机关申报纳税。

(2) 非固定业户销售货物、提供劳务和发生应税行为，应当向销售地劳务发生地和应税行为的主管税务机关申报纳税；未申报纳税的，由其机构所在地或者居住地的主管税务机关补征税款。

(3) 其他个人提供建筑服务，销售或者租赁不动产，转让自然资源使用权，应向建筑劳务发生地、不动产所在地、自然资源所在地主管税务机关申报纳税。

(4) 进口货物，应当向报关地海关申报纳税。

(5) 扣缴义务人应当向其机构所在地或者居住地主管税务机关申报缴纳扣缴的税款。

第十节　增值税专用发票的使用及管理

增值税实行凭国家印发的增值税专用发票注明的税款进行抵扣的制度。增值税专用发票(以下简称专用发票)不仅是纳税人经济活动中的重要商业凭证，而且是兼记销货方销项税额和购货方进项税额进行税款抵扣的凭证，对增值税的计算和管理起着决定性的作用，因此，正确使用增值税专用发票是十分重要的。

一、增值税专用发票的含义

增值税专用发票，是增值税一般纳税人(以下简称一般纳税人)销售货物或者提供应税劳务或者发生应税行为开具的发票，是购买方支付增值税税额并可按照增值税有关规定据以抵扣增值税进项税额的凭证。

一般纳税人应通过增值税防伪税控系统(以下简称防伪税控系统)使用专用发票，包括领购、开具、缴销、认证纸质专用发票及其相应的数据电文。

二、专用发票的联次

专用发票由基本联次或者基本联次附加其他联次构成，基本联次为 3 联：发票联、抵扣联和记账联。发票联，作为购买方核算采购成本和增值税进项税额的记账凭证；抵扣联，作为购买方报送主管税务机关认证和留存备查的凭证；记账联，作为销售方核算销售收入和增值税销项税额的记账凭证。其他联次用途，由一般纳税人自行确定。

三、专用发票的开票限额

专用发票实行最高开票限额管理。最高开票限额是指单份专用发票开具的销售额合计数不得达到的上限额度。

最高开票限额由一般纳税人申请，税务机关依法审批。最高开票限额为 10 万元及以下的，由区县级税务机关审批；最高开票限额为 100 万元的，由地市级税务机关审批；最高开票限额为 1000 万元及以上的，由省级税务机关审批。防伪税控系统的具体发行工作由区县级税务机关负责。

四、专用发票的领购

一般纳税人凭《发票领购簿》、IC 卡和经办人身份证明领购专用发票。一般纳税人有下列情形之一的，不得领购专用发票。

(1) 会计核算不健全，不能向税务机关准确提供增值税销项税额、进项税额、应纳税额数据及其他有关增值税税务资料的。

上述其他有关增值税税务资料的内容，由省、自治区、直辖市和计划单列市国家税务局确定。

(2) 有《税收征收管理法》规定的税收违法行为，拒不接受税务机关处理的。

(3) 有下列行为之一，经税务机关责令限期改正而仍未改正的：

① 虚开增值税专用发票；

② 私自印制专用发票；

③ 向税务机关以外的单位和个人买取专用发票；

④ 借用他人专用票；

⑤ 未按规定开具专用发票；

⑥ 未按规定保管专用发票和专用设备；

⑦ 未按规定申请办理防伪税控系统变更发行；

⑧ 未按规定接受税务机关检查。

有以上情形的，如已领购专用发票，主管税务机关应暂扣其结存的专用发票和 IC 卡。

五、专用发票开具范围

(一) 专用发票的开具范围

一般纳税人销售货物或者提供应税劳务和应税服务，应向购买方开具专用发票。属于下列情形的，不得开具专用发票。

(1) 向消费者个人销售货物或应税劳务的。

(2) 销售货物或应税劳务适用免税规定的。

(3) 小规模纳税人销售货物或应税劳务的(商业企业一般纳税人零售的烟、酒、食品、服装、鞋帽(不包括劳保专用部分)、化妆品等消费品)。

根据《国家税务总局关于增值税发票管理若干事项的公告》(国家税务总局公告 2017 年第 45 号)规定，扩大增值税小规模纳税人自行开具增值税专用发票试点范围。自 2018 年 2 月 1 日起，月销售额超过 3 万元(或季销售额超过 9 万元)的工业以及信息传输、软件和信息技术服务业增值税小规模纳税人(以下简称试点纳税人)发生增值税应税行为需要开具增值税专用发票的，可以通过增值税发票管理新系统自行开具。至此，可以自行开具增值税专用发票的小规模纳税人由原来的住宿业、鉴证咨询业和建筑业的 3 个行业增加到现在的 7 个。

在具体适用此项政策时还需注意：纳入增值税小规模纳税人自行开具增值税专用发票试点的纳税人销售其取得的不动产，需要开具增值税专用发票的仍应当按照有关规定向税务机关申请代开；符合条件的小规模纳税人可以自行选择自行开具增值税专用发票或者向税务机关申请代开，并不是强制而是可以选择；已经选择自行开具增值税专用发票的小规模纳税人发生除销售其取得的不动产以外的其他增值税应税行为税务机关不再为其代开。实行自行开具专用发票以外的小规模纳税人发生应税行为需要开具专用发票的，仍需申请税务机关代开专用发票。

(二) 专用发票的开具要求

(1) 项目齐全，与实际交易相符。

(2) 字迹清楚，不得压线、错格。

(3) 发票联和抵扣联加盖财务专用章或者发票专用章。

(4) 按照增值税纳税义务的发生时间开具。

对不符合上列要求的专用发票，购买方有权拒收。

(三) 开具专用发票后发生退货或开票有误的处理

增值税一般纳税人开具增值税专用发票(以下简称专用发票)后，发生销货退回、销售折让以及开票有误等情况需要开具红字专用发票的，视不同情况分别按以下办法处理。

(1) 专用发票抵扣联、发票联均无法认证的，由购买方填报《开具红字增值税专用发票申请单》，并在申请单上填写具体原因以及相对应蓝字专用发票的信息，主管税务机关审核后出具《开具红字增值税专用发票通知单》。购买方不做进项税额转出处理。

(2) 购买方所购货物不属于增值税扣税项目范围，取得的专用发票未经认证的，由购买方填报申请单，并在申请单上填写具体原因以及相对应蓝字专用发票的信息，主管税务机关审核后出具通知单。购买方不做进项税额转出处理。

(3) 因开票有误购买方拒收专用发票的，销售方须在专用发票认证期限内向税务机关填报申请单，并在申请单上填写具体原因以及相对应蓝字专用发票的信息，同时提供由购买方出具的写明拒收理由、具体错误项目以及正确内容的书面材料，主管税务机关审核确认后出具通知单。销售方凭通知单开具红字专用发票。

(4) 因开票有误等原因尚未将专用发票交付购买方的，销售方须在开具有误专用发票的次月内向主管税务机关填报申请单，并在申请单上填写具体原因以及相应蓝字专用发票的信息，同时提供由销售方出具的写明具体理由、具体错误项目及正确内容的书面材料，主管税务机关审核确认后出具通知单。销售方凭通知单开具红字专用发票。

(5) 发生销货退回或销售折让的，除按照相关的规定进行处理外，销售方还应在开具红字专用发票后将该笔业务的相应记账凭证复印件报送主管税务机关备案。

税务机关为小规模纳税人代开专用发票需要开具红字专用发票的，比照一般纳税人开具红字专用发票的处理办法，通知单第二联交代开税务机关。

六、专用发票与不得抵扣进项税额的规定

(一) 不得作为增值税进项税额的抵扣凭证

经认证，有下列情形之一的，不得作为增值税进项税额的抵扣凭证，税务机关退还原件，购买方可要求销售方重新开具专用发票。

(1) 无法认证。无法认证指专用发票所列密文或者明文不能辨认，无法产生认证结果。

(2) 纳税人识别号认证不符。纳税人识别号认证不符指专用发票所列购买方纳税人识别号有误。

(3) 专用发票代码、号码认证不符。专用发票代码、号码认证不符指专用发票所列密文解译后与明文的代码或者号码不一致。

(二) 暂不得作为增值税进项税额的抵扣凭证

经认证，有下列情形之一的，暂不得作为增值税进项税额的抵扣凭证。

(1) 重复认证。重复认证指已经认证相符的同一张专用发票再次认证。

(2) 密文有误。密文有误指专用发票所列密文无法解译。

(3) 认证不符。认证不符指纳税人识别号有误，或者专用发票所列密文解译后与明文不一致。

(4) 列为失控专用发票。列为失控专用发票指认证时的专用发票已被登记为失控专用发票。

(三) 对丢失已开具专用发票的发票联和抵扣联的处理

(1) 一般纳税人丢失已开具专用发票的发票联和抵扣联，如果丢失前已认证相符的，购买方凭销售方提供的相应专用发票记账联复印件及销售方所在地主管机关出具的《丢失增值税专用发票已报税证明单》，经购买方主管税务机关审核同意后，可作为增值税进项税额的抵扣凭证。

如果丢失前未认证，购买方凭销售方提供的相应专用发票记账联复印件到主管税务机关进行认证，认证相符的，凭该专用发票记账联复印件及销售方所在地主管税务机关出具的《丢失增值税专用发票已报税证明单》，经购买方主管税务机关审核同意后，可作为增值税进项税额的抵扣凭证。

(2) 一般纳税人丢失已开具专用发票的抵扣联，如果丢失前已认证相符的，可使用专用发票发票联复印件留存备查。如果丢失前未认证，可使用专用发票发票联到主管税务机关认

证，专用发票发票联复印件留存备查。

(3) 一般纳税人丢失已开具专用发票的发票联，可将专用发票抵扣联作为记账凭证，专用发票抵扣联复印件留存备查。

(四) 专用发票抵扣联无法认证的处理

专用发票抵扣联无法认证的，可使用专用发票发票联到主管税务机关认证。专用发票发票联复印件留存备查。

课后习题

一、单项选择题

1. 下列项目所包含的进项税额，不得从销项税额中抵扣的是(　　)。

A. 生产过程中出现的报废产品

B. 用于返修产品修理的易损零配件

C. 生产企业用于经营管理的办公用品

D. 生产企业外购货物用于职工福利

2. 某制药厂(增值税一般纳税人) 3月份销售抗生素药品取得含税收入113万元，销售免税药品50万元，当月购入生产用原材料一批，取得增值税专用发票上注明税款5.2万元，抗生素药品与免税药品无法划分耗料情况，则该制药厂当月应纳增值税为(　　)万元。

A. 14.73　　B. 9.53　　C. 10.20　　D. 17.86

3. 某汽修厂为增值税小规模纳税人，2019年12月取得修理收入60 000元；处置使用过的举升机一台，取得收入5 000元。汽修厂12月份应缴纳增值税(　　)元。

A. 1 747.57　　B. 1 844.66　　C. 1 893.20　　D. 1 980.58

4. 下列各项中不应视同销售货物的是(　　)。

A. 企业将自产的货物作为福利发给个人

B. 企业将自产的货物作为礼品赠送给客户

C. 企业将部分外购的生产用钢材用于扩建厂房

D. 企业将自产的货物作为投资，提供给其他单位或个体经营者

5. 某服装厂受托加工一批演出服装，衣料由某剧团提供，该剧团支付加工费8 000元，则该笔业务的增值税应由(　　)。

A. 服装厂缴纳　　B. 剧团缴纳　　C. 服装厂代扣代缴　　D. 剧团代扣代缴

6. 一般纳税人在计算增值税应纳税额时，可以从销项税额中抵扣进项税额的项目是(　　)。

A. 非正常损失的购进货物

B. 非正常损失的产成品所耗用的购进货物

C. 用于增值税免税项目的购进货物

D. 用于增值税应税项目向农业生产者购进的免税农业产品

7. 中国境外的单位或者个人在境内发生应税行为，在境内未设有经营机构的，境内购买方为境外单位和个人，扣缴增值税应按照(　　)。

A. 征收率　　B. 零税率　　C. 适用税率　　D. 征收率或使用税率

二、多项选择题

1. 下列各项中，应当计算缴纳增值税的有(　　)。

A. 某公司进口一批化妆品

B. 农业生产者销售自产农产品

C. 企业将自产的钢材用于投资

D. 残疾人的组织直接进口供残疾人专用的物品

2. 以下增值税应税行为中，以收到预收款当天作为增值税纳税义务发生时间的有(　　)。

A. 以托收承付方式销售货物　　B. 提供建筑服务

C. 提供租赁服务　　D. 进口货物

3. 下列支付的运费中允许扣除进项税额的有(　　)。

A. 销售免税货物支付的运输费用

B. 外购自用机器设备支付的运输费用

C. 购进免税农产品支付的运输费用

D. 购进职工福利品支付的运输费用

4. 下列货物中适用9%增值税税率的有(　　)。

A. 农用拖拉机　　B. 音像制品　　C. 核桃油　　D. 果脯、蜜饯

5. 下列关于纳税人以特殊方式销售货物的税务处理的叙述，正确的有(　　)。

A. 纳税人用以物易物方式销售货物，双方都必须做购销处理

B. 纳税人用以旧换新方式销售货物(金银首饰除外)，按新货物的同期销售价格确定销售额

C. 纳税人以还本方式销售货物，不得从销售额中减除还本支出

D. 纳税人将外购的货物无偿赠送他人，不计算增值税销项税额

6. 下列属于“营改增”交通运输服务的有(　　)。

A. 索道运输　　B. 缆车运输

C. 港口码头服务　　D. 光租业务

7. 下列关于不属于应税服务的增值税征收范围的自我服务的说法，正确的有(　　)。

A. 单位或者个体工商户聘用的员工有偿提供交通运输业和部分现代服务业服务

B. 单位或者个体工商户聘用的员工为本单位或者雇主有偿提供交通运输业和部分现代服务业服务

C. 员工为本单位或者雇主提供的所有应税服务

D. 单位或者个体工商户为员工有偿提供交通运输业和部分现代服务业服务

8. 以下属于《增值税暂行条例》规定的免税项目有(　　)。

A. 销售的古旧图书　　B. 外国企业无偿赞助的进口货物

C. 百货公司进口的残疾人轮椅　　D. 其他个人销售的自己使用过的物品

三、计算题

A 公司为商品批发零售企业，为增值税一般纳税人。2019 年 9 月，A 公司的有关经济业务如下。

(1) 购入商品一批，不含税价为 600 万元，增值税专用发票注明税款为 78 万元，款项已支付，有关单据已经经过认证。

(2) 将本月购进的 10 个手机赠送某常年客户。此款手机账面的不含税销售价为 3 000 元，单位不含税采购价格为 2 000 元。

(3) 因经营管理不善造成展示的上月购入的 20 台电视机被盗。该款电视机的单位购进成本为 6 000 元(有关增值税已经计入进项税额)。

(4) 本月购买一批装饰材料，用于装修销售大厅。增值税专用发票上注明的货款为300 000 元，税款为39 000元。

(5) 本月开出的普通发票上注明的销售金额合计为 1 130 万元。

公司本期计算申报的增值税税额如下。

进项税额＝96＋0.2×10×16%＋4.8＝101.12(万元)

销项税额＝1 160×16%＝185.6(万元)

应交增值税＝185.6－101.12＝84.48(万元)

要求：指出该公司在计算本月应缴增值税中的错误，并指出 A 公司本月实际应该缴纳的增值税。

第三章

消 费 税 法

【学习要点】

本章主要介绍消费税的概念、特点、纳税人、征税对象、税目与税率、应纳税额计算以及税收征收管理。通过学习，应了解消费税的概念与特点；掌握消费税纳税义务人、征税范围、税率，消费税计税依据的确定和应纳税额的计算以及消费税的征收管理。

第一节　消费税概述

一、消费税的含义

在对消费税含义的认识上，理论界历来有两种不同的理论论点。一种是对消费支出，向消费者个人征收的一种税，有时称消费支出税或支出税；另一种是对消费品，向其经营者征收的一种税，税款最终由消费者承担。后一种消费税主要是以某些特定的消费品为课税对象，课税环节单一，课税范围根据各国国情不同而有所不同。目前，世界上开征消费税的国家中，大多数采用的是这种含义的消费税。

我国的消费税是对在我国境内从事生产、委托加工和进口应税消费品的单位和个人，就其销售额或销售数量在特定环节征收的一种税。简而言之，消费税是对特定的消费品征收的一种税。可见，我国征收的消费税也采用了第二种观点。

目前，世界上有一百多个国家开征了消费税，但具体名称和形式不尽相同，有的叫货物税，有的叫奢侈品税。一些国家按照征税对象确定税种名称，如烟税、酒税等。我国现行的消费税是 1994 年税制改革中新设置的一个税种，是在对货物普遍征收增值税的基础上，选择少数消费品再征收一道税。征收消费税主要是为了调节产业结构，限制某些奢侈品、高能耗产品的生产，正确引导消费，保证国家财政收入。

二、消费税的特点

消费税除具有流转税的一般特性外，还具有自身的特点。

1. 征税范围具有选择性

各国开征消费税体现特定的政策目标。目前世界各国的消费税并不是对所有的消费品和消费行为征收消费税，而是基于调解消费、引导生产、节约能源、保护环境等方面的考虑，选择了一部分特定消费品和消费行为作为征税范围，各国的消费税征税项目虽不尽相同，但大多数国家都是把非必需品、奢侈品、高档消费品、高能耗消费品、不可再生的资源消费品等列入征税范围。我国只对消费品征税，具体是哪些消费品由税法明确列举，主要有烟、酒、化妆品等 15 类商品，即 15 个税目。

2. 征税环节具有单一性

一般情况下，消费税实行单一环节征收，即在生产(进口)、流通或消费的某一环节一次征收，而不是在消费品生产、流通或消费的每个环节多次征收，即通常所说的一次课征制(卷烟除外)。

3. 征收方法具有多样性

消费税的计税方法比较灵活。针对不同应税消费品的具体情况，消费税在征收方法上具有多样性：对一部分价格差异较大，且便于按价格核算的应税消费品，依消费品的价格实行从价计征；对一部分价格差异较小，品种、规格比较单一的应税消费品，依消费品的数量实行从量计征；对部分消费品实行既从价定率征收，又从量定额征收的复合计税方法。

4. 税率税额具有差别性

消费税是按选定的消费品分别确定不同税率和税额，项目之间的税负水平弹性很大，高低悬殊。这种多税率、差距大的特点，体现了国家特定政策的需要。我国现行消费税从价定率计税部分，最低税率为 1%，最高税率为 56%，差距很大。

第二节 消费税的纳税义务人和征税范围

一、消费税的纳税义务人

在中华人民共和国境内生产、委托加工和进口《中华人民共和国消费税暂行条例》(以下简称为《消费税暂行条例》)规定的消费品的单位和个人，以及国务院确定的销售《消费税暂行条例》规定的消费品的其他单位和个人，为消费税的纳税人，应当依照《消费税暂行条例》缴纳消费税。单位是指企业、行政单位、事业单位、军事单位、社会团体和其他单位；个人是指个体工商户及其他个人。

单位和个人生产、委托加工和进口应税消费品在中国境内，是指生产、委托加工和进口应税消费品的起运地或所在地在中国境内。

二、消费税的征税范围

消费税的征税范围，主要是根据经济发展现状和消费政策、居民的消费水平和消费结构以及财政的需要，并借鉴国外成功的经验和同行的做法确定的。

1. 生产应税消费品

生产应税消费品销售是消费税征税的主要环节，因消费税具有单一征税的特点，在生产销售环节征税以后，货物在流通环节再转销多少次，不用再缴纳消费税。生产应税消费品除了直接对外销售应征消费税外，纳税人以生产的应税消费品换取生产资料、消费资料、投资入股、偿还债务，以及将其用于继续生产应税消费品以外的其他方面都应缴纳消费税。

2. 委托加工应税消费品

委托加工应税消费品是指委托方提供原材料和主要材料，受托方只收取加工费和代垫部分辅助材料加工的应税消费品。

3. 进口应税消费品

单位和个人进口货物属于消费税征税范围的，在进口环节也要缴纳消费税。为了减少征税成本，进口环节的消费税由海关代征。

4. 零售应税消费品

经国务院批准，自 1995 年 1 月 1 日起，金银首饰消费税由在生产销售环节征收改为在零售环节征收。改在零售环节征收消费税的金银首饰仅限于金基、银基合金首饰以及金、银和金基、银基合金的镶嵌首饰。零售环节适用税率为 5%，在纳税人销售金银首饰、钻石及钻石饰品时征收，其计税依据是不含增值税的销售额。

5. 批发卷烟

自 2009 年 5 月 1 日起，卷烟在生产销售环节缴纳消费税后在批发环节再加征一道消费税。自 2015 年 5 月 10 日起，将卷烟批发环节从价税税率由 5%提高至 11%，并按 0.005 元/支加征从量税。

纳税义务人兼营卷烟批发和零售业务的，应当分别核算批发和零售环节的销售额、销售数量；未分别核算批发和零售环节销售额、销售数量的，按照全部销售额、销售数量计征批发环节消费税。

第三节　消费税的税目与税率

一、消费税的税目

我国现行的消费税设置了 15 个税目。

1. 烟

凡是以烟叶为原料加工生产的产品，无论使用何种辅料，均属于本税目的征收范围，包括卷烟(进口卷烟、白包卷烟、手工卷烟和未经国务院批准纳入计划的企业及个人生产的卷烟)、雪茄烟、烟丝和卷烟批发环节。

2. 酒

酒是酒精度在 1 度以上的各种酒类饮料。酒精又名乙醇，是指用蒸馏或合成方法生产的酒精度在 95 度以上的无色透明液体。酒类包括白酒、黄酒、啤酒和其他酒。

饮食业、商业、娱乐业举办的啤酒屋(啤酒坊)利用啤酒生产设备生产的啤酒应当征收消费税。

3. 高档化妆品

高档化妆品征收范围包括高档美容、修饰类化妆品，高档护肤类化妆品和成套化妆品。高档美容、修饰类化妆品和高档护肤类化妆品是指生产(进口)环节销售(完税)价格(不含增值税)在 10 元/毫升(克)或 15 元/片(张)及以上的美容、修饰类化妆品和护肤类化妆品。

美容、修饰类化妆品是指香水、香水精、香粉、口红、指甲油、胭脂、眉笔、唇笔、蓝眼油、眼睫毛及成套化妆品。

舞台、戏剧、影视演员化妆用的上妆油、卸妆油、油彩，不属于本税目的征收范围。高档护肤类化妆品征收范围另行规定。

4. 贵重首饰及珠宝玉石

贵重首饰及珠宝玉石是指以金、银、珠宝玉石等高贵稀有物质以及其他金属、人造宝石等制作的各种纯金银及镶嵌饰物，以及经采掘、打磨、加工的各种珠宝玉石。对出国人员免税商店销售的金银首饰征收消费税。

5. 鞭炮、焰火

本税目的征税范围包括各类鞭炮、焰火。体育上用的发令纸、鞭炮引线不按本税目征收。

6. 成品油

成品油包括汽油、柴油、石脑油、溶剂油、航空煤油、润滑油、燃料油 7 个子目。

(1) 汽油，是指用原油或其他原料加工生产的辛烷值不小于 66 的可用作汽油发动机燃料的各种轻质油。

(2) 柴油，是指用原油或其他原料加工生产的倾点或凝点在-50 号至 30 号的可用作柴油发动机燃料的各种轻质油和以柴油成分为主，经调和精制可用作柴油发动机燃料的非标油。

(3) 石脑油，又叫化工轻油，是以原油或其他原料加工生产的用于化工原料的轻质油。

(4) 溶剂油，是用原油或其他原料加工生产的用于涂料、油漆、食用油、印刷油墨、皮革、农药、橡胶、化妆品生产和机械清洗、胶粘行业的轻质油。

(5) 航空煤油，也叫喷气燃料，是用原油或其他原料加工生产的用作喷气发动机和喷气推进系统燃料的各种轻质油。对航空煤油暂缓征收消费税。

(6) 润滑油，是用原油或其他原料加工生产的用于内燃机、机械加工过程的润滑产品。

(7) 燃料油，也称重油、渣油，是用原油或其他原料加工生产，主要用作电厂发电、锅炉用燃料、加热炉燃料、冶金和其他工业炉燃料。

7. 摩托车

本税目的征税范围包括轻便摩托车和摩托车。对最大设计车速不超过50km/h，发动机气缸总工作容量不超过50ml的三轮摩托车不征收消费税。

8. 小汽车

小汽车是指由动力装置驱动，具有 4 个或 4 个以上车轮的非轨道承载的车辆。

小汽车的税目下设置乘用车、中轻型商用客车和超豪华小汽车子目。乘用车的征收范围，包括含驾驶员座位在内最多不超过 9 个座位(含)的、在设计和技术特性上用于载运乘客和货物的各类乘用车。中轻型商务客车的征税范围包括含驾驶员座位在内的座位数在 10～23 座

(含 23 座)的、在设计和技术特性上用于载运乘客和货物的各类中型商务客车。超豪华小汽车是指每辆零售价在 130 万元(不含增值税)及以上的乘用车和中轻型商用客车。

用排气量小于 1.5 升(含)的乘用车底盘(车架)改装、改制的车辆属于乘用车征收范围。用排气量大于 1.5 升的乘用车底盘(车架)或用中轻型商用客车底盘(车架)改装、改制的车辆属于中轻型商用车征收范围。

电动汽车不属于本税目征税范围。车身长度大于 7 米(含)，并且座位在 10～23 座(含)以下的商用客车，不属于中轻型商用客车征税范围，不征收消费税。沙滩车、雪地车、卡丁车、高尔夫车不属于消费税征收范围，不征收消费税。

9. 高尔夫球及球具

高尔夫球及球具是指从事高尔夫运动所需的各种专用装备，包括高尔夫球、高尔夫球杆及高尔夫球包(袋)等。

本税目征收范围包括高尔夫球、高尔夫球杆及高尔夫球包(袋)。高尔夫球杆的杆头、杆身和握把属于本税目的征收范围。

10. 高档手表

高档手表是指销售价格(不含增值税)每支在 10 000 元(含)以上的各类手表。

本税目征收范围包括符合以上标准的各类手表。

11. 游艇

游艇是指长度大于8米小于90米，船体由玻璃钢、钢、铝合金、塑料等多种材料制作，可以在水上移动的水上浮载体。本税目征收范围包括艇身长度大于8米(含)小于90米(含)，内置发动机，可以在水上移动，一般为私人或团体购置，主要用于水上运动和休闲娱乐等非营利活动的各类机动艇。

12. 木制一次性筷子

木制一次性筷子，也叫卫生筷子，是指以木材为原料，经过锯断、浸泡、旋切、刨切、烘干、筛选、打磨、倒角、包装等环节加工而成的各类一次性使用的筷子。本税目征收范围包括各种规格的木质一次性筷子。未经打磨、倒角的木制一次性筷子属于本税目征收范围。

13. 实木地板

实木地板是指以木材为原料，经锯割、干燥、刨光、截断、开榫、涂漆等工序加工而成的块状或条状的地面装饰材料。

本税目征收范围包括各类规格的实木地板、实木指接地板、实木复合地板及用于装饰墙壁、天棚的侧端面为榫、槽的实木装饰板和未经涂饰的素板。

14. 电池

电池是一种将化学能、光能等直接转化成电能的装置，范围包括原电池、蓄电池、燃料电池、太阳能电池和其他电池。

15. 涂料

涂料是指涂于物体表面能形成具有保护、装饰或特殊性能的固态涂膜的一类液体或固体材料的总称。

二、消费税的税率

根据我国现行的消费税法律制度，消费税实行比例税率、定额税率两种形式，以适应不同应税消费品的实际情况，基于用量大、计量单位规范、同类产品价格差异不大的考虑，我国消费税对黄酒、啤酒和成品油实行定额税率；而对于大多数消费品则选择税价联动的比例税率；对卷烟、白酒则实行复合税率。消费税的税目税率表如表 3-1 所示。

表3-1 消费税的税目税率表

税目	计税单位	税率(税额)
一、烟		
1. 卷烟		
(1) 甲类卷烟(调拨价在 70 元以上(含 70 元))	每标准箱(250 条，5 万支)	56%加 0.003 元/支
(2) 乙类卷烟(调拨价在 70 元以下)	标准箱(5 万支)	36%加 0.003 元/支
2. 雪茄烟		36%
3. 烟丝		30%
4. 卷烟批发环节		11%加 0.005 元/支
二、酒		
1. 白酒	每斤或 500 毫升	20%加 0.50 元/500 克(或 500 毫升)
2. 黄酒	吨	240 元
3. 啤酒		
(1) 甲类啤酒，每吨出厂价格(含包装物及包装物押金)在 3 000 元(含 3 000 元，但不含增值税)以上的	吨	250 元
(2) 乙类啤酒，每吨在 3 000 元以下的	吨	220 元
4. 其他酒		10%
三、高档化妆品		15%
四、贵重首饰和珠宝玉石		
1. 金、银、铂金首饰和钻石、钻石饰品		5%
2. 其他贵重首饰和珠宝玉石		10%
五、鞭炮、焰火		15%
六、成品油		
1. 汽油		1.52
2. 柴油	升	1.2 元
3. 石脑油	升	1.52 元
4. 溶剂油	升	1.52 元
5. 润滑油	升	1.52 元
6. 燃料油	升	1.2 元

(续表)

税目	计税单位	税率(税额)
7. 航空煤油	升	1.2 元(暂缓征收)
七、摩托车		
1. 气缸容量(排气量，下同)在 250 毫升(含)以下的		3%
2. 气缸容量在 250 毫升以上的		10%
八、小汽车		
1. 乘用车		
(1) 气缸容量(排气量，下同)在 10 升(含)以下的		1%
(2) 气缸容量在 1.0 升至 1.5 升(含)的		3%
(3) 气缸容量在 1.5 升至 2.0 升(含)的		5%
(4) 气缸容量在 2.0 升至 2.5 升(含)的		9%
(5) 气缸容量在 2.5 升至 3.0 升(含)的		12%
(6) 气缸容量在 3.0 升至 4.0 升(含)的		25%
(7) 气缸容量在 4.0 升以上的		40%
2. 中轻型商用客车		5%
3. 超豪华小汽车(零售环节)		10%
九、高尔夫球及球具		10%
十、高档手表		20%
十一、游艇		10%
十二、木制一次性筷子		5%
十三、实木地板		5%
十四、电池		4%
十五、涂料		4%

第四节　消费税的计算方法及计税依据

按照现行消费税法的基本规定，消费税应纳税额的计算分为从价定率、从量定额和复合计税 3 种计算方法。

一、从价定率计征的计税依据

在从价定率计征方法下，应纳的消费税等于应税消费品的销售额乘以适用的税率，应纳税额的大小取决于应税消费品的销售额和适用的税率。

(一) 计税销售额的一般规定

1. 销售额的确定

销售额为纳税人销售应税消费品向购买方收取的全部价款和价外费用。价外费用是指价外收取的基金、集资费、返还利润、补贴、违约金(延期付款利息)和手续费、包装费、储备费、优质费、运输装卸费、代收款项、代垫款项，以及其他各种性质的价外收费，但下列款项不包括在内。

1) 同时符合以下条件的代垫运费

(1) 承运部门的运输费用发票开具给购买方的。

(2) 纳税人将该项发票转交给购买方的。

2) 同时符合以下条件代为收取的政府性基金或者行政事业性收费

(1) 由国务院或者财政部批准设立的政府性基金，由国务院或者省级人民政府及其财政、价格主管部门批准设立的行政事业性收费。

(2) 收取时开具省级以上财政部门印制的财政票据。

(3) 所收款项全额上缴财政。

其他价外费用，无论是否属于纳税人的收入，均应并入销售额计算征税。

2. 销售额的换算

纳税人应税消费品的销售额中未扣除增值税款或者因不得开具增值税专用发票而发生价款和增值税款合并收取的，在计算消费税时，应当换算为不含增值税税款的销售额。其换算公式为

应税消费品的销售额＝含增值税的销售额÷(1＋增值税税率或征收率)

在使用换算公式时，应当根据纳税人的具体情况分别使用增值税税率或征收率。

(二) 计税销售额的特殊规定

(1) 实行从价定率办法计算应纳税额的应税消费品连同包装物销售的，无论包装物是否单独计价，也无论在会计上如何核算，均应并入应税消费品的销售额中征收消费税。如果包装物不作价随同产品销售，而是收取押金(收取酒类产品的包装物押金除外)，且单独核算，又未过期的，此项押金则不应并入应税消费品的销售额中征税，但对因逾期未收回包装物不再退还的或者已收取的时间超过 12 个月的押金，应并入应税消费品的销售额，按照应税消费品的适用税率征收消费税。

对既作价随同应税消费品销售，又另收取包装物押金的，凡纳税人在规定的期限内不予退还押金，均应并入应税消费品的销售额，按照应税消费品适用的税率征收消费税。

对酒类产品生产企业销售酒类产品(啤酒、黄酒除外)而收取的包装物押金，无论押金是否返还与会计上如何核算，均需并入酒类产品的销售额中，依酒类产品适用的税率征收消费税。

(2) 纳税人通过自设非独立核算门市部销售的自产应税消费品，应当按照门市部的对外销售额或者销售数量征收消费税。

(3) 纳税人用于换取生产资料和消费资料，投资入股和抵偿债务等方面的应税消费品，应当以纳税人同类应税消费品的最高销售价格作为计税依据计算消费税。

(4) 纳税人将自产的应税消费品与外购的或自产的非应税消费品组成套装销售的，以套装产品的销售额(不含增值税)为计税依据。

(5) 纳税人兼营不同税率的应税消费品，应当分别核算不同税率应税消费品的销售额、销售数量。未分别核算销售额、销售数量，或者将不同税率的应税消费品组成成套产品销售的，从高适用税率计算应纳的消费税。

(6)对既销售金银首饰，又销售非金银首饰的生产、经营单位，应将两类商品划分清楚，分别核算销售额。凡划分不清楚或不能分别核算的，在生产环节销售的，一律从高适用税率征收消费税；在零售环节销售的，一律按金银首饰征收消费税。金银首饰与其他产品组成成套消费品销售的，应按销售额全额征收消费税。

① 金银首饰连同包装物销售的，无论包装是否单独计价，也无论会计上如何核算，均应并入金银首饰的销售额，征收消费税。

② 带料加工的金银首饰，应按受托方销售同类金银首饰的销售价格确定计税依据征收消费税。没有同类金银首饰销售价格的，按组成计税价格计征消费税。

③ 纳税人采取以旧换新(含翻新改制)方式销售金银首饰，应按实际收取的不含增值税的全部价款确定计税依据计征消费税。

二、从量定额计征的计税依据

我国现行的消费税仅对啤酒、黄酒、成品油实行定额税率，采用从量定额方法计算税额。

在从量定额计征方法下，应纳的消费税等于应税消费品的销售数量乘以单位税额，应纳税额的大小取决于应税消费品的销售数量和单位税额。这里所说的销售数量是指纳税人生产、委托加工和进口应税消费品的数量，具体为：销售应税消费品的，为应税消费品的销售数量；自产自用应税消费品的，为应税消费品的移送使用数量；委托加工应税消费品的，为纳税人收回的应税消费品数量；进口应税消费品的，为海关核定的应税消费品进口征税数量。

三、复合计税计征的计税依据

实行从量定额与从价定率相结合的复合计税方法征税的应税消费品，目前只有卷烟和白酒。

在复合计税方法下，应纳的消费税等于应税消费品的销售额乘以比例税率再加上应税消费品的销售数量乘以单位税额。

第五节　消费税应纳税额的计算

纳税人在生产销售环节应纳的消费税，包括直接对外销售应税消费品应纳的消费税和自产自用应税消费品应纳的消费税。

一、直接对外销售应纳消费税的计算

直接对外销售应税消费品应纳税额的计算涉及从价定率、从量定额和复合计税 3 种计算方法。

(一) 从价定率应纳税额的计算

在从价定率计征方法下，应纳的消费税等于应税消费品的销售额乘以适用税率。其计算公式为

应纳税额＝应税消费品的销售额×适用税率

【例 3-1】某化妆品厂 2019 年 7 月 15 日向某商场销售高档化妆品一批，开具增值税专用发票，取得不含税销售额 30 万元，请计算该化妆品厂应缴纳的消费税(高档化妆品适用的税率为 15%)。

应纳消费税＝30×15%＝4.5(万元)

(二) 从量定额应纳税额的计算

在从量定额计征方法下，应纳的消费税等于应税消费品的销售数量乘以单位税额。其计算公式为

应纳税额＝应税消费品的销售数量×单位税额

【例 3-2】某啤酒厂 2019 年 9 月销售乙类啤酒 40 吨，每吨出厂价格为 2 900 元。请计算 9 月该啤酒厂应纳的消费税(乙类啤酒定额税率为 220 元/吨)。

应纳的消费税＝40×220＝8 800(元)

(三) 复合计税应纳税额的计算

在复合计税方法下，应纳的消费税等于应税消费品的销售额乘以比例税率，再加上应税消费品的销售数量乘以单位税额。其计算公式为

应纳税额＝应税消费品的销售额×比例税率＋应税销售数量×单位税额

【例 3-3】某白酒生产企业为增值税一般纳税人，2019 年 5 月销售白酒 50 吨，取得不含税销售额 150 万元。请计算该白酒企业 5 月应缴纳的消费税(白酒比例税率为 20%，单位税额为 0.5 元/斤)。

应纳的消费税＝150×20%＋50×2 000×0.5÷10 000＝35(万元)

二、自产自用应税消费品应纳税额的计算

自产自用通常是指纳税人生产应税消费品后，不是直接用于对外销售，而是用于连续生产应税消费品，或用于其他方面。这种自产自用形式在实际生活中较为常见，例如企业将自己生产的应税消费品用于赠送、职工福利等，这类行为表面上看好像没有实现销售，无须纳

税，但这样就出现了漏缴或少缴税款的现象。因此，税法对此做出了相应规定。

(一) 纳税人自产自用的应税消费品，用于连续生产应税消费品的，不纳税

所谓“纳税人自产自用的应税消费品，用于连续生产应税消费品的”，是指自产自用的应税消费品为最终应税消费品的直接材料，并构成最终产品实体。《消费税暂行条例》中规定，对自产自用的应税消费品，用于连续生产应税消费品的，不再征税，体现了税不重征和计税简便的原则，避免了重复征税，如卷烟厂生产的烟丝，如果直接对外销售，应缴纳消费税，但如果烟丝用于本厂连续生产卷烟，用于连续生产卷烟的烟丝就不缴纳消费税，只对生产的卷烟征收消费税。

(二) 纳税人自产自用的应税消费品，用于其他方面的，于移送使用时纳税

所谓“纳税人自产自用的应税消费品，用于其他方面的”，是指纳税人用于生产非应税消费品和在建工程、管理部门、非生产机构，提供劳务以及用于馈赠、赞助、集资、广告、样品、职工福利、奖励等方面的应税消费品。这里所说的自产自用的应税消费品用于生产非应税消费品，是指将自产的应税消费品用于生产消费税税目税率所列 15 类产品以外的产品，例如原油加工厂用生产出来的应税消费品汽油调和制成溶剂汽油，该溶剂汽油就属于非应税消费品。这一规定类似于增值税中的视同销售行为，其目的是平衡外购应税消费品和自产应税消费品之间的税负。

(三) 自产自用应税消费品应纳税额的计算

根据《消费税暂行条例》的规定，纳税人自产自用的应税消费品，凡用于其他方面的，应当纳税。具体计算方法如下。

1. 有同类产品销售价格的

有同类产品销售价格的，按照纳税人生产的同类消费品的销售价格计算纳税。这里所说的“同类消费品的销售价格”是指纳税人当月销售的同类消费品的销售价格，如果当月同类消费品的各期销售价格高低不同，应按照销售数量加权平均计算，但销售的应税消费品有下列情况之一的，不得列入加权平均计算：销售价格明显偏低又无正当理由的；无销售价格的。如果当月无销售或当月未完结，应按照同类消费品上月或最近月份的销售价格计算纳税。

2. 没有同类消费品销售价格的

按照规定，纳税人自产自用的应税消费品，在计算税额时没有同类消费品销售价格的，应按照组成计税价格计算纳税。组成计税价格的计算公式为

组成计税价格＝成本＋利润＋消费税税额

＝(成本＋利润)÷(1－消费税税率)

＝成本×(1＋成本利润率)÷(1－消费税税率)

上述公式中所说的“成本”是指应税消费品生产成本，“利润”是指根据应税消费品的全国平均成本利润率计算的利润。应税消费品全国平均成本利润率由国家税务总局确定(见表 3-2)。从 2009 年 1 月 1 日起，采用复合计税办法征收消费税的应税消费品，其组成计税

价格公式中应含有从量征收的消费税，其组成计税价格公式为

组成计税价格＝(成本＋利润＋自产自用数量×定额税率)÷(1－消费税税率)

成本利润率按照消费税法规定确定。

表3-2 应税消费品全国平均成本利润率

货物名称	利润率	货物名称	利润率
1. 甲类卷烟	10%	11. 摩托车	6%
2. 乙类卷烟	5%	12. 高尔夫球及球具	10%
3. 雪茄烟	5%	13. 高档手表	20%
4. 烟丝	5%	14. 游艇	10%
5. 粮食白酒	10%	15. 木制一次性筷子	5%
6. 薯类白酒	5%	16. 实木地板	5%
7. 其他酒	5%	17. 乘用车	8%
8. 高档化妆品	5%	18. 中轻型商用客车	5%
9. 鞭炮、焰火	5%	19. 电池	4%
10. 贵重首饰及珠宝玉石	6%	20. 涂料	7%

【例3-4】上海日用化学厂(增值税一般纳税人)将一批自产的化妆品作为福利发放给职工，该化妆品无同类的销售价格，其生产成本为10 000元，成本利润率为5%，适用的消费税税率为15%。请计算这批化妆品应缴纳的消费税和增值税的销项税额。

组成计税价格＝10 000×(1＋5%)÷(1－15%)＝12 352.94(元)

增值税销项税额＝12 352.94×17%＝2 100(元)

应纳消费税＝12 352.94×15%＝1 852.94(元)

三、委托加工应税消费品应纳税额的计算

随着经济的发展，社会分工日益细化，企业、单位或者个人由于设备、技术、人力等方面的局限，常常需要委托其他单位代为加工应税消费品，然后将加工好的应税消费品收回，直接销售或者自己使用，例如企业将外购的烟丝提供给某卷烟厂，加工成卷烟用于赠送本企业的客户，则加工的卷烟需要缴纳消费税。这是生产应税消费品的另一种形式，也需要纳入征收消费税的范围。为了加强对委托加工应税消费品的管理，税法对委托加工应税消费品做出了明确规定。

(一) 委托加工应税消费品的确定

根据消费税法的规定，作为委托加工的应税消费品，应该具备两个条件：一是由委托方提供原料和主要材料；二是受托方只收取加工费和代垫部分辅助材料。无论是委托方还是受托方，凡不符合规定的，不论纳税人在财务上是否做销售处理，都不得作为委托加工应税消费品，而应当按照销售自制应税消费品纳税。这样规定的目的是防止受托方确定计税价格偏低，虚假代收代缴消费税和逃避自制应税消费品要缴纳税款的责任。

(二) 委托加工应税消费品税款的缴纳

《消费税暂行条例》及其实施细则对委托加工应税消费品代收代缴税款问题做了明确的规定：委托加工的应税消费品，由受托方在向委托方交货时代收代缴。如果受托方是个体经营者，委托方须在收回加工应税消费品后向所在地主管税务机关缴纳消费税。

这样，受托方就成了法定的代收代缴义务人。受托方没有按规定代收代缴税款，除受到一定的处罚外，还要追究委托方的责任，令其补缴税款。在税收征管中，如果发现委托方委托加工的应税消费品，受托方没有代收代缴税款，委托方要补缴税款，受托方就不再补缴税款了。对委托方补征税款的计税依据是：如果收回的应税消费品已直接销售，按销售额补征；如果收回的应税消费品尚未销售或用于连续生产等，按组成计税价格补征。

委托加工的应税消费品，受托方在交货时已代收代缴消费税，委托方收回后直接销售的，不再征收消费税。根据财法〔2012〕8号文件的规定，“委托加工的应税消费品直接出售的，不再缴纳消费税”的含义是：委托方收回的应税消费品，以不高于受托方的计税价格出售的，为直接出售，不再缴纳消费税；自2012年9月1日起，委托方以高于受托方的计税价格出售的，不属于直接出售，需按照规定申报缴纳消费税，在计税时准予扣除受托方已代收代缴的消费税。

(三) 委托加工应税消费品应纳税额的计算

根据《消费税暂行条例》的规定，委托加工的应税消费品，按照受托方的同类消费品的销售价格计算纳税；没有同类消费品销售价格的，按照组成计税价格计算纳税。

(1) 有同类消费品销售价格的，其应纳税额的计算公式为

应纳税额＝同类消费品销售单价×委托加工数量×适用税率

式中所称的“同类消费品销售单价”，其内容与自产自用应税消费品的规定一致。

(2) 没有同类应税消费品销售价格的，按组成计税价格计算纳税，组成计税价格的计算公式为

组成计税价格＝(材料成本＋加工费)÷(1－比例税率)

自 2009 年 1 月 1 日起，对复合计税办法征收消费税的应税消费品，其组成计税价格公式中应含从量征收的消费税。

应纳税额＝组成计税价格×适用税率

这里所称的“材料成本”是指委托方所提供加工材料的实际成本。“加工费”是指受托方加工应税消费品向委托方收取的全部费用，包括代垫辅助材料的实际成本，但不包括收取的增值税。

【例3-5】某商场委托一化妆品厂加工一批化妆品，商场提供原材料和主要材料，材料成本为21 500元，加工厂收取加工费3 000元，代垫辅料成本1 000元。受托加工的化妆品厂无同类消费品的销售价格。请计算化妆品厂代收代缴的消费税。

组成计税价格＝(21 500＋3 000＋1 000)÷(1－15%)＝30 000(元)

代收代缴的消费税＝30 000×15%＝4 500(元)

四、进口应税消费品应纳税额的计算

为了平衡进口消费品与国内生产的同种消费品的税收负担，进口的应税消费品，于报关进口时缴纳消费税。进口的应税消费品，由进口人或其代理人向报关地海关申报纳税；纳税人进口应税消费品，按照关税征收管理的规定，应当自海关填发海关进口消费税专用缴款书之日起 15 日内缴纳税款。纳税人进口应税消费品，按照组成计税价格和规定的税率计算缴纳税额，进口应税消费品的税目、税率(税额)，依照《消费税暂行条例》所附的《消费税税目税率(税额)表》执行，计算方法如下。

(一) 实行从价定率办法的应税消费品的应纳税额的计算

进口的应税消费品实行从价定律征税的，其应纳税额的计算，按照组成计税价格计算纳税。应纳税额的计算公式为

组成计税价格＝(关税完税价格＋关税)÷(1－消费税比例税率)

应纳税额＝组成计税价格×适用税率

公式中的“关税完税价格”是指海关核定的关税计税价格。

(二) 实行从量定额办法的应税消费品的应纳税额的计算

实行从量定额办法的应税消费品的应纳税额的计算公式为

应纳税额＝应税消费品数量×消费税定额税率

公式中所称的“应税消费品数量”是指海关核定的应税消费品进口数量。

(三) 实行复合计税办法的应税消费品的应纳税额的计算

实行复合计税办法的应税消费品的应纳税额的计算公式为

组成计税价格＝(关税完税价格＋关税＋进口数量×消费税定额税率)÷(1－消费税税率)

进口应纳消费税＝进口应纳消费品组成计税价格×消费税适用比例税率＋海关核定的进口应税消费品数量×消费税定额税率

【例 3-6】某进出口公司 2015 年 12 月进口一批摩托车，海关审定的关税完税价格为 27 万元，假定摩托车关税税率为 30%，消费税税率为 10%。当月在国内全部销售，开具的增值税专用发票上注明的价款、增值税税款分别为 60 万元、10.2 万元。

要求：计算进出口公司 2015 年 12 月应纳的增值税和消费税。

进口摩托车应纳消费税＝[27×(1＋30%)÷(1－10%)]×10%＝3.9(万元)

进口摩托车应纳增值税＝[27×(1＋30%)÷(1－10%)]×17%＝6.63(万元)

或　　　　　　　　　＝(27＋27×30%＋3.9)－6.63(万元)

国内销售应纳增值税＝60×17%－6.63＝3.57(万元)

五、用已税消费品生产的应税消费品税额的计算

有些应税消费品的生产是由已经缴纳过消费税的货物作为中间物进行生产的，按照消费税法的规定要对最终应税消费品进行课税，这样就会产生最终应税消费品的售价中包含了作

为中间物的已经缴纳的消费税，发生重复征税现象。为了避免重复征税，消费税法规定，纳税人使用外购或委托加工收回的应税消费品继续生产应税消费品销售的，可以将外购应税消费品和委托加工收回的应税消费品已缴纳的消费税扣除。

(一) 外购应税消费品已纳税款的扣除

1. 外购应税消费品连续生产应税消费品

由于某些应税消费品是用外购已缴纳消费税的应税消费品生产出来的，在对这些连续生产出来的应税消费品计算征税时，消费税法规定应按当期生产领用数量计算准予扣除的外购应税消费品已纳消费税税款，扣除范围包括：

(1) 以外购已税烟丝生产的卷烟；

(2) 以外购已税高档化妆品生产的高档化妆品；

(3) 以外购已税珠宝玉石生产的贵重首饰及珠宝玉石；

(4) 以外购已税鞭炮、焰火生产的鞭炮、焰火；

(5) 以外购已税杆头、杆身和握把为原料生产的高尔夫球杆；

(6) 以外购已税木制一次性筷子为原料生产的木制一次性筷子；

(7) 以外购已税实木地板为原料生产的实木地板；

(8) 以外购已税汽油、柴油、石脑油、燃料油、润滑油连续生产的应税成品油。

上述当期准予扣除外购应税消费品已纳消费税税款的计算公式为

当期准予扣除的外购应税消费品已纳税款＝当期准予扣除的外购应税消费品的买价×外购应税消费品适用税率

当期准予扣除的外购应税消费品的买价＝期初库存的外购应税消费品的买价＋当期购进的应税消费品的买价－期末库存的外购应税消费品的买价

公式中外购应税消费品的买价是指购货发票上注明的销售额(不包括增值税税款)。

另外根据《葡萄酒消费税管理办法(试行)》的规定，自 2015 年 5 月 1 日起，从葡萄酒生产企业购进、进口葡萄酒连续生产应税葡萄酒的，准予从葡萄酒消费税应纳税额中扣除所耗用应税葡萄酒已纳消费税税款，本期消费税应纳税额不足抵扣的，余额留待下期抵扣。

纳税人用外购已税珠宝玉石生产的改在零售环节征收消费税的金银首饰(镶嵌首饰)，在计税时一律不得扣除外购珠宝玉石的已纳税款。

【例 3-7】某化妆品企业 2019 年 12 月用外购的化妆品生产化妆品，当月销售额为 150 万元(不含增值税)，当月月初库存外购化妆品账面余额为 80 万元，当月购进化妆品 60 万元，当月月末库存外购化妆品账面余额为 100 万元。请计算该厂当月销售化妆品应纳消费税税额(化妆品的消费税税率为 15%)。

当月应纳消费税税额＝150×15%＝22.5(万元)

当月准予扣除的外购化妆品已纳税款＝(80＋60－100)×15%＝6(万元)

当月销售化妆品实际应缴纳的消费税税额＝22.5－6＝16.5(万元)

2. 外购应税消费品后销售

对自己不生产应税消费品，而只是购进后再销售应税消费品的工业企业，其销售的化妆品、护肤护发、鞭炮焰火和珠宝玉石，凡不能构成最终消费品直接进入消费品市场，而需进一步生产加工、包装、贴标的或者组合的珠宝玉石、化妆品、酒、鞭炮焰火等，应当征收消费税，同时允许扣除上述外购应税消费品的已纳税款。

(二) 委托加工收回的应税消费品已纳税款的扣除

委托加工的应税消费品因为已由受托方代收代缴消费税，因此，委托方收回货物后用于连续生产应税消费品的，其已纳的消费税准予按照规定从连续生产的应税消费品应纳消费税税额中扣除。

按照国家税务总局的规定，下列连续生产的应税消费品准予从应纳消费税税额中按当期生产领用数量计算扣除委托加工收回的应税消费品已纳消费税税款：

(1) 以委托加工收回的已税烟丝为原料生产的卷烟；

(2) 以委托加工收回的高档化妆品为原料生产的高档化妆品；

(3) 以委托加工收回的已税珠宝玉石为原料生产的贵重首饰及珠宝玉石；

(4) 以委托加工收回的已税鞭炮、焰火为原料生产的鞭炮、焰火；

(5) 以委托加工收回的已税杆头、杆身和握把为原料生产的高尔夫球杆；

(6) 以委托加工收回的已税木制一次性筷子为原料生产的木制一次性筷子；

(7) 以委托加工收回的已税实木地板为原料生产的实木地板；

(8) 以委托加工收回的已税汽油、柴油、石脑油、燃料油、润滑油连续生产的应税成品油；

(9) 以委托加工收回的已税摩托车连续生产的摩托车。

上述当期准予扣除委托加工收回的应税消费品已纳消费税税款的计算公式为

当期准予扣除的委托加工应税消费品已纳税款＝期初库存的委托加工应税消费品已纳税款＋当期收回委托加工应税消费品已纳税款－期末库存的委托加工应税消费品已纳税款

应当注意的是，纳税人用委托加工收回的已税珠宝玉石生产的改在零售环节征收消费税的金银首饰，在计税时一律不得扣除委托加工收回的珠宝玉石的已纳消费税税款。

【例3-8】某卷烟厂委托一烟丝加工厂加工烟丝一批，卷烟厂提供的加工材料成本为9 000元，烟丝厂收取加工费2 900元(不含增值税)。烟丝厂没有受托加工烟丝的同类产品的销售价格。烟丝厂在交货时代收代缴消费税。卷烟厂收回烟丝后用于生产卷烟，已知卷烟厂期初库存的委托加工烟丝价值30 000元，期末库存的委托加工烟丝价值20 000元，计算烟丝加工厂代收代缴的消费税和卷烟厂当期准予扣除的烟丝消费税。

烟丝加工厂代扣代缴的消费税＝[(9 000＋2 900)÷(1－30%)]×30%＝5 100(元)

卷烟厂当期准予扣除的烟丝消费税＝30 000×30%＋5 100－20 000×30%＝8 100(元)

六、特殊环节应纳消费税的计算

(一) 卷烟批发环节应纳消费税的计算

为了适当增加财政收入，完善应税消费品烟产品的消费税制度，自 2009 年 5 月 1 日起，在卷烟批发环节加征一道从价税。自 2015 年 5 月 10 日起，卷烟批发环节税率又做了调整。

1. 纳税义务人

纳税义务人是指在中华人民共和国境内从事卷烟批发业务的单位和个人。纳税人销售给纳税人以外的单位和个人的卷烟于销售时纳税。纳税人之间销售的卷烟不缴纳消费税。

2. 征税范围

征税范围为纳税人批发销售的所有牌号规格的卷烟。

3. 适用税率

适用税率，从价税税率为11%，从量税税率为0.005元/支。

4. 计税依据

计税依据为纳税人批发卷烟的销售额(不含增值税)、销售数量。纳税人应将卷烟的销售额与其他商品销售额分开计算，未分开计算的，一并征收消费税。纳税人兼营卷烟批发业务和零售业务的，应当分别核算批发业务和零售环节的销售额、销售数量；未分别核算批发和零售环节的销售额、销售数量的，按照全部销售额、销售数量计征批发环节消费税。

5. 纳税义务发生时间

批发环节消费税的纳税义务发生时间为纳税人收讫销售款或者取得索取销售款凭据的当天。

6. 纳税地点

卷烟批发企业机构所在地，总机构与分支机构不在同一地区的，由总机构申报纳税。

7. 其他

卷烟消费税在生产和批发两个环节征税后，批发企业在计算纳税时不得扣除已含的生产环节的消费税款。

(二) 超豪华小汽车零售环节应纳消费税的计算

为促进节能减排、保护环境，自2016年12月1日起，在生产(进口)环节按现行税率征收消费税的基础上，对超豪华小汽车在零售环节再征收一道消费税。

1. 征税范围

每辆零售价格为130万元(不含增值税)及以上的乘用车和中轻型商用客车，即乘用车和中轻型商用客车子税目中的超豪华小汽车。

2. 纳税人

将超豪华小汽车销售给消费者的单位和个人为超豪华小汽车零售环节纳税人。

3. 税率

超豪华小汽车零售环节消费税税率为10%。

4. 应纳税额的计算

应纳税额的计算公式为

应纳税额＝零售环节销售额(不含增值税)×零售环节消费税税率

第六节 消费税的征收管理

一、消费税的纳税义务发生时间

纳税人生产的应税消费品于销售时纳税，进口消费品应当于应税消费品报关进口环节纳税，但金银首饰、钻石及钻石饰品在零售环节纳税。消费税纳税义务发生的时间的相关规定如下。

(1) 纳税人销售应税消费品的，其纳税义务的发生时间为：

① 纳税人采取赊销和分期收款结算方式的，其纳税义务的发生时间为销售合同规定的收款日期的当天；

② 纳税人采取预收货款结算方式的，其纳税义务的发生时间为发出应税消费品的当天；

③ 纳税人采取托收承付和委托银行收款方式销售应税消费品的，其纳税义务的发生时间为发出应税消费品并办妥托收手续的当天；

④ 纳税人采取其他结算方式的，其纳税义务的发生时间为收讫销售款或者取得索取销售款凭据的当天。

(2) 纳税人自产自用的应税消费品，其纳税义务的发生时间为移送使用的当天。

(3) 纳税人委托加工的应税消费品，其纳税义务的发生时间为纳税人提货的当天。

(4) 纳税人进口的应税消费品，其纳税义务的发生时间为报关进口的当天。

二、消费税的纳税期限

按照《消费税暂行条例》的规定，消费税的纳税期限分别为 1 日、3 日、5 日、10 日、15 日、1 个月或者 1 个季度。纳税人的具体纳税期限，由主管税务机关根据纳税人应纳税额的大小分别核定；不能按照固定期限纳税的，可以按次纳税。

纳税人以 1 个月或者 1 个季度为一期纳税的，自期满之日起 15 日内申报纳税；以 1 日、3 日、5 日、10 日或者 15 日为一期纳税的，自期满之日起 5 日内预缴纳税，于次月 1 日起至 15 日内申报纳税并结清上月应纳税款。

纳税人进口应税消费品，应当自海关填发税款专用缴纳书的次日起 15 日内缴纳税款。

三、消费税的纳税地点

纳税人销售的应税消费品及自产自用的应税消费品，除国务院财政、税务主管部门另有规定外，应当向纳税人机构所在地或者居住地的主管税务机关申报纳税。

委托加工的应税消费品，除受托人为个人外，由受托方向机构所在地或居住地的主管税务机关解缴消费税税款。委托个人加工的应税消费品，由委托方向其机构所在地或居住地主管税务机关申报纳税。

纳税人进口消费品，由进口人或者其代理人向报关地海关申报纳税。

纳税人到外县(市)销售或者委托外县(市)代销自产应税消费品的，于应税消费品销售后，向机构所在地或者居住地主管税务机关申报纳税。

纳税人的总机构与分支机构不在同一县(市)的，应当分别向各自机构所在地的主管税务机关申报纳税；经财政部、国家税务总局或其授权的财政、税务机关批准，可以由总机构汇总向总机构所在地的主管税务机关申报纳税。

纳税人批发销售卷烟，其消费税纳税地点为卷烟批发机构所在地；总机构与分支机构不在同一地区的，由总机构申报纳税。

纳税人销售的应税消费品，因质量等原因发生退货的，其已缴纳的消费税税款可以予以退还。

课后习题

一、单项选择题

1. 据消费税的有关规定，下列纳税人自产自用应税消费品不缴纳消费税的是(　　)。

A. 炼油厂用于本企业基建部门车辆的自产汽油

B. 汽车厂用于管理部门的自产汽车

C. 日化厂用于交易会样品的自产化妆品

D. 卷烟厂用于生产卷烟的自制烟丝

2. 下列各项中，符合消费税纳税义务发生时间规定的是(　　)。

A. 进口的应税消费品，为取得进口货物的当天

B. 自产自用的应税消费品，为移送使用的当天

C. 委托加工的应税消费品，为支付加工费的当天

D. 采取预收货款结算方式的，为收到预收款的当天

3. 企业生产销售的下列产品中，属于消费税征税范围的是(　　)。

A. 铅蓄电池　　B. 电动汽车

C. 体育用鞭炮药引线　　D. 销售价格为9 000元的手表

4. 根据税法规定，下列说法不正确的是(　　)。

A. 应税消费品征收消费税的，其税基不含有增值税

B. 凡是征收增值税的货物都征收消费税

C. 应税消费品征收增值税的，其税基含有消费税

D. 增值税属于价外税，消费税属于价内税

5. 根据我国现行消费税的规定，下列选项中应当缴纳消费税的是(　　)。

A. 商店零售化妆品

B. 个人销售自己使用过的电动自行车

C. 酒厂非独立核算门市部销售白酒

D. 卷烟批发企业销售给其他卷烟批发企业卷烟

6. 某外贸进出口公司当月从境外某国进口 140 辆小轿车，每辆车的关税完税价格为 8 万元，已知小轿车关税税率为 110%，消费税税率为 5%，进口上述轿车应缴纳的消费税为(　　)万元。

A. 61.6　　B. 123.79　　C. 56　　D. 80

7. 纳税人将收回的委托加工的应税消费品用于连续生产应税消费品的，在计算纳税时，其委托加工消费品的已纳消费税税款应(　　)。

A. 按当期生产领用的数量计算扣除

B. 于当期部分领用时一次性扣除

C. 于当期领用时扣除50%

D. 直接计入成本，不予扣除

8. 下列应税消费品中，除了在生产销售环节征收消费税外，还应在批发环节征收消费税的是(　　)。

A. 高档手表　　B. 高档化妆品　　C. 卷烟　　D. 超豪华小轿车

二、多项选择题

1. 下列各项中，应当征收消费税的有(　　)。

A. 化妆品厂作为样品赠送给客户的香水

B. 用于产品质量检验耗费的高尔夫球杆

C. 白酒生产企业向百货公司销售的试制药酒

D. 轮胎厂移送非独立核算门市部待销售的汽车轮胎

2. 下列货物中，采用从量定额方法计征消费税的有(　　)。

A. 黄酒　　B. 游艇　　C. 润滑油　　D. 雪茄烟

3. 下列选项中属于自制应税消费品的是(　　)。

A. 由受托方提供原材料生成的应税消费品

B. 受托方先将原材料卖给委托方，然后再接受加工的应税消费品

C. 由受托方自行购进原材料生产的应税消费品

D. 由受托方以委托方名义购进原材料生产的应税消费品

4. 我国消费税分别采用(　　)的计征方法。

A. 从价定率　　B. 从量定额

C. 从价定额　　D. 从量定额和从价定率相结合

5. 纳税人自产自用的下列应税消费品中，需缴纳消费税的有(　　)。

A. 生产企业将石脑油用于本企业连续生产汽油

B. 日化厂自产化妆品用于充当促销赠品

C. 汽车制造厂自产小汽车用于后勤服务

D. 木筷厂将自产高档木筷用于本企业职工食堂

6. 下列产品中，缴纳消费税时准许扣除外购应税消费品已纳消费税的有(　　)。

A. 外购已税烟丝生产的卷烟

B. 外购已税白酒加香生产的白酒

C. 外购已税手表镶嵌钻石生产的手表

D. 外购已税实木素板涂漆生产的实木地板

三、计算题

1. 某企业为增值税一般纳税人，2020 年 3 月经营状况如下。

(1) 生产食用酒精一批，将其中的60%用于销售，开具的增值税专用发票注明的金额10万

元、税额1.3万元。

(2) 将剩余50%的酒精作为酒基，加入食品添加剂调制成38度的配制酒，当月全部销售，开具的增值税专用发票注明金额18万元、税额2.34万元。

(3) 酿制葡萄酒一批，将10%的葡萄酒用于生产酒心巧克力，采用赊销方式销售，不含税总价为20万元，货已经交付，合同约定10月31日付款。

(4) 将剩余90%的葡萄酒装瓶对外销售，开具的增值税专用发票注明金额36万元、税额4.68万元。

其他相关材料：企业当期通过认证可以抵扣的进项税额为8万元；消费税税率为10%。

要求：根据上述材料，计算并回答下列问题。

(1) 计算业务(1)应缴纳的消费税。

(2) 计算业务(2)应缴纳的消费税。

(3) 计算业务(3)应缴纳的消费税。

(4) 计算业务(4)应缴纳的消费税。

(5) 计算该企业 3 月应缴纳的增值税。

2. 某日化厂(一般纳税人)2019 年 4 月发生如下业务。

(1) 受托加工高档化妆品，委托方提供价值为 40 万元的原材料，本企业取得的普通发票上注明的加工费为 22.6 万元，受托方没有同类高档化妆品的销售价格。

(2) 将本企业生产的成本为 5 万元的特种高档化妆品分给职工作为福利。

(3) 销售化妆品取得不含税销售收入 100 万元，货款已经收回。

(4) 没收逾期未归还的包装物押金 5.65 万元。

要求：计算该企业应纳的增值税、消费税和代收代缴的消费税(假设成本利润率为 5%，高档化妆品的消费税税率为 15%)。

第四章

关　税　法

【学习要点】

本章主要介绍关税的概念和特点、关税的纳税义务人和征税对象、进出口关税完税价格的确定、应纳关税的计算及征收管理等内容。通过学习，应该理解关税的概念、特点、关税的征收管理；掌握关税的征税范围、纳税人、税率以及关税完税价格的确定方法和关税应纳税额的计算。

第一节　关税概述

一、关税的概念

关税是海关依法以进出关境的货物和物品为征税对象，就其进出口流转额征收的一种税。关税的内涵有广义和狭义之分。广义的关税包括进出口环节由海关征收的关税和在进出口环节海关代征的其他国内税。狭义的关税仅指进出口环节的关税。

上述概念中所称的“关境”，又称“海关境域”，是指一个主权国家海关法令全面实施的领域。在通常情况下，一国的关境与国境是一致的，包括国家的全部领土、领海、领空，但关税联盟、自由港、自由贸易区、出口加工区的出现，使两者发生了分离。当几个国家结成关税联盟，组成一个共同的关境，实施统一的关税法令和进出口税则时，这些国家之间货物进出国境不征收关税，只对来自或运往非同盟成员国的货物进出共同关境时征收关税，此时关境就大于成员国的国境；当一国在国境内设立自由港、自由贸易区、出口加工区时，对进出自由港、自由贸易区、出口加工区的货物不征收关税，此时关境就小于该国的国境。根据《中华人民共和国香港特别行政区基本法》和《中华人民共和国澳门特别行政区基本法》，中国香港地区和中国澳门地区回归后仍保持自由港地位，为我国单独的关税地区，即单独关境区。因此，我国的关境小于国境。

现行关税法律规范以全国人民代表大会于 2000 年 7 月修订颁布的《中华人民共和国海关法》(以下简称《海关法》)为法律依据，以国务院于 2003 年 11 月发布的《中华人民共和国进出口关税条例》(以下简称《进出口条例》)，以及由国务院关税税则委员会审定并报国务院批准，作为条例组成部分的《中华人民共和国海关进出口税则》(以下简称《海关进出口税则》)和《中华人民共和国海关入境旅客行李物品和个人邮递物品征收进出口税办法》

为基本法规，以由负责关税政策制定和征收管理的主管部门依据基本法规拟订的管理办法和实施细则为主要内容。

二、关税的特点

1. 征税对象的特定性

关税的征税对象是进出国境或关境的货物和物品。关税不同于因商品交换或提供劳务取得收入而课征的流转税，也不同于因取得所得或拥有财产而课征的所得税或财产税，其是对特定货物和物品途经海关通道进出口征税。

2. 纳税环节的一次性

关税按照全国统一的进出口关税条例和税则在进出口环节单一环节课征。进出关境的货物在进出口环节一次性征收关税后，在国内流通的任何环节不再征收关税。

3. 税率设置的复式性

对同一进口货物设置优惠税率和普通税率的复式税则制。优惠税率是一般的、正常的税率，适用于同我国订有贸易互利条约或协定的国家；普通税率适用于同我国没有签订贸易条约或协定的国家。这种复式税则充分反映了关税具有维护国家主权、平等互利发展国际贸易往来和经济技术合作的特点。税率的复式性通过关税的复式税则来体现。

4. 税收政策的涉外性

关税是一个国家的重要税种。国家征收关税不单纯是为了满足政府财政上的需要，更重要的是利用关税来贯彻执行统一的对外经济政策，实现国家的政治经济目的。关税的这种涉外性是通过制定高低不同的税率、关税的减免以及征收反倾销、反补贴税等特种关税来实现的，关税的涉外性已使其成为国际贸易谈判和协定的一项重要内容。

第二节　征收对象与纳税义务人

一、征税对象

关税是海关依法对进出关境的货物、物品征收的一种税。关税的征收对象是准许进出关境的货物和物品。货物是指贸易性商品；物品是指入境旅客随身携带的行李物品，个人邮递物品，各种运输工具上的服务人员携带的自用物品、馈赠物品以及以其他方式进入关境的个人物品。

二、纳税义务人

进出口货物的收货人、进出口货物的发货人、进出境物品的所有人，是关税的纳税义务人。进出口货物的收、发货人是依法取得对外贸易经营权，并进口或者出口货物的法人或者其他社会团体。进出境物品的所有人包括该物品的所有人和推定为所有人的人。一般情况下，对于携带进境的物品，推定其携带者为所有人；对于分离运输的行李，推定相应的进出境旅客为所有人；对于以邮递方式进境的物品，推定其收件人为所有人；以邮递或者其他运输方式出境的物品，推定其寄件人或托运人为所有人。

第三节　进出口税则和税率

一、进出口税则概况

进出口税则是一国政府根据国家关税政策和经济政策，通过一定的立法程序制定公布实施的进出口货物和物品应税的关税税率表。进出口税则以税率表为主体，通常还包括实施税则的法令、使用税则的有关说明和附录等。《中华人民共和国海关进出口税则》是我国海关凭以征收关税的法律依据，也是我国关税政策的具体体现。我国现行税则包括《中华人民共和国进出口关税条例》《税率适用说明》《中华人民共和国海关进出口税则》及《进口商品从量税、复合税、滑准税税目税率表》《进口商品关税配额税目税率表》《进口商品税则暂定税率表》《出口商品税则暂定税率表》《非全税目信息技术产品税率表》等。

税率表作为税则主体，包括税则商品分类目录和税率栏两大部分。税则商品分类目录是把种类繁多的商品加以综合，按照其不同特点分门别类地简化成数量有限的商品类目，分别编号按序排列，并逐号列出该号中应列入的商品名称。商品分类的原则即归类规则，包括归类总规则和各类、章、目的具体注释。税率栏是按商品分类目录逐项定出的税率栏目。我国现行进口税则为四栏税率，出口税则为一栏税率。按税则商品分类目录体系划分，中华人民共和国成立以来，我国于 1951 年、1985 年、1992 年先后实施了三部进出口税则。

二、税率

(一) 进出口关税税率

1. 税率设置与适用

在我国加入世界贸易组织之前，我国进口税则设有两栏税率，即普通税率和优惠税率。对原产于与我国未订有关税互惠协议的国家或者地区的进口货物，按照普通税率征税；对原产于与我国订有关税互惠协议的国家或者地区的进口货物，按照优惠税率征税。

在我国加入WTO之后，为履行我国在关税减让谈判中(加入WTO时)承诺的有关义务，享有WTO成员应有的权利，自2002年1月1日起，我国进口税则设有最惠国税率、协定税率、特惠税率、普通税率、关税配额税率等税率。对进口货物在一定期限内实行暂定税率。最惠国税率适用于原产于与我国共同适用最惠国待遇条款的WTO成员或地区的进口货物，或原产于与我国签订有相互给予最惠国待遇条款的双边贸易协定的国家或地区的进口货物，以及原产于我国境内的进口货物；协定税率适用于原产于我国参加的含有关税优惠条款的区域性贸易协定的有关缔约方的进口货物；特惠税率适用于原产于与我国签订有特殊优惠关税协定的国家或地区的进口货物；普通税率适用于原产于上述国家或地区以外的其他国家或地区的进口货物。按照普通税率征税的进口货物，由国务院关税税则委员会特别批准，可以适用最惠国税率。适用最惠国税率、协定税率、特惠税率的国家或者地区名单，由国务院关税税则委员会决定，报国务院批准后执行。

2. 税率计征办法

我国对进口商品实行从价税，即以进口货物的完税价格作为计税依据，以应征税额占货物完税价格的百分比作为税率。从 1997 年 7 月 1 日起，我国对部分产品实行从量税、复合税和滑准税。

从量税是以进口商品的重量、长度、容积、面积等计量单位为计税依据。从量税是每一种进口商品的单位应税额固定，不受该商品进口价格的影响，因此，这种计税方法的特点是税额计算简便，通关手续简单，并能起到抑制质次价廉商品或故意低瞒价格商品的进口。目前我国对原油、啤酒、胶卷进口分别以重量、容量、面积计征从量税。

复合税是对某一进出口货物或物品既征收从价税，又征收从量税的一种计征关税的方法。复合税既可发挥从量税抑制低价商品进口的特点，又可发挥从价税税负合理、稳定的特点。目前我国仅对录像机、放像机、摄像机、数字照相机和摄录一体机实行复合税。

滑准税是一种关税税率随进口商品价格由高到低而由低到高设置计征关税的方法，简单来讲就是进口商品价格越高，其进口关税税率越低，进口商品的价格越低，其进口关税税率越高。其主要特点是可保持滑准税商品的国内市场价格的相对稳定，尽可能减少国际市场价格波动的影响。目前我国对新闻纸实行滑准税。

3. 暂定税率与关税配额税率

根据经济发展需要，国家对部分进口原材料、零部件、农药原药和中间体、乐器及生产设备实行暂定税率。暂定税率优先适用于优惠税率或最惠国税率，按普通税率征税的进口货物不适用暂定税率。同时，对部分进口农产品和化肥实行关税配额，即一定数量内的上述进口商品适用税率较低的配额内税率，超出该数量的进口商品适用税率较高的配额外税率。现行税则对 700 多个税目进口商品实行了暂定税率，对小麦、玉米等农产品和尿素等化肥产品实行关税配额管理。

(二) 出口关税税率

我国出口税则为一栏税率，即出口税率，与其他国家一样，体现奖出限入的政策。国家仅对少数资源性产品及易于竞相杀价、盲目进口和需要规范出口秩序的半成品征收出口关税。1992 年对 47 种商品计征出口关税，税率为 20%～40%。现行税则对 100 余种商品计征出口关税，主要包括鳗鱼苗、部分有色金属矿砂及其精矿、生锑、磷、氟钽酸钾、苯、山羊板皮、部分铁合金、钢铁废碎料、铜和铝原料及其制品，镍锭、锌锭、锑锭，但对上述范围内部分商品实行 0～25%的暂定税率，与进口暂定税率一样，出口暂定税率优先于出口税则中规定的出口税率。

(三) 特别关税

除正常的进出口关税以外，我国还实行一些特别关税，特别关税主要包括报复性关税、反倾销税与反补贴税、保障性关税。征收特别关税的货物、适用国别、税率、期限和征收办法，由国务院关税税则委员会决定，由海关总署负责实施。

在我国，特别关税具体包括报复制关税、反倾销税与反补贴税和保障性关税。

1. 报复性关税

报复性关税是指为报复他国对本国出口货物的关税歧视，而对相关国家的进口货物征收的一种进口附加税。

2. 反倾销税与反补贴税

反倾销税与反补贴税是指进口国海关对外国的倾销商品，在征收关税的同时附加征收的一种特别关税，其目的在于抵消他国补贴。

3. 保障性关税

保障性关税是指当某类商品进口数量剧增，对我国相关产业带来巨大威胁或损害时，按照 WTO 的有关规则，可以在与有实质利益的国家或地区进行磋商后，在一定时期内提高该项商品的进口关税或采取数量限制措施，以保护国内相关产业不受损害。

第四节 完税价格与应纳税额的计算

一、原产地规定

确定进境货物原产国的主要原因之一，是便于正确运用进口税则的各栏税率，对产自不同国家或地区的进口货物适用不同的关税税率。我国原产地规定基本上采用了“全部产地生产标准”“实质性加工标准”两种国际上通用的原产地标准。

(一) 全部产地生产标准

全部产地生产标准是指进口货物“完全在一个国家内生产或制造”，生产或制造国即为该货物的原产国。完全在一国生产或制造的进口货物包括：

(1) 在该国领土或领海内开采的矿产品；

(2) 在该国领土上收获或采集的植物产品；

(3) 在该国领土上出生或由该国饲养的活动物及从其所得产品；

(4) 在该国领土上狩猎或捕捞所得的产品；

(5) 在该国的船只上卸下的海洋捕捞物，以及由该国船只在海上取得的其他产品；

(6) 在该国加工船上加工上述第(5)项所列物品所得的产品；

(7) 在该国收集的只适用于做再加工制造的废碎料和废旧物品；

(8) 在该国完全使用上述(1)～(7)项所列产品加工成的制成品。

(二) 实质性加工标准

实质性加工标准是适用于确定有两个或两个以上国家参与生产的产品的原产国的标准，其基本含义是：经过几个国家加工、制造的进口货物，以最后一个对货物进行经济上可以视为实质性加工的国家作为有关货物的原产国。“实质性加工”是指产品加工后，在进出口税则中四位数税号一级的税则归类已经有了改变，或者加工增值部分所占新产品总值的比例已超过 30%及以上的。

(三) 其他

对机器、仪器、器材或车辆所用零件、部件、配件、备件及工具，如与主件同时进口且数量合理的，其原产地按主件的原产地确定，分别进口的则按各自的原产地确定。

二、关税完税价格

《海关法》规定，进出口货物的完税价格，由海关以该货物的成交价格为基础审查确定。成交价格不能确定时，完税价格由海关依法估定。自我国加入世界贸易组织后，我国海关已全面实施《世界贸易组织估价协定》，遵循客观、公平、统一的估价原则，并依据2002年1月1日起实施的《中华人民共和国海关审定进出口货物完税价格办法》(以下简称《完税价格办法》)审定进出口货物的完税价格。

(一) 一般进口货物的完税价格

1. 以成交价格为基础的完税价格

根据《海关法》规定，进口货物的完税价格包括货物的货价、货物运抵我国境内输入地点起卸前的运输及其相关费用、保险费。我国境内输入地为入境海关地，包括内陆河、江口岸，一般为第一口岸。货物的货价以成交价格为基础。进口货物的成交价格是指买方为购买该货物，按照《完税价格办法》有关规定调整后的实付或应付价格。

2. 对实付或应付价格进行调整的有关规定

“实付或应付价格”指买方为购买进口货物直接或间接支付的总额，即作为卖方销售进口货物的条件，由买方向卖方或为履行卖方义务向第三方已经支付或将要支付的全部款项。

(1) 如下列费用或者价值未包括在进口货物的实付或者应付价格中，应当计入完税价格。

① 由买方负担的除购货佣金以外的佣金和经纪费。“购货佣金”指买方为购买进口货物向自己的采购代理人支付的劳务费用。“经纪费”指买方为购买进口货物向代表买卖双方利益的经纪人支付的劳务费用。

② 由买方负担的与该货物视为一体的容器费用。

③ 由买方负担的包装材料和包装劳务费用。

④ 与该货物的生产和向中华人民共和国境内销售有关的，由买方以免费或者以低于成本的方式提供并可以按适当比例分摊的料件、工具、模具、消耗材料及类似货物的价款，以及在境外开发、设计等相关服务的费用。

⑤ 与该货物有关并作为卖方向我国销售该货物的一项条件，应当由买方直接或间接支付的特许权使用费。“特许权使用费”指买方为获得与进口货物相关的、受著作权保护的作品、专利、商标、专有技术和其他权利的使用许可而支付的费用。但是在估定完税价格时，进口货物在境内的复制权费不得计入该货物的实付或应付价格之中。

⑥ 卖方直接或间接从买方对该货物进口后转售、处置或使用所得中获得的收益。

上列所述的费用或价值，应当由进口货物的收货人向海关提供客观量化的数据资料。如果没有客观量化的数据资料，完税价格由海关按《完税价格办法》规定的方法进行估定。

(2) 下列费用，如能与该货物实付或者应付价格区分，不得计入完税价格。

① 厂房、机械、设备等货物进口后进行建设、安装、装配、维修和技术服务的费用。

② 进口货物运抵境内输入地点起卸后的运输费用、保险费及其相关费用。

③ 进口关税及国内税收。

3. 对买卖双方之间有特殊关系的规定

买卖双方之间有特殊关系的，经海关审定其特殊关系未对成交价格产生影响，或进口货物的收货人能证明其成交价格与同时或大约同时的下列任一价格相近，该成交价格海关应当接受。

(1) 向境内无特殊关系的买方出售的相同或类似货物的成交价格。

(2) 按照使用倒扣价格有关规定所确定的相同或类似货物的完税价格。

(3) 按照使用计算价格有关规定所确定的相同或类似货物的完税价格。

海关在使用上述价格做比较时，应当考虑商业水平和进口数量的不同，以及实付或者应付价格的调整规定所列各项目和交易中买卖双方有无特殊关系造成的费用差异。

有下列情形之一的，应当认定买卖双方有特殊关系：买卖双方为同一家族的成员；买卖双方互为商业上的高级职员或董事；一方直接或间接地受另一方控制；买卖双方都直接或间接地接受第三方控制；买卖双方共同直接或间接控制第三方；一方直接或间接地拥有、控制或持有对方5%或以上公开发行的有表决权的股票或股份；一方是另一方的雇员、高级职员或董事；买卖双方是同一合伙的成员；买卖双方在经营上相互有联系，一方是另一方的独家代理、经销或受让人。

4. 进口货物海关估价方法

进口货物的价格不符合成交价格条件或者成交价格不能确定的，海关应当依次以相同货物成交价格方法、类似货物成交价格方法、倒扣价格方法、计算价格方法及其他合理方法确定的价格为基础，估定完税价格。

如果进口货物的收货人提出要求，并提供相关资料，经海关同意，可以选择倒扣价格方法和计算价格方法的适用次序。

1) 相同或类似货物成交价格方法

相同或类似货物成交价格方法，即以与被估的进口货物同时或者大约同时(在海关接受申报进口之日的前后各 45 日以内)进口的相同或类似货物的成交价格为基础，估定完税价格。

以该方法估定完税价格时，应使用与该货物相同商业水平且进口数量基本一致的相同或类似货物的成交价格，但对因运输距离和运输方式不同而在成本和其他费用方面产生的差异应当进行调整。在没有上述的相同或者类似货物的成交价格的情况下，可以使用不同商业水平或者不同进口数量的相同或者类似货物的成交价格。但对因商业水平、进口数量、运输距离和运输方式不同而在价格、成本和其他费用方面产生的差异应当做出调整。

以该方法估定完税价格时，应当首先使用同一生产商生产的相同或类似货物的成交价格，只有在没有这一成交价格的情况下，才可以使用同一生产国或地区生产的相同或类似货物的成交价格。如果有多个相同或类似货物的成交价格，应当以最低的成交价格为基础，估定进口货物的完税价格。

上述“相同货物”指进口货物在同一国家或者地区生产的，在物理性质、质量和信誉等所有方面都相同的货物，但是表面的微小差异允许存在；“类似货物”指与进口货物在同一国家或者地区生产的，虽然不是在所有方面都相同，但是却具有相似的特征、相似的组成材料、相同的功能，并且在商业中可以互换的货物。

2) 倒扣价格方法

倒扣价格方法即以被估的进口货物、相同或类似进口货物在境内销售的价格为基础估定完税价格。按该价格销售的货物应当同时符合 5 个条件，即在被估货物进口时或大约同时销售；按照进口时的状态销售；在境内第一环节销售；合计的货物销售总量最大；向境内无特殊关系方销售。

以该方法估定完税价格时，下列各项应当扣除。

(1) 该货物的同等级或同种类货物，在境内销售时的利润和一般费用及通常支付的佣金。

(2) 货物运抵境内输入地点之后的运费、保险费、装卸费及其他相关费用。

(3) 进口关税、进口环节税和其他与进口或销售上述货物有关的国内税。

3) 计算价格方法

计算价格方法即按下列各项的总和计算出的价格估定完税价格，有关项目为：

(1) 生产该货物所使用的原材料价值和进行装配或其他加工的费用；

(2) 与向境内出口销售同等级或同种类货物的利润、一般费用相符的利润和一般费用；

(3) 货物运抵境内输入地点起卸前的运输及相关费用、保险费。

4) 其他合理方法

使用其他合理方法时，应当根据《完税价格办法》规定的估价原则，以在境内获得的数据资料为基础估定完税价格，但不得使用以下价格：

(1) 境内生产的货物在境内的销售价格；

(2) 可供选择的价格中较高的价格；

(3) 货物在出口地市场的销售价格；

(4) 以计算价格方法规定的有关各项之外的价值或费用计算的价格；

(5) 出口到第三国或地区的货物的销售价格；

(6) 最低限价或武断虚构的价格。

(二) 出口货物的完税价格

1. 以成交价格为基础的完税价格

出口货物的完税价格，由海关以该货物向境外销售的成交价格为基础审查确定，并应包括货物运至我国境内输出地点装载前的运输及其相关费用、保险费，但其中包含的出口关税税额，应当扣除。

出口货物的成交价格，是指该货物出口销售到我国境外时买方向卖方实付或应付的价格。出口货物的成交价格中含有支付给境外的佣金的，如果单独列明，应当扣除。

2. 出口货物海关估价方法

出口货物的成交价格不能确定时，完税价格由海关依次参考下列价格估定：

(1) 同时或大约同时向同一国家或地区出口的相同货物的成交价格；

(2) 同时或大约同时向同一国家或地区出口的类似货物的成交价格；

(3) 根据境内生产相同或类似货物的成本、利润和一般费用，境内外发生的运输及相关费用，保险费计算所得的价格；

(4) 按照合理方法估定的价格。

(三) 进出口货物完税价格中的运输及相关费用、保险费的计算

1. 以一般陆运、空运、海运方式进口的货物

在进口货物的运输及相关费用、保险费的计算中，海运进口货物，计算至该货物运抵境内的卸货口岸；如果该货物的卸货口岸是内河(江)口岸，则应当计算至内河(江)口岸。陆运进口货物，计算至该货物运抵境内的第一口岸；如果运输及其相关费用、保险费支付至目的地口岸，则计算至目的地口岸。空运进口货物，计算至该货物运抵境内的第一口岸；如果该货物的目的地为境内的第一口岸外的其他口岸，则计算至目的地口岸。

陆运、空运和海运进口货物的运费和保险费，应当按照实际支付的费用计算。如果进口货物的运费无法确定或未实际发生，海关应当按照该货物进口同期运输行业公布的运费率(额)计算运费；按照“货价加运费”两者总额的3‰计算保险费。

2. 以其他方式进口的货物

邮运的进口货物，应当以邮费作为运输及其相关费用、保险费；以境外边境口岸价格条件成交的铁路或公路运输进口货物，海关应当按照货价的1%计算运输及其相关费用、保险费；作为进口货物的自驾进口的运输工具，海关在审定完税价格时，可以不另行计入运费。

3. 出口货物

出口货物的销售价格如果包括离境口岸至境外口岸之间的运输、保险费的，该运费、保险费应当扣除。

三、应纳税额的计算

(一) 从价税应纳税额的计算

从价税应纳税额的计算公式为

关税税额＝应税进(出)口货物数量×单位完税价格×税率

(二) 从量税应纳税额的计算

从量税应纳税额的计算公式为

关税税额＝应税进(出)口货物数量×单位货物税额

(三) 复合税应纳税额的计算

我国目前实行的复合税都是先计征从量税，再计征从价税，复合税应纳税额的计算公式为

关税税额＝应税进(出)口货物数量×单位货物税额＋应税进(出)口货物数量×单位完税价格×适用税率

(四) 滑准税应纳税额的计算

滑准税应纳税额的计算公式为

关税税额＝应税进(出)口货物数量×单位完税价格×滑准税税率

第五节 税收优惠

关税减免是对某些纳税人和征税对象给予鼓励和照顾的一种特殊调节手段。正是有了这一手段，使关税政策工具兼顾了普遍性和特殊性、原则性和灵活性。因此，关税减免是贯彻国家关税政策的一项重要措施。关税减免分为法定减免税、特定减免税和临时减免税。根据《海关法》规定，除法定减免税外的其他减免税均由国务院决定。减征关税在我国加入世界贸易组织之前以税则规定税率为基准，在我国加入世界贸易组织之后以最惠国税率或者普通税率为基准。

一、法定减免税

法定减免税是税法中明确列出的减税或免税。符合税法规定可予以减免税的进出口货物，纳税义务人无须提出申请，海关可按规定直接予以减免税。海关对法定减免税货物一般不进行后续管理。

我国《海关法》和《进出口条例》明确规定，下列货物、物品予以减免关税：

(1) 关税税额在人民币 50 元以下的货物；

(2) 无商业价值的广告品和货样；

(3) 外国政府、国际组织无偿赠送的物资；

(4) 进出境运输工具装载的途中必需的燃料、物料和饮食用品；

(5) 在海关放行前遭受损坏或者损失的货物；

(6) 规定数额以内的物品；

(7) 我国缔结或者参加的国际条约规定减征、免征关税的货物、物品；

(8) 法律规定减征、免征的其他货物。

二、特定减免税

特定减免税也称政策性减免税。在法定减免税之外，国家按照国际通行规则和我国实际情况，制定发布的有关进出口货物减免关税的政策，称为特定或政策性减免关税。特定减免税货物一般有地区、企业和用途的限制，海关需要进行后续管理，也需要进行减免税统计。

现行的特定减免税主要包括对科教用品、残疾人用品、扶贫或慈善性捐赠物资、加工贸易产品、边境贸易进口物资、保税区进出口货物、出口加工区进出口货物、进口设备、特定行业或用途的减免税政策。

三、临时减免税

临时减免税是指以上法定和特定减免税以外的其他减免税，即由国务院根据《海关法》对某个单位、某类商品、某个项目或某批进出口货物的特殊情况，给予特别照顾，一案一批，专文下达的减免税。一般有单位、品种、期限、金额或数量等限制，不能比照执行。

我国已经加入世界贸易组织，为遵循统一、规范、公平、公开的原则，有利于统一税法、公平税负、平等竞争，国家严格控制减免税，一般不办理个案临时性减免税，对特定减免税也在逐步规范、清理，对不符合国际惯例的税收优惠政策将逐步予以废止。

第六节　征收管理

一、关税的缴纳

进口货物自运输工具申报进境之日起 14 日内，出口货物在货物运抵海关监管区后装货的 24 小时以前，应由进出口货物的纳税义务人向货物进(出)境地海关申报，海关根据税则归类和完税价格计算应缴纳的关税和进口环节代征税，并填发税款缴款书。纳税义务人应自海关填发缴款书之日起 15 日内，向指定银行缴纳税款。如关税缴纳期限的最后一日是周末或法定节假日，则关税缴纳期限顺延至周末或法定节假日过后的第一个工作日。为方便纳税义务人，经申请且海关同意，进(出)口货物的纳税义务人可以在设有海关的指运地(启运地)办理海关申报、纳税手续。

关税纳税义务人因不可抗力或者在国家税收政策调整的情况下，不能按期缴纳税款的，经海关总署批准，可以延期缴纳税款，但最长不得超过 6 个月。

二、关税的强制执行

(1) 征收关税滞纳金。滞纳金自关税缴纳期限届满滞纳之日起，至纳税义务人缴纳关税之日止，按滞纳税款万分之五的比例按日征收，周末或法定节假日不予扣除，具体计算公式为

关税滞纳金金额＝滞纳关税税额×滞纳金征收比例×滞纳天数

(2) 强制征收。如纳税义务人自海关填发缴款书之日起 3 个月仍未缴纳税款，经海关关长批准，海关可以采取强制扣缴、变价抵缴等强制措施。强制扣缴即海关从纳税义务人在开户银行或者其他金融机构的存款中直接扣缴税款。变价抵缴即海关将应税货物依法变卖，以变卖所得抵缴税款。

三、关税退还

关税退还是关税纳税义务人按海关核定的税额缴纳关税后，因某种原因的出现，海关将实际征收多于应当征收的税额退还给原纳税义务人的一种行政行为。根据《海关法》规定，多征的税款，海关发现后应当立即退还。

按规定，有下列情形之一的，进出口货物的纳税义务人自缴纳税款之日起 1 年内，可以书面形式要求海关退还多缴的税款并加算银行同期活期存款利息。

(1) 因海关误征，多纳税款的。

(2) 海关核准免验进口的货物，在完税后，发现有短卸情形，经海关审查认可的。

(3) 已征出口关税的货物，因故未将其运出口，申报退关，经海关查验属实的。

对已征出口关税的出口货物和已征进口关税的进口货物，因货物品种或规格原因(非其他原因)原状复运进境或出境的，经海关查验属实的，也应退还已征关税。海关应当自受理退税申请之日起 30 日内，做出书面答复并通知退税申请人。该规定强调的是，“因货物品

种或规格原因，原状复运进境或出境的”。如果属于其他原因且不能以原状复运进境或出境的，不能退税。

四、关税补征和追征

补征和追征是海关在关税纳税义务人按海关核定的税额缴纳关税后，发现实际征收税额少于应当征收的税额时，责令纳税义务人补缴所差税款的一种行政行为。海关法根据短征关税的原因，将海关征收原短征关税的行为分为追征和补征两种。由于纳税人违反海关规定造成短征关税的，称为追征；非因纳税人违反海关规定造成短征关税的，称为补征。区分关税追征和补征的目的是区别不同情况适用不同的征收时效，超过时效规定的期限，海关就丧失了追补关税的权力。根据《海关法》规定，进出境货物和物品放行后，海关发现少征或者漏征税款，应当自缴纳税款或者货物、物品放行之日起 1 年内，向纳税义务人补征；因纳税义务人违反规定而造成的少征或者漏征的税款，自纳税义务人应缴纳税款之日起 3 年以内可以追征，并从缴纳税款之日起按日加收少征或漏征税款万分之五的滞纳金。

五、关税纳税争议

为保护纳税人合法权益，我国《海关法》和《进出口关税条例》都规定了纳税义务人对海关确定的进出口货物的征税、减税、补税或者退税等有异议时，有提出申诉的权利。在纳税义务人同海关发生纳税争议时，可以向海关申请复议，但同时应当在规定期限内按海关核定的税额缴纳关税，逾期则构成滞纳，海关有权按规定采取强制执行措施。

纳税争议的内容一般为进出境货物和物品的纳税义务人对海关在原产地认定、税则归类、税率或汇率适用、完税价格确定以及关税减征、免征、追征、补征和退还等征税行为是否合法或适当，是否侵害了纳税义务人的合法权益，而对海关征收关税的行为表示异议。

纳税争议的申诉程序：纳税义务人自海关填发税款缴款书之日起 30 日内，向原征税海关的上一级海关书面申请复议。逾期申请复议的，海关不予受理。海关应当自收到复议申请之日起 60 日内做出复议决定，并以复议决定书的形式正式答复纳税义务人；纳税义务人对海关复议决定仍然不服的，可以自收到复议决定书之日起 15 日内，向人民法院提起诉讼。

课后习题

一、单项选择题

1. 下列各项关于关税适用税率的表述中，正确的是(　　)。
   A. 出口货物，按货物实际出口离境之日实施的税率征税
   B. 进口货物，按纳税义务人申报进口之日实施的税率征税
   C. 暂时进口货物转为正式进口需补税时，按其申报暂时进口之日实施的税率征税
   D. 查获的走私进口货物需补税时，按海关确认的其实际走私进口之日实施的税率征税

2. 下列关于关税纳税义务人的表述，正确的是(　　)。

A. 进出口物品的所有人是指该物品的所有人

B. 进口货物的发货人为关税的纳税义务人

C. 以邮寄方式出境的物品，可推定其托运人为所有人

D. 对分类运输的行李，推定其携带人为所有人

3. 某演出公司进口舞台设备一套，实付金额为 185 万元，其中包含单独列出的进口后设备安装费 10 万元、中介经纪费 5 万元，运输保险费无法确定，海关按同类货物同期同程运输费计算的运费为25 万元，假定关税税率为 20%，该公司进口舞台设备应缴纳的关税为(　　)万元。

A. 34　　B. 35　　C. 40　　D. 40.12

4. 关于关税的特点，下列说法正确的是(　　)。

A. 关税是多环节征税

B. 关税的征税对象是进出境的货物和物品

C. 关税只对进口货物和物品征税

D. 关税主要是对出口货物征税

5. 我国《海关法》规定，除法定减免税以外，关税的减免权限属于(　　)。

A. 财政部　　B. 商务部　　C. 国务院　　D. 海关总署

二、多项选择题

1. 下列各项中，属于关税法定纳税义务人的有(　　)。

A. 进口货物的收货人　　B. 进口货物的代理人

C. 出口货物的发货人　　D. 出口货物的代理人

2. 我国关于进口货物原产地的认定，采用的标准有(　　)。

A. 全部产地生产标准　　B. 来源地标准　　C. 实质性加工标准　　D. 其他标准

3. 下列各项中，应当计入进口货物关税完税价格的有(　　)。

A. 由买方负担的购货佣金

B. 由买方负担的境外包装材料费用

C. 由买方负担的境外包装劳务费用

D. 由买方负担的与进口货物视为一体的容器的费用

4. 关于关税，下列说法正确的有(　　)。

A. 关税是对有形的货品征税，对无形的货品不征税

B. 关税是单一环节的价外税，海关代征增值税的税基也不包括关税

C. 关税是对进出境的货品征税，对境内流通的货物不征关税

D. 关税具有较强的涉外性

5. 下列不计入关税完税价格的有(　　)。

A. 买方为购买进口货物向自己的采购代理人支付的劳务费

B. 进口设备进口后的维修服务费

C. 货物运抵我国境内输入地点起卸后的运输装卸费

D. 进口货物在境内的复制权费

第五章

企业所得税法

【学习要点】

本章主要介绍企业所得税的基础知识和我国企业所得税法的相关规定。通过学习，应了解企业所得税的概念和特点；熟悉企业所得税的征收管理；掌握企业所得税的纳税人和征税对象、税率、应纳税所得额和应纳税额的计算方法等。

第一节　企业所得税概述

一、企业所得税的概念

企业所得税是对我国境内企业和其他取得收入的组织的生产经营所得和其他所得征收的一种税收。它是国家参与企业利润分配的重要手段。

企业所得税会直接影响企业的税后利润及其分配，因而它直接影响国家、企业和个人的利益分配关系，影响经济与社会的稳定和发展。

改革开放以来，我国对企业征收所得税的形式几经改变，经历了按不同所有制征收所得税和对内外资企业分别征收不同的所得税。1980 年 9 月，第五届全国人民代表大会第三次会议通过《中华人民共和国中外合资经营企业所得税法》，这是中华人民共和国成立后的第一部企业所得税法；1981 年 12 月，第五届全国人民代表大会第四次会议通过《中华人民共和国外国企业所得税法》；1984 年，国务院发布《中华人民共和国国营企业所得税暂行条例(草案)》和《中华人民共和国集体企业所得税暂行条例》；1988 年，国务院发布《中华人民共和国私营企业所得税暂行条例》；1991 年 4 月，外资企业所得税合并，第七届全国人民代表大会第四次会议通过并公布《中华人民共和国外商投资企业和外国企业所得税法》，自同年 7 月 1 日起施行；1993 年 12 月 13 日，国务院将集体企业所得税和国营企业所得税、私营企业所得税合并，统一征收内资企业所得税，制定发布了《中华人民共和国企业所得税暂行条例》，自 1994 年 1 月 1 日起施行。2007 年内外资企业所得税合并，2007 年 3 月 16 日，第十届全国人民代表大会第五次会议通过了《中华人民共和国企业所得税法》(以下简称《企业所得税法》)，2007 年 11 月 28 日，国务院通过了《中华人民共和国企业所得税法实施条例》(以下简称《实施条例》)，从 2008 年 1 月 1 日起施行。

二、企业所得税的特点

1. 计税依据为应纳税所得额

应纳税所得额是指企业每一纳税年度的收入总额减除不征税收入、免税收入、各项扣除以及允许弥补的以前年度亏损后的余额，它既不等于企业会计利润，也不是企业的增值额，更不是销售额。因此，企业所得税是一种完全不同于对商品劳务课税的税种。

2. 将企业分为居民纳税人和非居民纳税人

现行企业所得税将企业分为居民企业和非居民企业。居民企业负无限纳税义务，即就来源于境内、境外的所得向中国政府缴纳所得税；非居民企业负有限纳税义务，即仅就在中国境内取得的所得向中国政府缴纳所得税。

3. 征税以“量能负担”为原则

由于应纳税所得额是净所得额，能够真实地反映纳税人的实际负担能力，以应纳税所得额为计税依据，就能更好地贯彻量能负担的原则，即有所得的就纳税，无所得的不纳税；所得多的多纳税，所得少的少纳税。这种将纳税的多少与纳税人所得的高低紧密结合征税的办法，体现了征税的多少与纳税人的负担能力大小一致的基本原则。

4. 实行“按年征收、分期预缴”的征管办法

应纳税所得额的计算通常以会计利润为基础，而企业会计利润一般又是按年度计算的。因此企业所得税以全年应纳税所得额作为计税依据正好与会计年度的核算期一致，有利于税收征收管理和企业核算期限的一致性。考虑到税款入库的及时性和均衡性，所以平时按月或按季预缴税款，年终再根据实际情况实行汇算清缴，多退少补。

第二节　企业所得税的纳税义务人、征税对象与税率

一、企业所得税的纳税义务人

(一) 纳税义务人的一般规定

企业所得税的纳税义务人，是指在中华人民共和国境内的企业和其他取得收入的组织。《中华人民共和国企业所得税法》第一条规定，在我国境内，企业和其他取得收入的组织(以下统称企业)为企业所得税的纳税人，依照本法规定缴纳企业所得税。个人独资企业、合伙企业不适用本法。

(二) 纳税义务人的具体界定

根据国际通行的惯例，采用“登记注册地标准”和“实际管理机构的标准”将企业分为居民纳税人和非居民纳税人。

1. 居民企业

居民企业是指依法在中国境内成立，或者依照外国(地区)法律成立但实际管理机构在中国境内的企业。可见，凡在中国境内注册的企业，不管是内资企业还是外商投资企业，都是我国税法规定的居民企业；凡是依照外国(地区)法律成立的企业，尽管其属于外国企业，但只要其从事跨国经营，且实际管理机构在我国境内，也是我国税法规定的居民企业。这里所称的“实际管理机构”，是指对企业的生产经营、人员、账务、财产等实施实质全面管理和控制的机构。

2. 非居民企业

非居民企业是指依照外国(地区)法律成立且实际管理机构不在中国境内，但在中国境内设立机构、场所的，或者在中国境内未设立机构、场所，但有来源于中国境内所得的企业。这里所称机构、场所，是指在中国境内从事生产经营活动的机构、场所，具体包括：

(1) 管理机构、营业机构、办事机构；

(2) 工厂、农场、开采自然资源的场所；

(3) 提供劳务的场所；

(4) 从事建筑、安装、装配、修理、勘探等工程作业的场所；

(5) 其他从事生产经营活动的机构、场所。

非居民企业委托营业代理人在中国境内从事生产经营活动的，包括委托单位和个人经常代其签订合同，或者储存、交付货物等，该营业代理人视为非居民企业在中国境内设立的机构、场所。

二、企业所得税的征税对象

企业所得税的征税对象，是指企业的生产经营所得、其他所得和清算所得，包括来源于中国境内、境外的所得，即销售货物所得、提供劳务所得、转让财产所得、股息红利等权益性投资所得、利息所得、租金所得、特许权使用费所得、接受捐赠所得和其他所得。

(一) 居民企业的征税对象

居民企业应以来源于中国境内、境外的所得作为征税对象计算缴纳企业所得税。

(二) 非居民企业的征税对象

非居民企业在中国境内设立机构、场所的，应当就其所设机构、场所取得的来源于中国境内的所得，以及发生在中国境外但与其所设机构、场所有实际联系的所得，缴纳企业所得税；非居民企业在中国境内未设立机构、场所的，或者虽设立机构、场所但取得的所得与其所设机构、场所没有实际联系的，应当就其来源于中国境内的所得缴纳企业所得税。

上述所称实际联系，是指非居民企业在中国境内设立的机构、场所拥有的据以取得所得的股权、债权，以及拥有、管理、控制据以取得所得的财产。

(三) 所得来源的确定

判断所得来源于中国境内还是中国境外，按以下原则进行。

(1) 销售货物所得，按照交易活动发生地确定。

(2) 提供劳务所得，按照劳务发生地确定。

(3) 转让财产所得：

① 不动产转让所得按照不动产所在地确定；

② 动产转让所得按照转让动产的企业或者机构、场所所在地确定；

③ 权益性投资资产转让所得按照被投资企业所在地确定。

(4) 股息、红利等权益性投资所得，按照分配所得的企业所在地确定。

(5) 利息所得、租金所得、特许权使用费所得，按照负担、支付所得的企业或者机构、场所所在地确定，或者按照负担、支付所得的个人的住所地确定。

(6) 其他所得，由国务院财政、税务主管部门确定。

三、企业所得税的税率

企业所得税实行比例税率。现行税率规定如下。

(一) 基本税率为 25%

基本税率适用于居民企业和在中国境内设有机构、场所且所得与机构、场所有关联的非居民企业。

(二) 低税率为 20%

低税率适用于在中国境内未设立机构、场所的，或者虽设立机构、场所但取得的所得与其所设机构、场所没有实际联系的非居民企业，但实际征税时适用 10%的税率。

(三) 两档优惠税率

国家为了重点扶持和鼓励发展特定产业和企业，还规定了两档优惠税率：

(1) 符合条件的小型微利企业，减按 20%的税率征收企业所得税；

(2) 国家重点扶持的高新技术企业，减按 15%的税率征收企业所得税。

第三节 企业所得税应纳税所得额的确定

应纳税所得额是企业所得税的计税依据，按照企业所得税法的规定，应纳税所得额为企业每一个纳税年度的收入总额，减除不征税收入、免税收入、各项扣除以及允许弥补的以前年度亏损后的余额。其基本公式为

应纳税所得额＝收入总额－不征税收入－免税收入－
各项扣除－允许弥补的以前年度亏损

企业应纳税所得额的计算以权责发生制为原则，属于当期的收入和费用，不论款项是否收付，均作为当期的收入和费用；不属于当期的收入和费用，即使款项已经在当期收付，均不作为当期的收入和费用。应纳税所得额的正确计算直接关系到国家财政收入和企业的税收负担，并且同成本、费用核算关系密切。因此，企业所得税法对应纳税所得额计算做了明确规定，主要内容包括收入总额、扣除范围和标准、资产的税务处理、亏损弥补等。

一、收入总额

收入总额是以货币形式和非货币形式从各种来源取得的收入，具体有销售货物收入，提供劳务收入，转让财产收入，股息、红利等权益性投资收益，利息收入，租金收入，特许权使用费收入，接受捐赠收入，其他收入。

企业取得收入的货币形式，包括现金、存款、应收账款、应收票据、准备持有至到期的债券投资以及债务的豁免等；纳税人以非货币形式取得的收入，包括固定资产、生物资产、无形资产、股权投资、存货、不准备持有至到期的债券投资、劳务以及有关权益等，这些非货币资产应当按照公允价值确定收入额，公允价值是指按照市场价格确定的价值。

(一) 一般收入的确认

1. 销售货物收入

销售货物收入是指企业销售商品、产品、原材料、包装物、低值易耗品以及其他存货取得的收入。

2. 提供劳务收入

提供劳务收入是指企业从事建筑安装、修理修配、交通运输、仓储租赁、金融保险、邮电通信、咨询经纪、文化体育、科学研究、技术服务、教育培训、餐饮住宿、中介代理、卫生保健、社区服务、旅游、娱乐、加工以及其他劳务服务活动取得的收入。

3. 转让财产收入

转让财产收入是指企业转让固定资产、生物资产、无形资产、股权、债权等财产取得的收入。

企业转让股权收入，应于转让协议生效，且完成股权变更手续时，确认收入的实现。转让股权收入扣除为取得该股权所发生的成本后，为股权转让所得。企业在计算股权转让所得时，不得扣除被投资企业未分配利润等股东留存收益中按该项股权所可能分配的金额。

4. 股息、红利等权益性投资收益

股息、红利等权益性投资收益是指企业因权益性投资从被投资方取得的收入。股息、红利等权益性投资收益，除国务院财政、税务主管部门另有规定外，按照被投资方做出利润分配决定的日期确认收入的实现。

被投资企业将股权(票)溢价所形成的资本公积转为股本的，不作为投资方企业的股息、红利收入，投资方企业也不得增加该项长期投资的计税基础。

5. 利息收入

利息收入是指企业将资金提供给他人使用但不构成权益性投资，或者因他人占用本企业资金而取得的收入，包括存款利息、贷款利息、债券利息、欠款利息等收入。利息收入，按照合同约定的债务人应付利息的日期确认收入的实现。

6. 租金收入

租金收入是指企业提供固定资产、包装物或者其他有形资产的使用权取得的收入。租金

收入，按照合同约定的承租人应付租金的日期确认收入的实现。其中，如果交易合同或协议中规定租赁期限跨年度，且租金提前一次性支付的，根据《实施条例》第九条规定的收入与费用配比原则，出租人可对上述已确认的收入，在租赁期内，分期均匀计入相关年度收入。

7. 特许权使用费收入

特许权使用费收入是指企业提供专利权、非专利技术、商标权、著作权以及其他特许权的使用权取得的收入。特许权使用费收入，按照合同约定的特许权使用人应付特许权使用费的日期确认收入的实现。

8. 接受捐赠收入

接受捐赠收入是指企业接受的来自其他企业、组织或者个人无偿给予的货币性资产、非货币性资产。接受捐赠收入，按照实际收到捐赠资产的日期确认收入的实现。

9. 其他收入

其他收入是指企业取得的除以上收入外的其他收入，包括企业资产溢余收入、逾期未退包装物押金收入、确实无法偿付的应付款项、已做坏账损失处理后又收回的应收款项、债务重组收入、补贴收入、违约金收入、汇兑收益等。

(二) 特殊收入的确认

(1) 以分期收款方式销售货物的，按照合同约定的收款日期确认收入的实现。

(2) 企业受托加工制造大型机械设备、船舶、飞机，以及从事建筑、安装、装配工程业务或者提供其他劳务等，持续时间超过 12 个月的，按照纳税年度内完工进度或者完成的工作量确认收入的实现。

(3) 采取产品分成方式取得收入的，按照企业分得产品的日期确认收入的实现，其收入额按照产品的公允价值确定。

(4) 企业发生非货币性资产交换，以及将货物、财产、劳务用于捐赠、偿债、赞助、集资、广告、样品、职工福利或者利润分配等用途的，应当视同销售货物、转让财产或者提供劳务，但国务院财政、税务主管部门另有规定的除外。

(三) 处置资产收入的确认

(1) 企业发生下列情形的处置资产，除将资产转移至境外以外，由于资产所有权属在形式和实质上均不发生改变，可作为内部处置资产，不视同销售确认收入，相关资产的计税基础延续计算。

① 将资产用于生产、制造、加工另一产品。

② 改变资产形状、结构或性能。

③ 改变资产用途(如自建商品房转为自用或经营)。

④ 将资产在总机构及其分支机构之间转移。

⑤ 上述两种或两种以上情形的混合。

⑥ 其他不改变资产所有权属的用途。

(2) 企业将资产移送他人的下列情形，因资产所有权属已发生改变而不属于内部处置资产，应按规定视同销售确定收入。

① 用于市场推广或销售。

② 用于交际应酬。

③ 用于职工奖励或福利。

④ 用于股息分配。

⑤ 用于对外捐赠。

⑥ 其他改变资产所有权属的用途。

(3) 企业发生第(2)条规定情形时，属于企业自制的资产，应按企业同类资产同期对外销售价格确定销售收入；属于外购的资产，可按购入时的价格确定销售收入。

(四) 相关收入实现的确认

除企业所得税法及实施条例前述收入的规定外，企业销售收入的确认，必须遵循权责发生制原则和实质重于形式原则。

(1) 企业销售商品同时满足下列条件的，应确认收入的实现。

① 商品销售合同已经签订，企业已将商品所有权相关的主要风险和报酬转移给购货方。

② 企业对已售出的商品既没有保留通常与所有权相联系的继续管理权，也没有实施有效控制。

③ 收入的金额能够可靠计量。

④ 已发生或将发生的销售方的成本能够可靠地核算。

(2) 符合上款收入确认条件，采取下列商品销售方式的，应按以下规定确认收入实现时间。

① 销售商品采用托收承付方式的，在办妥托收手续时确认收入。

② 销售商品采取预收款方式的，在发出商品时确认收入。

③ 销售商品需要安装和检验的，在购买方接受商品以及安装和检验完毕时确认收入。如果安装程序比较简单，可在发出商品时确认收入。

④ 销售商品采用支付手续费方式委托代销的，在收到代销清单时确认收入。

(3) 采用售后回购方式销售商品的，销售的商品按售价确认收入，回购的商品作为购进商品处理。有证据表明不符合销售收入确认条件的，如以销售商品方式进行融资，收到的款项应确认为负债，回购价格大于原售价的，差额应在回购期间确认为利息费用。

(4) 销售商品以旧换新的，销售商品应当按照销售商品收入确认条件确认收入，回收的商品作为购进商品处理。

(5) 企业为促进商品销售而在商品价格上给予的价格扣除属于商业折扣，商品销售涉及商业折扣的，应当按照扣除商业折扣后的金额确定销售商品收入金额。

债权人为鼓励债务人在规定的期限内付款而向债务人提供的债务扣除属于现金折扣，销售商品涉及现金折扣的，应当按扣除现金折扣前的金额确定销售商品收入金额，现金折扣在实际发生时作为财务费用扣除。

企业因售出商品的质量不合格等原因而在售价上给予的减让属于销售折让；企业因售出商品质量、品种不符合要求等原因而发生的退货属于销售退回。企业已经确认销售收入的售出商品发生销售折让和销售退回，应当在发生当期冲减当期销售商品收入。

(6) 企业在各个纳税期期末，提供劳务交易的结果能够可靠估计的，应采用完工进度(完工百分比)法确认提供劳务收入。

(7) 企业以买一赠一等方式组合销售本企业商品的，不属于捐赠，应将总的销售金额按各项商品的公允价值的比例来分摊确认各项的销售收入。

(8) 企业取得的财产(包括各类资产、股权、债权等)转让收入、债务重组收入、接受捐赠收入、无法偿付的应付款收入等，不论是以货币形式，还是以非货币形式体现，除另有规定外，均应一次性计入确认收入的年度计算缴纳企业所得税。

二、不征税收入

新《企业所得税法》中首次提出不征税收入。我国规定不征税收入，主要目的是将部分非经营活动或非营利活动带来的经济利益流入从应税收入总额中扣除。根据法律规定，下列所得为不征税收入。

1. 财政拨款

财政拨款是指各级人民政府对纳入预算管理的事业单位、社会团体等组织拨付的财政资金，但国务院和国务院财政、税务主管部门另有规定的除外。

2. 依法收取并纳入财政管理的行政事业性收费、政府性基金

行政事业性收费是指国家机关、事业单位、代行政府职能的其他组织根据法律法规等有关规定，依照国务院规定程序批准，在实施社会公共管理，以及在向公民、法人或者其他组织提供特定公共服务过程中，向特定对象收取并纳入财政管理的费用；政府性基金，是指企业依照法律、行政法规等有关规定，代政府收取的具有专项用途的财政资金。

3. 国务院规定的其他不征税收入

国务院规定的其他不征税收入是指企业取得的，由国务院财政、税务主管部门规定专项用途并经国务院批准的财政性资金。

财政性资金，是指企业取得的来源于政府及其有关部门的财政补助、补贴、贷款贴息，以及其他各类财政专项资金，包括直接减免的增值税和即征即退、先征后退、先征后返的各种税收，但不包括企业按规定取得的出口退税款。

三、免税收入

免税收入是指属于企业的应税所得但税法规定免于征收企业所得税的收入。它不同于征税收入，是纳税人应税收入的重要组成部分，只是国家为了实现某些经济和社会目标，在特定时期或对特定项目取得的经济利益给予的税收优惠。根据法律规定，下列收入为免税收入。

1. 国债利息收入

国债利息收入是指企业持有国务院财政部门发行的国债取得的利息收入。国债是国家发行的债券，其资金主要用于支援国家建设，因此税法规定，对于企业投资于国债而取得的利息收入给予免税待遇。

2. 符合条件的居民企业之间的股息、红利等权益性收益

这里的“符合条件的居民企业之间的股息、红利等权益性收益”是指居民企业直接投资

于其他居民企业取得的投资收益。

3. 在中国境内设立机构、场所的非居民企业从居民企业取得的与该机构、场所有实际联系的股息、红利等权益性投资收益

这部分股息、红利等权益性收益不包括连续持有居民企业公开发行并上市流通的股票不足 12 个月取得的投资收益。

4. 符合条件的非营利组织的收入

“符合条件的非营利组织”中的“条件”是指：

(1) 依法履行非营利组织登记手续；

(2) 从事公益或者非营利性活动；

(3) 取得的收入除用于与该组织有关的、合理的支出外，全部用于登记核定或者章程规定的公益性或者非营利性事业；

(4) 财产及其孳生息不用于分配；

(5) 按照登记核定或者章程规定，该组织注销后的剩余财产用于公益性或者非营利性目的，或者由登记管理机关转赠给与该组织性质、宗旨相同的组织，并向社会公告；

(6) 投入人对投入该组织的财产不保留或者享有任何财产权利；

(7) 工作人员工资福利开支控制在规定的比例内，不变相分配该组织的财产；

(8) 国务院财政、税务主管部门规定的其他条件。

符合条件的非营利组织的收入，不包括非营利组织从事营利性活动取得的收入，但国务院财政、税务主管部门另有规定的除外。

对符合条件的非营利组织的收入予以免税，其目的在于鼓励非营利组织更好、更广泛地提供服务，促进社会的和谐发展。

非营利组织的下列收入为免税收入：

(1) 接受其他单位或者个人捐赠的收入；

(2) 除《中华人民共和国企业所得税法》第七条规定的财政拨款以外的其他政府补助收入，但不包括因政府购买服务取得的收入；

(3) 按照省级以上民政、财政部门规定收取的会费；

(4) 不征税收入和免税收入孳生的银行存款利息收入；

(5) 财政部、国家税务总局规定的其他收入。

四、准予扣除项目

(一) 准予扣除项目的扣除原则

企业申报的扣除项目和金额要真实、合法。所谓真实是指能够证明有关支出确实已经实际发生；合法是指符合国家税法的规定，若其他法规规定与税收法规规定不一致，应以税收法规的规定为标准。除税收法规另有规定外，税前扣除一般应遵循以下原则。

(1) 权责发生制原则，是指企业费用应在发生的所属期扣除，而不是在实际支付时确认扣除。

(2) 配比原则，是指企业发生的费用应当与收入配比扣除。除特殊规定外，企业发生的费用不得提前或滞后申报扣除。

(3) 相关性原则，企业可扣除的费用从性质和根源上必须与取得应税收入直接相关。

(4) 确定性原则，即企业可扣除的费用不论何时支付，其金额必须是确定的。

(5) 合理性原则，是指符合生产经营活动常规，应当计入当期损益或者有关资产成本的必要和正常的支出。

(二) 准予扣除项目的范围

企业所得税法规定，企业实际发生的与取得收入有关的、合理的支出，包括成本、费用、税金、损失和其他支出，准予在计算应纳税所得额时扣除。在实际中，计算应纳税所得额时还应注意如下 3 方面的内容。第一，企业发生的支出应当区分收益性支出和资本性支出。收益性支出在发生当期直接扣除；资本性支出应当分期扣除或者计入有关资产成本，不得在发生当期直接扣除。第二，企业的不征税收入用于支出所形成的费用或者财产，不得扣除或者计算对应的折旧、摊销扣除。第三，除企业所得税法和企业所得税法实施条例另有规定外，企业实际发生的成本、费用、税金、损失和其他支出，不得重复扣除。

1. 成本

成本是指企业在生产经营活动中发生的销售成本、销货成本、业务支出以及其他耗费，即企业销售商品(产品、材料、下脚料、废料、废旧物资等)、提供劳务、转让固定资产、无形资产(包括技术转让)的成本。

2. 费用

费用是指企业每一个纳税年度为生产、经营商品和提供劳务等所发生的销售(经营)费用、管理费用和财务费用，已经计入成本的有关费用除外。

(1) 销售费用是指应由企业负担的为销售商品而发生的费用，包括广告费、运输费、装卸费、包装费、展览费、保险费、销售佣金(能直接认定的进口佣金调整商品进价成本)、代销手续费、经营性租赁费及销售部门发生的差旅费、工资、福利费等费用。

(2) 管理费用是指企业的行政管理部门为管理组织经营活动提供各项支援性服务而发生的费用。

(3) 财务费用是指企业筹集经营性资金而发生的费用，包括利息净支出、汇兑净损失、金融机构手续费以及其他非资本化支出。

3. 税金

税金是指企业发生的除企业所得税和允许抵扣的增值税以外的企业缴纳的各项税金及其附加，即企业按规定缴纳的消费税、城市维护建设税、关税、资源税、土地增值税、房产税、车船税、土地使用税、印花税、教育费附加等产品销售税金及附加，这些已纳税金准予税前扣除。准许扣除的税金有两种扣除方式：一是在发生当期扣除；二是在发生当期计入相关资产的成本，在以后各期分摊扣除。

4. 损失

损失是指企业在生产经营活动中发生的固定资产和存货的盘亏、毁损、报废损失，转让财产损失，呆账损失，坏账损失，自然灾害等不可抗力因素造成的损失以及其他损失。

企业发生的损失，减除责任人赔偿和保险赔款后的余额，依照国务院财政、税务主管部门的规定扣除。

企业已经作为损失处理的资产，在以后纳税年度又全部收回或者部分收回时，应当计入当期收入。

5. 扣除的其他支出

扣除的其他支出是指除成本、费用、税金、损失外，企业在生产经营活动中发生的与生产经营活动有关的、合理的支出。

(三) 准予扣除项目的标准

在计算应纳税所得额时，下列项目可按照实际发生额或税法规定的标准扣除。

1. 工资、薪金支出

企业发生的合理的工资、薪金支出准予据实扣除。工资、薪金支出是企业每一纳税年度支付给本企业任职或与其有雇佣关系的员工的所有现金或非现金形式的劳动报酬，包括基本工资、奖金、津贴、补贴、年终加薪、加班工资，以及与任职或者是受雇有关的其他支出，但不包括与职工劳动没有实际联系的为职工承担的职工福利费、职工教育经费、工会经费及养老保险费、医疗保险费、失业保险费、工伤保险费、生育保险费等社会保险费和住房公积金。这里的“合理的工资、薪金支出”是指股东会按照股东大会、董事会、薪酬委员会或相关管理机构制定的工资薪金制度规定实际发放给员工的工资薪金。属于国有性质的企业，其工资薪金，不得超过政府有关部门给予的限定数额；超过部分，不得计入企业工资薪金总额，也不得在计算企业应纳税所得额时扣除。

企业因雇佣季节工、临时工、实习生、返聘离退休人员以及接受外部劳务派遣用工所实际发生的费用，应区分为工资薪金支出和职工福利费支出，并按企业所得税法规定在企业所得税税前扣除。其中属于工资薪金支出的，准予计入企业工资总额的基数，作为计算其他各项相关费用扣除的依据。

2. 职工福利费、工会经费、职工教育经费

企业发生的职工福利费、工会经费、职工教育经费按标准扣除，未超过标准的按实际数扣除，超过标准的只能按标准扣除。

(1) 企业发生的职工福利费支出，不超过工资薪金总额14%的部分准予扣除，超过部分不得扣除。

(2) 企业拨缴的工会经费，不超过工资薪金总额2%的部分凭工会组织开具的《工会经费收入专用收据》在企业所得税税前扣除，超过部分不得扣除。

(3) 除国务院财政、税务主管部门另有规定外，企业发生的职工教育经费，自 2018 年 1 月 1 日起，不超过工资薪金总额 8%的部分准予扣除，超过部分准予结转以后纳税年度扣除。

软件生产企业发生的职工教育经费中的职工培训费，根据《财政部 国家税务总局关于企业所得税若干优惠政策的通知》规定，可以全额在企业所得税税前扣除。软件生产企业应准确划分职工教育经费中的职工培训费支出，对于不能准确划分的，以及准确划分后职工教育经费中扣除职工培训费用后的余额，一律按照工资薪金总额的 8%的比例扣除。

核力发电企业为培养核电厂操纵员发生的培养费用，依照国家税务总局公告2014年第

29号第三条规定，可作为企业的发电成本在税前扣除。企业应将核电厂操纵员培养费与员工的职工教育经费严格区分，单独核算，员工实际发生的职工教育经费支出不得计入核电厂操纵员培养费直接扣除。

上述计算职工福利费、工会经费、职工教育经费的工资薪金总额，是指企业按照上述第1条规定实际发放的工资薪金总额，不包括企业的职工福利费、职工教育经费、工会会费以及养老保险费、医疗保险费、事业保险费、工伤保险费、生育保险费等社会保险费和住房公积金。

【例 5-1】某企业 2018 年实际支付工资总额 300 万元，支出职工福利费 45 万元，职工工会经费 4 万元，职工教育经费 8 万元。请计算职工福利费、职工工会经费和职工教育经费纳税调整额。

职工福利费扣除限额＝300×14%＝42(万元)，调增利润总额＝45－42＝3(万元)

职工工会经费扣除限额＝300×2%＝6(万元)，实际支出小于限额，据实扣除不做调整。

职工教育经费扣除限额＝300×8%＝24(万元)，实际支出小于限额，据实扣除不做调整。

3. 社会保险费

(1) 企业依照国务院有关主管部门或者省级人民政府规定的范围和标准为职工缴纳的“五险一金”，即基本养老保险费、基本医疗保险费、失业保险费、工伤保险费、生育保险费等基本社会保险费和住房公基金，准予扣除。

(2) 企业为投资者或者职工支付的补充养老保险费、补充医疗保险费，在国务院财政、税务主管部门规定的范围和标准内，准予扣除。企业依照国家有关规定为特殊工种职工支付的人身安全保险费和符合国务院财政、税务主管部门规定可以扣除的商业保险费准予扣除。

(3) 企业参加财产保险，按照规定缴纳的保险费，准予扣除。企业为投资者或者职工支付的商业保险费，不得扣除。

4. 利息费用

企业在生产、经营活动中发生的利息费用，按下列规定扣除。

(1) 非金融企业向金融企业借款的利息支出、金融企业的各项存款利息支出和同业拆借利息支出、企业经批准发行债券的利息支出可据实扣除。

(2) 非金融企业向非金融企业借款的利息支出，不超过按照金融企业同期同类贷款利率计算的数额的部分可据实扣除，超过部分不允许扣除。其中，所谓金融机构，是指各类银行、保险公司及经中国人民银行批准从事金融业务的非银行金融机构，包括国家专业银行、区域性银行、股份制银行、外资银行、中外合资银行以及其他综合性银行；全国性保险企业、区域性保险企业、股份制保险企业、中外合资保险企业以及其他专业性保险企业；城市、农村信用社，各类财务公司以及其他从事信托投资、租赁等业务的专业和综合性非银行金融机构。非金融机构，是指除上述金融机构以外的所有企业、事业单位以及社会团体等企业或组织。

(3) 关联企业利息费用的扣除。企业从其关联方接受的债权性投资与权益性投资的比例超过规定标准而发生的利息支出，不得在计算应纳税所得额时扣除。

① 在计算应纳税所得额时，企业实际支付给关联方的利息支出，不超过以下规定比例和税法及其实施条例有关规定的部分，准予扣除，超过的部分不得在发生当期和以后

年度扣除。

企业实际支付给关联方的利息支出，除符合下面第②条规定外，其接受关联方债权性投资与其权益性投资比例为：金融企业 5∶1；其他企业 2∶1。

② 企业如果能够按照税法及其实施条例的有关规定提供相关资料，并证明相关交易活动符合独立交易原则的；或者该企业的实际税负不高于境内关联方的，其实际支付给境内关联方的利息支出，在计算应纳税所得额时准予扣除。

(4) 企业向自然人借款的利息支出在企业所得税税前的扣除。

① 企业向股东或其他与企业有关联关系的自然人借款的利息支出，应根据《中华人民共和国企业所得税法》第四十六条及《财政部、国家税务总局关于企业关联方利息支出税前扣除标准有关税收政策问题的通知》(财税〔2008〕121号)规定的条件，计算企业所得税扣除额。

② 企业向除①规定以外的内部职工或其他人员借款的利息支出，其借款情况同时符合以下条件的，其利息支出在不超过按照金融企业同期同类贷款利率计算的数额的部分，准予扣除。

条件一：企业与个人之间的借贷是真实、合法、有效的，并且不具有非法集资目的或其他违反法律、法规的行为。

条件二：企业与个人之间签订了借款合同。

【例 5-2】某企业 2019 年度实现的会计利润为 70 万元，“财务费用”账户中的利息支出如下：向银行借入 6 个月的生产用资金 200 万元，支付利息 6 万元；经批准向本企业职工借入 8 个月的生产用资金 80 万元，支付利息 4.5 万元。请计算该公司 2019 年的应纳税所得额。

同期银行借款利率＝(6×2)÷200＝6%

税前可以扣除的职工利息＝80×6%÷12×8＝3.2(万元)

超标准＝4.5－3.2＝1.3(万元)

应纳税所得额＝70＋1.3＝71.3(万元)

5. 借款费用

(1) 企业在生产经营活动中发生的合理的不需要资本化的借款费用，准予扣除。

(2) 企业为购置、建造固定资产、无形资产和经过 12 个月以上的建造才能达到预定可销售状态的存货发生借款的，在有关资产购置、建造期间发生的合理的借款费用，应予以资本化，作为资本性支出计入有关资产的成本；有关资产交付使用后发生的借款利息，可在发生当期扣除。

(3) 企业通过发行债券、取得贷款、吸收保户储金等方式融资而发生的合理的费用支出，符合资本化条件的，应计入相关资产成本；不符合资本化条件的，应作为财务费用，准予在企业所得税税前据实扣除。

【例 5-3】某工业企业 2018 年 1 月 1 日向银行借入资金 400 万元用于厂房建设，借款期限为 1 年，支付当年全年借款利息 24 万元，该厂房 2018 年 8 月 31 日达到可使用状态交付使用，9 月 30 日完成完工结算。试计算该企业当年税前可扣除的利息费用。

该企业税前可扣除的利息费用＝(24÷12)×4＝8(万元)

6. 汇兑损失

企业在货币交易中，以及纳税年度终了时将人民币以外的货币性资产、负债按照期末即期人民币汇率中间价折算为人民币时产生的汇兑损失，除已经计入有关资产成本以及与向所有者进行利润分配相关的部分外，准予扣除。

7. 业务招待费

(1) 企业发生的与生产经营活动有关的业务招待费支出，按照发生额的60%扣除，但最高不得超过当年销售(营业)收入的5‰，即业务招待费按照两个上限孰小的原则来进行扣除。值得注意的是，这里的“当年销售(营业)收入”包括企业对外处置资产时取得的视同销售(营业)收入。

(2) 对从事股权投资业务的企业(包括集团公司总部、创业投资企业等)，其从被投资企业所分配的股息、红利以及股权转让收入，可以按照规定的比例计算业务招待费扣除限额。

(3) 企业在筹建期间，发生的与筹办活动有关的业务招待费支出，可按实际发生额的6%计入企业筹办费，并按有关规定在税前扣除。

【例 5-4】华盛公司 2015 年全年销售收入 1 800 万元，房屋出租收入 60 万元，转让无形资产所有权收入 40 万元，当年发生的业务招待费 18 万元。该公司全年所得税税前可扣除的业务招待费是多少？

业务招待费扣除限额＝(1 800＋60)×5%＝9.3(万元)，小于 18×60%＝10.8(万元)

因此，该公司全年可以税前扣除的业务招待费为 9.3 万元。

8. 广告费和业务宣传费

(1) 企业发生的符合条件的广告费和业务宣传费支出，除国务院财政、税务主管部门另有规定外，不超过当年销售(营业)收入15%的部分，准予扣除；超过部分，准予结转以后纳税年度扣除。同样，这里的“当年销售(营业)收入”包括企业对外处置资产时取得的视同销售(营业)收入。

(2) 自2016年1月1日起至2020年12月31日止，对化妆品制造或销售、医疗制造和饮料销售(不含酒类制造)企业发生的广告费和业务宣传费支出，不超过当年销售(营业)收入30%的部分，准予扣除；超过部分，准予在以后纳税年度结转扣除。

(3) 企业在筹建期间，发生的广告费和业务宣传费，可按照实际发生额计入企业筹办费，可按上述规定税前扣除。

(4) 烟草企业的烟草广告费和业务宣传费支出，一律不得在计算应纳税所得额时扣除。

企业申报扣除的广告费支出应与赞助支出严格区分。企业申报扣除的广告费支出，必须符合下列条件：广告是通过工商部门批准的专门机构制作的；已实际支付费用并已取得相应发票；通过一定的媒体传播。

【例 5-5】某木门加工厂 2019 年销售收入为 2 500 万元，提供安装劳务收入 400 万元，转让技术使用权收入 300 万元，销售费用中支出广告费 450 万元、业务宣传费 50 万元，请计算该企业税前可以扣除的广告费和业务宣传费。

广告费和业务宣传费扣除标准＝(2 500＋400＋300)×15%＝480(万元)

广告费和业务宣传费实际发生额为 500(万元)，超标准＝500－480＝20(万元)

税前可以扣除的广告业务宣传费为480万元，超过部分，准予结转以后年度扣除。

9. 环境保护专项资金

企业依照法律、行政法规有关规定提取的用于环境保护、生态恢复等方面的专项资金，准予扣除。上述专项资金提取后改变用途的，不得扣除。

10. 保险费

企业参加财产保险，按照规定缴纳的保险费，准予扣除。

11. 租赁费

企业根据生产经营活动的需要租入固定资产支付的租赁费，按照以下方法扣除。

(1) 以经营租赁方式租入固定资产发生的租赁费支出，按照租赁期限均匀扣除。经营性租赁是指所有权不转移的租赁。

(2) 以融资租赁方式租入固定资产发生的租赁费支出，按照规定构成融资租入固定资产价值的部分应当提取折旧费用，分期扣除。

12. 劳动保护费

企业发生的合理的劳动保护支出，准予扣除。自2011年7月1日起，企业根据其工作性质和特点，由企业统一制作并要求员工工作时统一着装所发生的工作服饰费用，根据《实施条例》第二十七条的规定，可以作为企业合理的支出给予税前扣除。

13. 公益性捐赠支出

公益性捐赠，是指企业通过公益性社会团体或者县级(含县级)以上人民政府及其部门，用于《中华人民共和国公益事业捐赠法》规定的公益事业的捐赠。

企业发生的公益性捐赠支出，不超过年度利润总额12%的部分，准予扣除。年度利润总额，是指企业依照国家统一会计制度的规定计算的年度会计利润。

企业发生的公益性捐赠支出未在当年税前扣除的部分，准予向以后年度结转扣除，但结转年限自捐赠发生年度的次年起计算最长不得超过3年。企业在对公益性捐赠支出计算扣除时，应先扣除以前年度结转的捐赠支出，再扣除当年发生的捐赠支出。

(1) 用于公益事业的捐赠支出，是指《中华人民共和国公益事业捐赠法》规定的向公益事业的捐赠支出，具体范围包括：

① 救助灾害、救济贫困、扶助残疾人等困难的社会群体和个人的活动；

② 教育、科学、文化、卫生、体育事业；

③ 环境保护、社会公共设施建设；

④ 促进社会发展和进步的其他社会公共和福利事业。

企事业单位、社会团体以及其他组织捐赠住房作为廉租住房的视同公益性捐赠按上述规定执行。

(2) 公益性社会团体，是指同时符合下列条件的基金会、慈善组织等社会团体。

① 依法登记，具有法人资格。

② 以发展公益事业为宗旨，且不以营利为目的。

③ 全部资产及其增值为该法人所有。

④ 收益和营运结余主要用于符合该法人设立目的的事业。

⑤ 终止后的剩余财产不归属任何个人或者营利组织。

⑥ 不经营与其设立目的无关的业务。

⑦ 有健全的财务会计制度。

⑧ 捐赠者不以任何形式参与社会团体财产的分配。

⑨ 国务院财政、税务主管部门会同国务院民政部门等登记管理部门规定的其他条件。

(3) 公益性社会团体和县级以上人民政府及其组成部门和直属机构在接受捐赠时，捐赠资产的价值，按以下原则确认。

① 接受捐赠的货币性资产，应当按照实际收到的金额计算。

② 接受捐赠的非货币性资产，应当以其公允价值计算。捐赠方在向公益性社会团体和县级以上人民政府及其组成部门和直属机构捐赠时，应当提供注明捐赠非货币性资产公允价值的证明，如果不能提供上述证明，公益性社会团体和县级以上人民政府及其组成部门和直属机构不得向其开具公益性捐赠票据。

(4) 公益性社会团体和县级以上人民政府及其组成部门和直属机构在接受捐赠时，应按照行政管理级次分别使用由财政部或省、自治区、直辖市财政部门印制的公益性捐赠票据，并加盖本单位的印章；对个人索取捐赠票据的，应予以开具。

(5) 对符合条件的公益性群众团体，应按照管理权限，由财政部、国家税务总局和省、自治区、直辖市、计划单列市财政、税务部门分别每年联合公布名单，名单应当包括继续获得公益性捐赠税前扣除资格和新获得公益性捐赠税前扣除资格的群众团体，企业和个人在名单所属年度内向名单内的群众团体进行的公益性捐赠支出，可以按规定进行税前扣除。

对存在以下情形之一的公益性群众团体，应取消其公益性捐赠税前扣除资格。

① 前 3 年接受捐赠的总收入中用于公益事业的支出比例低于 70%的。

② 在申请公益性捐赠税前扣除资格时有弄虚作假行为的。

③ 存在逃避缴纳税款行为或为他人逃避缴纳税款提供便利的。

④ 存在违反该组织章程的活动，或者接受的捐赠款项用于组织章程规定用途之外的支出等情况的。

⑤ 受到行政处罚的。

被取消公益性捐赠税前扣除资格的公益性群众团体，3 年内不得重新申请公益捐赠税前扣除资格。

(6) 对于通过公益性群众团体发生的公益性捐赠支出，主管税务机关应对照财政、税务部门联合发布的名单，接受捐赠的群众团体位于名单内，则企业或个人在名单所属年度发生的公益性捐赠支出可按规定进行税前扣除；接受捐赠的群众团体不在名单内，或虽在名单内但企业或个人发生的公益性捐赠支出不属于名单所属年度的，不得扣除。

14. 有关资产的费用

企业转让各类固定资产发生的费用，允许扣除。企业按规定计算的固定资产折旧费、无形资产和递延资产的摊销费，准予扣除。

15. 总机构分摊的费用

非居民企业在中国境内设立的机构、场所，就其中国境外总机构发生的与该机构、场所生产经营有关的费用，能够提供总机构出具的费用汇集范围、定额、分配依据和方法等证明文件，并合理分摊的，准予扣除。

16. 资产损失

企业当期发生的固定资产和流动资产盘亏、毁损净损失，由其提供清查盘存资料，经主管税务机关审核后，准予扣除。

17. 依照有关法律、行政法规和国家有关税法规定准予扣除的其他项目

其包括会员费、合理的会议费、差旅费、违约金、诉讼费用等。

18. 手续费及佣金支出

(1) 企业发生的与生产经营有关的手续费及佣金支出，不超过以下规定计算限额的部分，准予扣除；超过部分，不得扣除。

① 保险企业：财产保险企业按当年全部保费收入扣除退保金等后余额的 15% (含本数，下同)计算限额；人身保险企业按当年全部保费收入扣除退保金等后余额的 10%计算限额。

② 其他企业：按与具有合法经营资格的中介服务机构或个人(不含交易双方及其雇员、代理人和代表人等)所签订服务协议或合同确认的收入金额的 5%计算限额。

(2) 企业应与具有合法经营资格的中介服务企业或个人签订代办协议或合同，并按国家有关规定支付手续费及佣金。除委托个人代理外，企业以现金等非转账方式支付的手续费及佣金不得在税前扣除。企业为发行权益性证券支付给有关证券承销机构的手续费及佣金不得在税前扣除。

(3) 企业不得将手续费及佣金支出计入回扣、业务提成、返利、进场费等费用。

(4) 企业已计入固定资产、无形资产等相关资产的手续费及佣金支出，应当通过折旧、摊销等方式分期扣除，不得在发生当期直接扣除。

(5) 企业支付的手续费及佣金不得直接冲减服务协议或合同金额，应如实入账。

(6) 企业应当如实向当地主管税务机关提供当年手续费及佣金计算分配表和其他相关资料，并依法取得合法真实凭证。

五、不得扣除的项目

在计算应纳税所得额时，下列支出不得扣除：

(1) 向投资者支付的股息、红利等权益性投资收益款项；

(2) 企业所得税税款；

(3) 税收滞纳金，是指企业发生违反税收法规行为，被税务机关处以的滞纳金；

(4) 罚金、罚款和被没收财物的损失，是指纳税人违反国家有关法律、法规规定，被有关部门处以的罚款，以及被司法机关处以的罚金和被没收的财物；

(5) 超过规定标准的捐赠支出；

(6) 赞助支出，是指企业发生的与生产经营活动无关的各种非广告性质支出；

(7) 未经核定的准备金支出，是指不符合国务院财政、税务主管部门规定的各种资产减值准备、风险准备金支出；

(8) 企业之间支付的管理费、企业内营业机构之间支付的租金和特许权使用费，以及非银行企业内营业机构之间支付的利息；

(9) 与取得收入无关的其他支出。

六、亏损弥补

亏损是指企业依照《中华人民共和国企业所得税法》及其实施条例的规定，将每一纳税年度的收入总额减除不征税收入、免税收入和各项扣除后小于零的数额。可见，税法中的亏损与财务会计中的亏损含义是不同的。财务会计上的亏损是指当年总收益小于当年总支出。

税法规定，企业某一纳税年度发生的亏损可以用下一年度的所得弥补，下一年度的所得不足以弥补的，可以逐年延续弥补，但最长不得超过 5 年。

另外，税法还规定企业在汇总计算缴纳企业所得税时，其境外营业机构的亏损不得抵减境内营业机构的盈利。

自 2018 年 1 月 1 日起，当年具备高新技术企业或科技型中小企业资格(以下简称资格)的企业，其具备资格年度之前 5 个年度发生的尚未弥补完的亏损，准予结转以后年度弥补，最长结转年限由 5 年延长至 10 年。

企业筹办期间不计算为亏损年度，企业开始生产经营的年度，为开始计算企业损益的年度。企业从事生产经营之前进行筹办活动期间发生的筹办费用支出，不得计算为当期的亏损，企业可以在开始经营之日的当年一次性扣除，也可以按照新税法有关长期待摊费用的处理规定处理，但一经选定，不得改变。

第四节 资产的税务处理

资产是由于资本投资而形成的财产，对于资本性支出以及无形资产受让、开办、开发费用，不允许作为成本、费用从纳税人的收入总额中做一次性扣除，只能采取分次计提折旧或分次摊销的方式予以扣除。税法规定，纳入税务处理范围的资产形式主要有固定资产、生物资产、无形资产、长期待摊费用、存货、投资资产等，其均以历史成本为计税基础。历史成本是指企业取得该项资产时实际发生的支出。企业持有各项资产期间资产增值或者减值，除国务院财政、税务主管部门规定可以确认损益外，不得调整该资产的计税基础。

一、固定资产的税务处理

固定资产，是指企业为生产产品、提供劳务、出租或者经营管理而持有的、使用时间超过 12 个月的非货币性资产，包括房屋、建筑物、机器、机械、运输工具以及其他与生产经营活动有关的设备、器具、工具等。

(一) 固定资产计税基础

(1) 外购的固定资产，以购买价款和支付的相关税费以及直接归属于使该资产达到预定用途发生的其他支出为计税基础。

(2) 自行建造的固定资产，以竣工结算前发生的支出为计税基础。

(3) 融资租入的固定资产，以租赁合同约定的付款总额和承租人在签订租赁合同过程中发生的相关费用为计税基础，租赁合同未约定付款总额的，以该资产的公允价值和承租人在签订租赁合同过程中发生的相关费用为计税基础。

(4) 盘盈的固定资产，以同类固定资产的重置完全价值为计税基础。

(5) 通过捐赠、投资、非货币性资产交换、债务重组等方式取得的固定资产，以该资产的公允价值和支付的相关税费为计税基础。

(6) 改建的固定资产，除已足额提取折旧的固定资产和租入的固定资产以外的其他固定资产，以改建过程中发生的改建支出增加计税基础。

(二) 固定资产折旧的范围

在计算应纳税所得额时，企业按照规定计算的固定资产折旧，准予扣除。下列固定资产不得计算折旧扣除：

(1) 房屋、建筑物以外未投入使用的固定资产；

(2) 以经营租赁方式租入的固定资产；

(3) 以融资租赁方式租出的固定资产；

(4) 已足额提取折旧仍继续使用的固定资产；

(5) 与经营活动无关的固定资产；

(6) 单独估价作为固定资产入账的土地；

(7) 其他不得计算折旧扣除的固定资产。

(三) 固定资产折旧的计提方法和折旧年限

固定资产按照直线法计算的折旧，准予扣除。企业应当自固定资产投入使用月份的次月起计算折旧；停止使用的固定资产，应当自停止使用月份的次月起停止计算折旧。

企业应当根据固定资产的性质和使用情况，合理确定固定资产的预计净残值。固定资产的预计净残值一经确定，不得变更。

除国务院财政、税务主管部门另有规定外，固定资产计算折旧的最低年限如下：

(1) 房屋、建筑物，为20年；

(2) 飞机、火车、轮船、机器、机械和其他生产设备，为10年；

(3) 与生产经营活动有关的器具、工具、家具等，为5年；

(4) 飞机、火车、轮船以外的运输工具，为4年；

(5) 电子设备，为3年。

需要注意的是，根据有关规定的要求，企业固定资产会计折旧年限如果短于税法规定的最低折旧年限，其按会计折旧年限计提的折旧高于按税法规定的最低折旧年限计提的折旧部分，应调增当期应纳税所得额；如果企业固定资产会计折旧年限已期满且会计折旧已提足，但税法规定的最低折旧年限尚未到期且税收折旧尚未足额扣除，其未足额扣除的部分准予在剩余的税收年限继续按规定扣除。企业固定资产会计折旧年限如果长于税法规定的最低折旧年限，其折旧应按会计折旧年限计算扣除，税法另有规定的除外。企业按规定提取的固定资产减值准备金，不得税前扣除。其折旧仍按税法确定的固定资产计税基础计算扣除。企业按照税法规定实行加速折旧的，其按加速折旧办法计算的折旧额可全额在税前扣除。

(四) 固定资产改扩建的税务处理

自2011年7月1日起，企业对房屋、建筑物等固定资产在未足额提取折旧前进行改扩建的，如属于推倒重置的，该资产原值减除提取折旧后的净值，应并入重置后的固定资产计税成本，并在该固定资产投入使用后的次月起，按照税法规定的折旧年限，一并计提折旧；如属于提升功能、增加面积的，该固定资产的改扩建支出，并入该固定资产计税基础，并从改扩建完工投入使用后的次月起，重新按税法规定的该固定资产折旧年限计提折旧，如该改扩建后的固定资产尚可使用的年限低于税法规定的最低年限的，可以按尚可使用的年限计提折旧。

二、生物资产的税务处理

生物资产是指有生命的动物和植物。生物资产分为消耗性生物资产、生产性生物资产和公益性生物资产。消耗性生物资产，是指为出售而持有的，或在将来收获为农产品的生物资产，包括生长中的农田作物、蔬菜、用材林以及存栏待售的牲畜等。生产性生物资产，是指为产出农产品、提供劳务或出租等目的而持有的生物资产，包括经济林、薪炭林、产畜和役畜等。公益性生物资产，是指以防护、环境保护为主要目的的生物资产，包括防风固沙林、水土保持林和水源涵养林等。

(一) 生物资产的计税基础

生产性生物资产按照以下方法确定计税基础：

(1) 外购的生产性生物资产，以购买价款和支付的相关税费为计税基础；

(2) 通过捐赠、投资、非货币性资产交换、债务重组等方式取得的生产性生物资产，以该资产的公允价值和支付的相关税费为计税基础。

(二) 生物资产的折旧方法和折旧年限

生产性生物资产按照直线法计算的折旧，准予扣除。企业应当自生产性生物资产投入使用月份的次月起计算折旧；停止使用的生产性生物资产，应当自停止使用月份的次月起停止计算折旧。

企业应当根据生产性生物资产的性质和使用情况，合理确定生产性生物资产的预计净残值。生产性生物资产的预计净残值一经确定，不得变更。

生产性生物资产计算折旧的最低年限如下：

(1) 林木类生产性生物资产，为10年；

(2) 畜类生产性生物资产，为3年。

三、无形资产的税务处理

无形资产是指企业长期使用，但没有实物形态的资产，包括专利权、商标权、著作权、土地使用权、非专利技术、商誉等。

(一) 无形资产的计税基础

无形资产按照以下方法确定计税基础：

(1) 外购的无形资产，以购买价款和支付的相关税费以及直接归属于使该资产达到预定用途发生的其他支出为计税基础；

(2) 自行开发的无形资产，以开发过程中该资产符合资本化条件后至达到预定用途前发生的支出为计税基础；

(3) 通过捐赠、投资、非货币性资产交换、债务重组等方式取得的无形资产，以该资产的公允价值和支付的相关税费为计税基础。

(二) 无形资产摊销的范围

在计算应纳税所得额时，企业按照规定计算的无形资产摊销费用，准予扣除。

下列无形资产不得计算摊销费用扣除：

(1) 自行开发的支出已在计算应纳税所得额时扣除的无形资产；

(2) 自创商誉；

(3) 与经营活动无关的无形资产；

(4) 其他不得计算摊销费用扣除的无形资产。

(三) 无形资产的摊销方法及年限

无形资产的摊销，采取直线法计算。无形资产的摊销年限不得低于 10 年。作为投资或者受让的无形资产，有关法律规定或者合同约定了使用年限的，可以按照规定或者约定的使用年限分期摊销。外购商誉的支出，在企业整体转让或者清算时，准予扣除。

四、长期待摊费用的税务处理

长期待摊费用是指企业发生的应在 1 个年度以上或几个年度进行摊销的费用。在计算应纳税所得额时，企业发生的下列支出作为长期待摊费用，按照规定摊销的，准予扣除。

(1) 已足额提取折旧的固定资产的改建支出。

(2) 租入固定资产的改建支出。

(3) 固定资产的大修理支出。

(4) 其他应当作为长期待摊费用的支出。

企业的固定资产修理支出可在发生当期直接扣除。企业的固定资产改良支出，如果有关固定资产尚未提足折旧，可增加固定资产价值；如果有关固定资产已提足折旧，可作为长期待摊费用，在规定的期间内平均摊销。

固定资产的改建支出，是指改变房屋或者建筑物结构、延长使用年限等发生的支出。已足额提取折旧的固定资产的改建支出，按照固定资产预计尚可使用年限分期摊销；租入固定资产的改建支出，按照合同约定的剩余租赁期限分期摊销；改建的固定资产延长使用年限的，除已足额提取折旧的固定资产、租入固定资产的改建支出外，其他的固定资产发生改建支出，应当适当延长折旧年限。

大修理支出，按照固定资产尚可使用年限分期摊销。

企业所得税法所指固定资产的大修理支出，是指同时符合下列条件的支出：

(1) 修理支出达到取得固定资产时的计税基础 50%以上；

(2) 修理后固定资产的使用年限延长 2 年以上。

其他应当作为长期待摊费用的支出，自支出发生月份的次月起，分期摊销，摊销年限不得低于 3 年。

五、存货的税务处理

存货是指企业持有以备出售的产品或者商品、处在生产过程中的在产品、在生产或者提供劳务过程中耗用的材料和物料等。

(一) 存货的计税基础

存货按照以下方法确定成本。

(1) 通过支付现金方式取得的存货，以购买价款和支付的相关税费为成本。

(2) 通过支付现金以外的方式取得的存货，以该存货的公允价值和支付的相关税费为成本。

(3) 生产性生物资产收获的农产品，以产出或者采收过程中发生的材料费、人工费和分摊的间接费用等必要支出为成本。

(二) 存货的成本计算方法

企业使用或者销售的存货的成本计算方法，可以在先进先出法、加权平均法、个别计价法中选用一种。计价方法一经选用，不得随意变更。

六、投资资产的税务处理

投资资产是指企业对外进行权益性投资和债权性投资而形成的资产。

(一) 投资资产的计税基础

投资资产按以下方法确定计税基础。

(1) 通过支付现金方式取得的投资资产，以购买价款为成本。

(2) 通过支付现金以外的方式取得的投资资产，以该资产的公允价值和支付的相关税费为成本。

(二) 投资资产成本的扣除方法

企业对外投资期间，投资资产的成本在计算应纳税所得额时不得扣除，企业在转让或者处置投资资产时，投资资产的成本准予扣除。

(三) 投资企业撤回或减少投资的税务处理

自 2011 年 7 月 1 日起，投资企业从被投资企业撤回或减少投资，其取得的资产中，相当于初始出资的部分，应确认为投资收回；相当于被投资企业累计未分配利润和累计盈余公积按减少实收资本比例计算的部分，应确认为股息所得；其余部分确认为投资资产转让所得。

被投资企业发生的经营亏损，由被投资企业按规定结转弥补；投资企业不得调整减低其投资成本，也不得将其确认为投资损失。

第五节　企业所得税应纳税额的计算

一、居民企业应纳税额的计算

根据《企业所得税法》的规定，居民企业应纳所得税额等于应纳税所得额乘以适用税率，基本计算公式为

应纳税额＝应纳税所得额×适用税率－减免税额－抵免税额

这里的减免税额是指在《企业所得税法》税收优惠里规定的，企业享受的直接减免税额；抵免税额是指在《企业所得税法》税收优惠中规定的投资抵免优惠和国际税收优惠。

根据计算公式可以看出，应纳税额的多少，取决于应纳税所得额和适用税率两个因素。在实际操作中，应纳税所得额的计算一般有两种方法。

(一) 直接计算法

在直接计算法下，企业每一纳税年度的收入总额减除不征税收入、免税收入、各项扣除以及允许弥补的以前年度亏损后的余额为应纳税所得额，计算公式为

应纳税所得额＝收入总额－不征税收入－免税收入－各项扣除金额－弥补亏损

(二) 间接计算法

在间接计算法下，在会计利润总额的基础上加或减按照税法规定调整的项目金额后得到的数额，即为应纳税所得额，计算公式为

应纳税所得额＝会计利润总额±纳税调整项目金额

税收调整项目金额包括两方面的内容：一是企业的财务会计制度规定的项目范围与税收法规规定的项目范围不一致应予以调整的金额；二是企业财务会计制度规定扣除的标准与按税法规定准予扣除的标准不一致应予以调整的金额。

【例 5-6】某企业为居民企业，2019 年其发生的经营业务如下。

(1) 取得产品销售收入 4 500 万元。

(2) 发生产品销售成本 3 000 万元。

(3) 发生销售费用 780 万元(其中广告费 690 万元)，管理费用 500 万元(其中业务招待费 25 万元)，财务费用 60 万元。

(4) 发生销售税金 160 万元(含增值税 120 万元)。

(5) 发生营业外收入 80 万元，营业外支出 50 万元(含通过公益性社会团体向贫困山区捐款 30 万元，支付税收滞纳金 6 万元)。

(6) 计入成本、费用中的实发工资总额为 200 万元，拨缴职工工会经费 5 万元，发生职工福利费 30 万元，发生职工教育经费 8 万元。

要求：计算该企业 2019 年度实际应纳的企业所得税。

(1) 会计利润总额＝4 500＋80－3 000－780－500－60－40－50＝150(万元)

(2) 广告费和业务宣传费调增所得额＝690－4 500×15%＝690－675＝15(万元)

(3) 业务招待费调增所得额＝25－25×60%＝25－15＝10(万元)

4 500×50‰＝22.5(万元)>25×60%＝15(万元)

(4) 捐赠支出应调增所得额＝30－150×12%＝12(万元)

(5) 工会经费应调增所得额＝5－200×2%＝1(万元)

(6) 职工福利费应调增所得额＝30－200×14%＝2(万元)

(7) 职工教育经费应调增所得额＝8－200×2.5%＝3(万元)

(8) 应纳税所得额＝150＋15＋10＋12＋6＋1＋2＋3＝199(万元)

(9) 2019 年应纳的企业所得税＝199×25%＝49.75(万元)

二、境外所得抵扣税额的计算

为了避免重复征税，税法规定企业取得的所得已在境外缴纳的所得税税额，可以从其当期应纳税额中抵免。

(一) 税额抵免的范围

按照《企业所得税法》的规定，企业取得的下列所得适用税额抵免的规定。

(1) 居民企业来源于中国境外的应税所得。

(2) 非居民企业在中国境内设立机构、场所，取得的发生在中国境外但与该机构、场所有实际联系的应税所得。

(3) 居民企业从其直接或者间接控制的外国企业分得的来源于中国境外的股息、红利等权益性投资收益，外国企业在境外实际缴纳的所得税税额中属于该项所得负担的部分，可以作为该居民企业的可抵免境外所得税税额，在企业所得税法规定的抵免限额内抵免。

这里的“直接控制”是指居民企业直接持有外国企业20%以上股份；“间接控制”是指居民企业以间接持股方式持有外国企业20%以上股份，具体认定办法由国务院财政、税务主管部门另行制定。

(二) 税额抵免的基本规定

企业取得的已在境外缴纳的所得税税额，可以从其当期应纳税额中抵免，抵免限额为该项所得依照企业所得税法规定计算的应纳税额；超过抵免限额的部分，可以在以后 5 个年度内，用每年度抵免限额抵免当年应抵税额后的余额进行抵补。

(1) 已在境外缴纳的所得税税额是指企业来源于中国境外的所得依照中国境外税收法律以及相关规定应当缴纳并已经实际缴纳的企业所得税性质的税款。企业依照企业所得税法的规定抵免企业所得税税额时，应当提供中国境外税务机关出具的税款所属年度的有关纳税凭证。

(2) 抵免限额，是指企业来源于中国境外的所得，依照企业所得税法的规定计算的应纳税额。其计算公式为

抵免限额＝中国境内、境外所得依照企业所得税法和实施条例规定计算的应纳税总额×来源于某国(地区)的应纳税所得额÷中国境内、境外应纳税所得总额

运用公式时应注意以下问题。

① “中国境内、境外所得依照企业所得税法和实施条例规定计算的应纳税总额”是按25%的法定税率计算的应纳税总额，但对于符合条件的高新技术企业，在计算抵免限额时，可按照15%的优惠税率计算境内外应纳税总额。

② 在计算抵免限额时应当分国(地区)不分项计算。

③ “来源于某国(地区)的应纳税所得额”是来源于同一国家(地区)不同应税所得的合计，而且是税前利润。如果是税后利润，需要还原成税前利润再用上述公式，还原方法为：境外分回的税后利润÷(1－来源国(地区)公司所得税税率)。

《财政部国家税务总局关于完善企业境外所得税收抵免政策问题的通知》(财税〔2017〕84号)，完善了我国企业境外所得税收抵免政策，即企业可以选择按国(地区)别分别计算(即“分国(地区)，不分项”)，或者不按国(地区)别汇总计算(即“不分国(地区)，不分项”)其来源于境外的应纳税所得额，并按照财税〔2009〕125号文件第八条规定的税率，分别计算其可抵免境外所得税税额和抵免限额。上述方式一经选择，5年内不得改变。

企业选择采用不同于以前年度的方式(以下简称新方式)计算可抵免境外所得税税额和抵免限额时，对该企业以前年度按照财税〔2009〕125号文件规定没有抵免完的余额，可在税法规定结转的剩余年限内，按新方式计算的抵免限额中继续结转抵免。

【例5-7】某企业2019年度境内应纳税所得额为500万元，适用25%的企业所得税税率。另外，该企业分别在A、B两国设有分支机构(我国与A、B两国已经缔结避免双重征税协定)，在A国分支机构的应纳税所得额为50万元，A国税率为20%；在B国的分支机构的应纳税所得额为30万元，B国税率为30%。假设该企业在A、B两国所得按我国税法计算的应纳税所得额和按A、B两国税法计算的应纳税所得额一致，两个分支机构在A、B两国分别缴纳了10万元和9万元的企业所得税。

要求：计算该企业汇总时在我国应缴纳的企业所得税税额。

(1) 该企业按我国税法计算的境内、境外所得的应纳税额如下。

应纳税额＝(500＋50＋30)×25%＝145(万元)

(2) A、B两国的扣除限额如下。

A国扣除限额＝145×[50÷(500＋50＋30)]＝12.5(万元)

B国扣除限额＝145×[30÷(500＋50＋30)]＝7.5(万元)

在A国缴纳的所得税为10万元，低于扣除限额12.5万元，可全额扣除。

在B国缴纳的所得税为9万元，高于扣除限额7.5万元，其超过扣除限额的部分1.5万元当年不能扣除。

(3) 汇总时在我国应缴纳的所得税＝145－10－7.5＝127.5(万元)

三、居民企业核定征收应纳税额的计算

为了加强企业所得税征收管理，规范核定征收企业所得税工作，保障国家税款及时足额入库，维护纳税人合法权益，根据《中华人民共和国企业所得税法》及其实施条例、《中华人民共和国税收征收管理法》及其实施细则的有关规定，核定征收企业所得税的有关规定如下。

(一) 核定征收企业所得税的范围

本办法适用于居民企业纳税人，纳税人具有下列情形之一的，核定征收企业所得税。

(1) 依照法律、行政法规的规定可以不设置账簿的。

(2) 依照法律、行政法规的规定应当设置但未设置账簿的。

(3) 擅自销毁账簿或者拒不提供纳税资料的。

(4) 虽设置账簿，但账目混乱或者成本资料、收入凭证、费用凭证残缺不全，难以查账的。

(5) 发生纳税义务，未按照规定的期限办理纳税申报，经税务机关责令限期申报，逾期仍不申报的。

(6) 申报的计税依据明显偏低，又无正当理由的。

特殊行业、特殊类型的纳税人和一定规模以上的纳税人不适用本办法。上述特定纳税人由国家税务总局另行明确。

(二) 核定应纳税额的计算办法

税务机关应根据纳税人具体情况，对核定征收企业所得税的纳税人，核定应税所得率或者核定应纳所得税税额。

1. 核定应税所得率

具有下列情形之一的，核定其应税所得率：

(1) 能正确核算(查实)收入总额，但不能正确核算(查实)成本费用总额的；

(2) 能正确核算(查实)成本费用总额，但不能正确核算(查实)收入总额的；

(3) 通过合理方法，能计算和推定纳税人收入总额或成本费用总额的。

2. 核定应纳所得税税额

纳税人不属于以上情形的，核定其应纳所得税税额。税务机关采用下列方法核定征收企业所得税：

(1) 参照当地同类行业或者类似行业中经营规模和收入水平相近的纳税人的税负水平核定；

(2) 按照应税收入额或成本费用支出额定率核定；

(3) 按照耗用的原材料、燃料、动力等推算或测算核定；

(4) 按照其他合理方法核定。

采用前款所列一种方法不足以正确核定应纳税所得额或应纳税额的，可以同时采用两种以上的方法核定。采用两种以上方法测算的应纳税额不一致时，可按测算的应纳税额从高核定。

采用应税所得率方式核定征收企业所得税的，应纳所得税税额的计算公式如下。

$$应纳所得税税额=应纳税所得额\times适用税率$$

$$应纳税所得额=应税收入额\times应税所得率$$

或

$$应纳税所得额=成本(费用)支出额\div(1-应税所得率)\times应税所得率$$

实行应税所得率方式核定征收企业所得税的纳税人，经营多业的，无论其经营项目是否单独核算，均由税务机关根据其主营项目确定适用的应税所得率。

主营项目应为纳税人所有经营项目中，收入总额或者成本(费用)支出额或者耗用原材料、燃料、动力数量所占比重最大的项目。应税所得率按表5-1规定的幅度标准确定。

表5-1　应税所得率

行业	应税所得率/%
农、林、牧、渔业	3～10
制造业	5～15
批发和零售贸易业	4～15
交通运输业	7～15
建筑业	8～20
饮食业	8～25
娱乐业	15～30
其他行业	10～30

纳税人的生产经营范围、主营业务发生重大变化，或者应纳税所得额或应纳税额增减变化达到20%的，应及时向税务机关申报调整已确定的应纳税额或应税所得率。

(三) 核定征收企业所得税的管理

主管税务机关应及时向纳税人送达《企业所得税核定征收鉴定表》，及时完成对其核定征收企业所得税的鉴定工作。

(1) 纳税人应在收到《企业所得税核定征收鉴定表》后10个工作日内，填好该表并报送主管税务机关。《企业所得税核定征收鉴定表》一式三联，主管税务机关和县税务机关各执一联，另一联送达纳税人执行。主管税务机关还可根据实际工作需要，适当增加联次备用。

纳税人收到《企业所得税核定征收鉴定表》后，未在规定期限内填列、报送的，税务机关视同纳税人已经报送，按相关程序进行复核认定。

(2) 主管税务机关应在受理《企业所得税核定征收鉴定表》后20个工作日内，分类逐户审查核实，提出鉴定意见，并报县税务机关复核、认定。

(3) 县税务机关应在收到《企业所得税核定征收鉴定表》后30个工作日内，完成复核、认定工作。

纳税人实行核定应税所得率方式的，按下列规定申报纳税。

(1) 主管税务机关根据纳税人应纳税额的大小确定纳税人按月或者按季预缴，年终汇算清缴。预缴方法一经确定，一个纳税年度不得改变。

(2) 纳税人应依照确定的应税所得率计算纳税期间实际应缴纳的税额，进行预缴。按实际数额预缴有困难的，经主管税务机关同意，可按上一年度应纳税额的1/12或1/4预缴，或者按经主管税务机关认可的其他方法预缴。

(3) 纳税人预缴税款或年终进行汇算清缴时，应按规定填写《中华人民共和国企业所得税月(季)度预缴纳税申报表(B类)》，在规定的纳税申报时限内报送主管税务机关。

纳税人实行核定应纳所得税税额方式的，按下列规定申报纳税。

(1) 纳税人在应纳所得税税额尚未确定之前，可暂按上年度应纳所得税税额的 1/12 或 1/4 预缴，或者按经主管税务机关认可的其他方法，按月或按季分期预缴。

(2) 在应纳所得税税额确定以后，减除当年已预缴的所得税税额，余额按剩余月份或季度均分，以此确定以后各月或各季的应纳税额，由纳税人按月或按季填写《中华人民共和国企业所得税月(季)度预缴纳税申报表(B 类)》，在规定的纳税申报期限内进行纳税申报。

(3) 纳税人于年度终了后，在规定的时限内按照实际经营额或实际应纳税额向税务机关申报纳税，申报额超过核定经营额或应纳税额的，按申报额缴纳税款；申报额低于核定经营额或应纳税额的，按核定经营额或应纳税额缴纳税款。

对违反核定征收规定的行为，按照《中华人民共和国税收征收管理法》及其实施细则的有关规定处理。

四、非居民企业应纳税额的计算

对于在中国境内未设立机构、场所的，或者虽设立机构、场所但取得的所得与其所设机构、场所没有实际联系的非居民企业的所得，按照下列方法计算应纳税所得额。

(1) 股息、红利等权益性投资收益和利息、租金、特许权使用费所得，以收入全额为应纳税所得额。

(2) 转让财产所得，以收入全额减除财产净值后的余额为应纳税所得额。

(3) 其他所得，参照前两项规定的方法计算应纳税所得额。

财产净值是指财产的计税基础减除已经按照规定扣除的折旧、折耗、摊销、准备金等后的余额。

第六节 税 收 优 惠

税收优惠，是指国家对某一部分特定企业和课税对象给予减轻或免除税收负担的一种措施。税法规定的企业所得税的税收优惠方式包括免税、减税、加计扣除、加速折旧、减计收入、税额抵免等。

一、免征与减征优惠

企业的下列所得，可以免征、减征企业所得税。企业如果从事国家限制和禁止发展的项目，不得享受企业所得税优惠。

(一) 从事农、林、牧、渔业项目的所得

企业从事农、林、牧、渔业项目的所得，包括免征和减征两部分。

1. 免征企业所得税的项目

企业从事下列项目的所得，免征企业所得税：

(1) 蔬菜、谷物、薯类、油料、豆类、棉花、麻类、糖料、水果、坚果的种植；

(2) 农作物新品种的选育；

(3) 中药材的种植；

(4) 林木的培育和种植；

(5) 牲畜、家禽的饲养；

(6) 林产品的采集；

(7) 灌溉、农产品初加工、兽医、农技推广、农机作业和维修等农、林、牧、渔业服务项目；

(8) 远洋捕捞。

2. 减半征收企业所得税的项目

企业从事下列项目的所得，减半征收企业所得税：

(1) 花卉、茶以及其他饮料作物和香料作物的种植；

(2) 海水养殖、内陆养殖。

(二) 从事国家重点扶持的公共基础设施项目投资经营的所得

企业所得税法所称“国家重点扶持的公共基础设施项目”，是指《公共基础设施项目企业所得税优惠目录》规定的港口码头、机场、铁路、公路、电力、水利等项目。

企业从事国家重点扶持的公共基础设施项目的投资经营的所得，自项目取得第一笔生产经营收入所属纳税年度起，第1年至第3年免征企业所得税，第4年至第6年减半征收企业所得税。

企业承包经营、承包建设和内部自建自用本条规定的项目，不得享受本条规定的企业所得税优惠。

(三) 从事符合条件的环境保护、节能节水项目的所得

从事环境保护、节能节水项目的所得，自项目取得第一笔生产经营收入所属纳税年度起，第 1 年至第 3 年免征企业所得税，第 4 年至第 6 年减半征收企业所得税。

符合条件的环境保护、节能节水项目，包括公共污水处理、公共垃圾处理、沼气综合开发利用、节能减排技术改造、海水淡化等。项目的具体条件和范围由国务院财政、税务主管部门会同国务院有关部门制定，报国务院批准后公布施行。

但是以上规定中享受减免税优惠的项目，在减免税期限内转让的，受让方自受让之日起，可以在剩余期限内享受规定的减免税优惠；减免税期限届满后转让的，受让方不得就该项目重复享受减免税优惠。

(四) 符合条件的技术转让所得

(1) 企业所得税法所称符合条件的技术转让所得免征、减征企业所得税，是指一个纳税年度内，居民企业转让技术所有权所得不超过 500 万元的部分，免征企业所得税；超过 500 万元的部分，减半征收企业所得税。

(2) 技术转让的范围，包括居民企业转让专利技术、计算机软件著作权、集成电路布图设计权、植物新品种、生物医药新品种、5 年(含)以上非独占许可使用权，以及财政部和国家税务总局确定的其他技术。

(3) 技术转让应签订技术转让合同。其中，境内的技术转让须经省级以上(含省级)科技

部门认定登记，跨境的技术转让须经省级以上(含省级)商务部门认定登记，涉及财政经费支持的技术转让，需省级以上(含省级)科技部门审批。

(4) 居民企业技术出口应由有关部门按照商务部、科技部发布的《中国禁止出口限制出口技术目录》(商务部、科技部令 2008 年第 12 号)进行审查。居民企业取得禁止出口和限制出口技术转让所得，不享受技术转让减免企业所得税优惠政策。

(5) 居民企业从直接或间接持有股权之和达到 100%的关联方取得的技术转让所得，不享受技术转让减免企业所得税优惠政策。

(6) 享受技术转让所得减免企业所得税优惠的企业，应单独计算技术转让所得，并合理分摊企业的期间费用；没有单独计算的，不得享受技术转让所得减免企业所得税优惠。

(7) 企业发生技术转让，应在纳税年度终了后至报送年度纳税申报表以前，向主管税务机关办理减免税备案手续。

二、高新技术企业优惠

(一) 高新技术企业优惠规定

国家需要重点扶持的高新技术企业减按15%的税率征收企业所得税，国家需要重点扶持的高新技术企业，是指拥有核心自主知识产权，并同时符合下列条件的企业。

(1) 企业申请认定时须注册成立 1 年以上。

(2) 企业通过自主研发、受让、受赠、并购等方式，获得对其主要产品(服务)在技术上发挥核心支持作用的知识产权的所有权。

(3) 对企业主要产品(服务)发挥核心支持作用的技术属于《国家重点支持的高新技术领域》规定的范围。

(4) 企业近 3 个会计年度(实际经营期不满 3 年的按实际经营时间计算)的研究开发费用总额占同期销售收入总额的比例符合规定的要求。

(5) 企业从事研发和相关技术创新活动的科技人员占企业当年职工总数的比例不低于 10%。

(6) 近 1 年高新技术产品(服务)收入占企业同期总收入的比例不低于 60%。

(7) 企业创新能力评价应达到相应要求。

(8) 企业申请认定前 1 年内未发生重大安全、重大质量事故或严重环境违法行为。

(二) 高新技术企业境外所得适用税率及税收抵免规定

根据财税〔2011〕47 号规定，自 2010 年 1 月 1 日起，高新技术企业境外所得适用税率及税收抵免有关问题按以下规定执行。

(1) 以境内、境外全部生产经营活动有关的研究开发费用总额、总收入、销售收入总额、高新技术产品(服务)收入等指标申请并经认定的高新技术企业，其来源于境外的所得可以享受高新技术企业所得税优惠政策，即对其来源于境外所得可以按照15%的优惠税率缴纳企业所得税，在计算境外抵免限额时，可按照15%的优惠税率计算境内外应纳税总额。

(2) 上述高新技术企业境外所得税收抵免的其他事项，仍按照财税〔2009〕125 号文件的有关规定执行。

(3) 此处所称高新技术企业，是指依照《中华人民共和国企业所得税法》及其实施条例规定，经认定机构按照《高新技术企业认定管理办法》(国科发火〔2008〕172 号)和《高新技术企业认定管理工作指引》(国科发火〔2008〕362 号)认定取得高新技术企业证书并正在享受企业所得税 15%税率优惠的企业。

(三) 高新技术企业资格复审期间企业所得税预缴规定

根据国家税务总局公告 2011 年第 4 号规定，高新技术企业资格复查结果公示之前企业所得税预缴按以下规定执行：高新技术企业应在资格期满前 3 个月内提出复查申请，在通过复查之前，在其高新技术企业资格有效期内，其当年企业所得税暂按 15%的税率预缴。

(四) 已认定的高新技术企业有下列行为之一的，由认定机构取消其高新技术企业资格

(1) 在申请认定过程中存在严重弄虚作假行为的。

(2) 发生重大安全、重大质量事故或有严重环境违法行为的。

(3) 未按期报告与认定条件有关重大变化情况，或累计两年未填报年度发展情况报表的。

对被取消高新技术企业资格的企业，由认定机构通知税务机关按《税收征收管理法》及有关规定，追缴其自发生上述行为之日起所属年度起已享受的高新技术企业税收优惠。

三、小型微利企业优惠

(一) 小型微利企业认定

小型微利企业，是指企业的全部生产经营活动产生的所得均负有我国企业所得税纳税义务的企业。据财税〔2017〕43 号文中所称，小微企业是指从事国家非限制和禁止行业，并符合下列条件的企业：

(1) 工业企业，年度应纳税所得额不超过50万元，从业人数不超过100人，资产总额不超过3 000万元；

(2) 其他企业，年度应纳税所得额不超过50万元，从业人数不超过80人，资产总额不超过1 000万元。

上文所称从业人数，包括与企业建立劳动关系的职工人数和企业接受的劳务派遣用工人数，仅就来源于我国所得负有纳税义务的非居民企业不适用上述规定。

(二) 小型微利企业优惠政策

自2019年1月1日至2021年12月31日，对小型微利企业应纳税额所得额不超过100万元的部分，减按25%计入应纳税所得额，按20%的税率缴纳企业所得税；对年应纳税所得额超过100万元但不超过300万元的部分，减按50%计入应纳税所得额，按20%税率缴纳企业所得税。

上述小型微利企业是指从事国家非限制和禁止行业，且同时符合年度应纳税所得额不超过30万元、从业人数不超过300人、资产总额不超过5 000万元3个条件的企业。

从业人数，包括与企业建立劳动关系的职工人数和企业接受的劳务派遣用工人数。

四、加计扣除优惠

加计扣除是指在对企业支出项目按规定给予税前扣除的基础上再给予的追加扣除。加计扣除优惠包括以下 3 项内容。

(一) 一般企业研究开发费

研究开发费自2018年至2020年12月31日，未形成无形资产计入当期损益的，在按照规定据实扣除的基础上，按照研究开发费用的75%加计扣除；形成无形资产的，按照无形资产成本的175%摊销。

从 2017 年 1 月 1 日起，可以加计扣除的研究开发费按照下列相关规定执行。

(1) 人员人工费用。人员人工费用指直接从事研发活动人员的工资薪金、基本养老保险费、基本医疗保险费、失业保险费、工伤保险费、生育保险费和住房公积金，以及外聘研发人员的劳务费用。

(2) 直接投入费用。直接投入费用指研发活动直接消耗的材料、燃料和动力费用；用于中间试验和产品试制的模具、工艺装备开发及制造费，不构成固定资产的样品、样机及一般测试手段购置费；用于研发活动的仪器、设备的运行维护、调整、检修、维修等费用，以及通过经营租赁方式租入的用于研发活动的仪器、设备租赁费等。

(3) 折旧费用。折旧费用指用于研发活动的仪器、设备的折旧费。

(4) 无形资产摊销费用。无形资产摊销费用指用于研发活动的软件、专利权、非专利技术(包括许可证、专有技术、设计和计算方法等)的摊销费用。

(5) 新产品设计费、新工艺规程制定、新药研制的临床试验、勘探开发技术的现场试验过程中发生的与开展该项活动有关的各类费用。

(6) 其他相关费用。其他相关费用指与研发活动直接相关的其他费用，如技术图书资料费，资料翻译费，专家咨询费，高新技术研发保险费，研发成果的检索、分析、评议、论证、鉴定、评审、评估、验收费用，知识产权的申请费、注册费、代理费、差旅费、会议费、职工福利费、补充养老保险费、补充医疗保险费。

此类费用总额不得超过可以加计扣除研发费用总额的 10%。

(二) 高科技型中小企业研究开发费用

科技型中小企业开展研发活动中实际发生的研发费用，未形成无形资产计入当期损益的，在按规定据实扣除的基础上，在 2017 年 1 月 1 日至 2019 年 12 月 31 日期间，再按照实际发生额的 75%在税前加计扣除；形成无形资产的，在上述期间按照无形资产成本的 175%在税前摊销。

(三) 企业安置残疾人员所支付的工资

企业安置残疾人员所支付工资费用的加计扣除，是指企业安置残疾人员的，在按照支付给残疾职工工资据实扣除的基础上，按照支付给残疾职工工资的100%加计扣除。残疾人员的范围适用《中华人民共和国残疾人保障法》的有关规定。企业安置国家鼓励安置的其他就业人员所支付的工资的加计扣除办法，由国务院另行规定。

五、创投企业优惠

创投企业优惠，是指创业投资企业采取股权投资方式投资于未上市的中小高新技术企业2年以上的，可以按照其投资额的70%在股权持有满2年的当年抵扣该创业投资企业的应纳税所得额；当年不足抵扣的，可以在以后纳税年度结转抵扣。

创业投资企业从事国家需要重点扶持和鼓励的创业投资，可以按投资额的一定比例抵扣应纳税所得额。

六、加速折旧优惠

企业的固定资产由于技术进步等原因，确需加速折旧的，可以缩短折旧年限或者采取加速折旧的方法。可采用以上折旧方法的固定资产是指：

(1) 由于技术进步，产品更新换代较快的固定资产；

(2) 常年处于强震动、高腐蚀状态的固定资产。

采取缩短折旧年限方法的，最低折旧年限不得低于规定折旧年限的60%；采取加速折旧方法的，可以采取双倍余额递减法或者年数总和法。

七、减计收入优惠

企业综合利用资源，生产符合国家产业政策规定的产品所取得的收入，可以在计算应纳税所得额时减计收入。

综合利用资源，是指企业以《资源综合利用企业所得税优惠目录》规定的资源作为主要原材料，生产国家非限制和禁止并符合国家和行业相关标准的产品取得的收入，减按90%计入收入总额。

上述所称原材料占生产产品材料的比例不得低于《资源综合利用企业所得税优惠目录》规定的标准。

八、税额抵免优惠

税额抵免，是指企业购置并实际使用《环境保护专用设备企业所得税优惠目录》《节能节水专用设备企业所得税优惠目录》和《安全生产专用设备企业所得税优惠目录》规定的环境保护、节能节水、安全生产等专用设备的，该专用设备的投资额的10%可以从企业当年的应纳税额中抵免；当年不足抵免的，可以在以后5个纳税年度结转抵免。

享受前款规定的企业所得税优惠的企业，应当实际购置并自身实际投入使用前款规定的专用设备；企业购置上述专用设备在5年内转让、出租的，应当停止享受企业所得税优惠，并补缴已经抵免的企业所得税税款。转让的受让方可以按照该专用设备投资额的10%抵免当年企业所得税应纳税额；当年应纳税额不足抵免的，可以在以后5个纳税年度结转抵免。

企业同时从事适用不同企业所得税待遇的项目的，其优惠项目应当单独计算所得，并合理分摊企业的期间费用；没有单独计算的，不得享受企业所得税优惠。

自2009年1月1日起，增值税一般纳税人购进固定资产发生的进项税额可从其销项税额中抵扣。如增值税进项税额允许抵扣，其专用设备投资额不再包括增值税进项税额；如增值税进项税额不允许抵扣，其专用设备投资额应为增值税专用发票上注明的价税合计金额。企业购买专用设备取得普通发票的，其专用设备投资额为普通发票上注明的金额。

九、民族自治地方的优惠

民族自治地方的自治机关对本民族自治地方的企业应缴纳的企业所得税中属于地方分享的部分，可以决定减征或者免征。自治州、自治县决定减征或者免征的，须报省、自治区、直辖市人民政府批准。

企业所得税法所称民族自治地方，是指依照《中华人民共和国民族区域自治法》的规定，实行民族区域自治的自治区、自治州、自治县。

对民族自治地方内国家限制和禁止行业的企业，不得减征或者免征企业所得税。

民族自治地方在新税法实施前已经按照《财政部、国家税务总局、海关总署关于西部大开发税收优惠政策问题的通知》(财税〔2001〕202 号)第二条第 2 款有关减免税规定批准享受减免企业所得税(包括减免中央分享企业所得税的部分)的，自 2008 年 1 月 1 日起计算，对减免税期限在 5 年以内(含 5 年)的，继续执行至期满后停止；对减免税期限超过 5 年的，从第 6 年起按新税法第二十九条规定执行。

十、非居民企业优惠

非居民企业减按10%的税率征收企业所得税。这里的非居民企业，是指在中国境内未设立机构、场所的，或者虽设立机构、场所但取得的所得与其所设机构、场所没有实际联系的企业。该类非居民取得下列所得免征企业所得税。

(1) 外国政府向中国政府提供贷款取得的利息所得。

(2) 国际金融组织向中国政府和居民企业提供优惠贷款取得的利息所得。

(3) 经国务院批准的其他所得。

十一、特殊行业优惠

(一) 关于鼓励软件产业和集成电路产业发展的优惠政策

软件生产企业实行增值税即征即退政策所退还的税款，由企业用于研究开发软件产品和扩大再生产，不作为企业所得税应税收入，不予征收企业所得税。

我国境内新办符合条件的软件生产企业经认定后，自获利年度起，第 1 年和第 2 年免征企业所得税，第 3 年至第 5 年减半征收企业所得税。

国家规划布局内的重点软件生产企业，当年未享受免税优惠的，可减按10%的税率征收企业所得税。集成电路设计企业视同软件企业，享受上述软件企业的有关企业所得税政策。

(二) 关于鼓励证券投资基金发展的优惠政策

(1) 对证券投资基金从证券市场中取得的收入，包括买卖股票、债券的差价收入，股权的股息、红利收入，债券的利息收入及其他收入，暂不征收企业所得税。

(2) 对投资者从证券投资基金分配中取得的收入，暂不征收企业所得税。

(3) 对证券投资基金管理人运用基金买卖股票、债券的差价收入，暂不征收企业所得税。

(三) 节能服务公司的优惠政策

自 2011 年 1 月 1 日起，对符合条件的节能服务公司实施合同能源管理项目，符合企业所得税税法有关规定的，自项目取得第一笔生产经营收入所属纳税年度起，第 1 年至第 3 年免征企业所得税，第 4 年至第 6 年按照 25%的法定税率减半征收企业所得税。

十二、其他优惠

为了新旧企业所得税法的顺利衔接，新企业所得税法做了明确的过渡规定，即新企业所得税法公布前(2007 年 3 月 16 日)已经批准设立(已经完成工商登记注册)的企业，依照当时的税收法律、行政法规规定，享受低税率优惠的，按照国务院规定，可以在新企业所得税法施行后 5 年内，逐步过渡到新企业所得税法规定的税率；享受定期减免税优惠的，按照国务院规定，可以在新企业所得税法施行后继续享受到期满为止，但因未获利而尚未享受优惠的，优惠期限从 2008 年度起计算，具体规定如下。

(一) 低税率优惠过渡政策

自 2008 年 1 月 1 日起，原享受低税率优惠政策的企业，在新税法施行后 5 年内逐步过渡到法定税率。其中享受企业所得税 15%税率的企业，2008 年按 18%税率执行；2009 年按 20%税率执行；2010 年按 22%税率执行；2011 年按 24%税率执行；2012 年按 25%税率执行。原执行 24%税率的企业，2008 年起按 25%税率执行。

(二) “两免三减半”“五免五减半”过渡政策

自 2008 年 1 月 1 日起，原享受企业所得税“两免三减半”“五免五减半”等定期减免税优惠的企业，新税法施行后继续按原税收法律、行政法规及相关文件规定的优惠办法及年限享受至期满为止，但因未获利而尚未享受税收优惠的，其优惠期限从 2008 年度起计算。

(三) 西部大开发的税收优惠

根据国务院实施西部大开发有关文件精神，财政部、国家税务总局和海关总署联合下发的《关于西部大开发税收优惠政策问题的通知》(财税〔2001〕202 号)中规定的西部大开发企业所得税优惠政策继续执行。

(四) 其他事项

(1) 享受企业所得税过渡优惠政策的企业，应按照新税法和实施条例中有关收入和扣除的规定计算应纳税所得额。

(2) 企业所得税过渡优惠政策与新税法及实施条例规定的优惠政策存在交叉的，由企业选择最优惠的政策执行，不得叠加享受，且一经选择，不得改变。

(3) 法律设置的发展对外经济合作和技术交流的特定地区内，以及国务院已规定执行地区特殊政策的地区内新设立的国家需要重点扶持的高新技术企业，可以享受过渡性税收优惠，具体办法由国务院规定。

(4) 国家已确定的其他鼓励类企业，可以按照国务院规定享受减免税优惠。

(5) 对企业取得的2009年、2010年和2011年发行的地方政府债券利息所得，免征企业所得税。地方政府债券是指经国务院批准，以省、自治区、直辖市和计划单列市政府为发行和偿还主体的债券。

(6) 对企业持有 2011—2013 年发行的中国铁路建设债券取得的利息收入，减半征收企业所得税。

第七节 企业所得税的征收管理

一、纳税期限

企业所得税按年计征，分月或者分季预缴，年终汇算清缴，多退少补。

企业所得税的纳税年度，自公历1月1日起至12月31日止，企业在一个纳税年度的中间开业，或者由于合并、关闭等原因终止经营活动，使该纳税年度的实际经营期不足12 个月的，应当以其实际经营期为 1 个纳税年度。企业清算时，应当以清算期间作为 1 个纳税年度。

企业分月或分季预缴所得税时，应当按照月度或季度的实际利润额预缴；按照月度或季度的实际利润预缴有困难的，可以按照上一纳税年度应纳税所得额的月度或季度平均额预缴，或者按照经税务机关认可的其他方法预缴。预缴方法一旦确定，该纳税年度内不得随意变更。

企业自年度终了之日起5个月内，向税务机关报送年度企业所得税纳税申报表，并汇算清缴，结清应缴应退税款。

企业在年度中间终止经营活动的，应当自实际经营终止之日起 60 日内，向税务机关办理当期企业所得税汇算清缴。

二、纳税地点

(1) 除税收法律、行政法规另有规定外，居民企业以企业登记注册地为纳税地点；但登记注册地在境外的，以实际管理机构所在地为纳税地点。企业注册登记地是指企业依照国家有关规定登记注册的住所地。

(2) 居民企业在中国境内设立不具有法人资格的营业机构的，应当汇总计算并缴纳企业所得税。

(3) 非居民企业在中国境内设立机构、场所的，应当就其所设机构、场所取得的来源于中国境内的所得，以及发生在中国境外但与其所设机构、场所有实际联系的所得，以机构、场所所在地为纳税地点。

非居民企业在中国境内设立两个或者两个以上机构、场所的，经税务机关审核批准，可以选择由其主要机构、场所汇总缴纳企业所得税。这里的“机构、场所”应当同时符合两个条件：

① 对其他各机构、场所的生产经营活动负有监督管理责任；

② 设有完整的账簿、凭证，能够准确反映各机构、场所的收入、成本、费用和盈亏情况。

(4) 非居民企业在中国境内未设立机构、场所的，或者虽设立机构、场所，但取得的所得与其所设机构、场所没有实际联系的，以扣缴义务人所在地为纳税地点。

(5) 除国务院另有规定外，企业之间不得合并缴纳企业所得税。

三、纳税申报

企业所得税分月或分季预缴，由税务机关具体规定。企业应当自月份或者季度终了之日起 15 日内，向税务机关报送预缴企业所得税纳税申报表，并预缴税款。企业在报送企业所得税纳税申报表时，应当按照规定附送财务会计报告和其他有关资料。

企业在纳税年度内无论盈利或者亏损，都应当依照企业所得税法第五十四条规定的期限，向税务机关报送预缴企业所得税纳税申报表、年度企业所得税纳税申报表、财务会计报告和税务机关规定应当报送的其他有关资料。

企业所得以人民币以外的货币计算的，在预缴企业所得税时应当按照月度或季度最后一日的人民币汇率中间价，折合成人民币计算应纳税所得额。年度终了汇算清缴时，对已经按照月度或季度预缴税款的不再重新折合计算，只就该纳税年度内未缴纳企业所得税的部分，按照纳税年度最后一日的人民币汇率中间价，折合成人民币计算应纳税所得额。

课后习题

一、单项选择题

1. 根据企业所得税法的规定，下列关于居民企业和非居民企业的说法，正确的是(　　)。

A. 在境外成立的企业都是非居民企业

B. 只有依照中国法律成立的企业才是居民企业

C. 依照外国法律成立，实际管理机构在中国境内的企业是非居民企业

D. 在中国境内设立机构且在境外成立，其实际管理机构不在中国境内的企业是非居民企业

2. 一家法国企业在中国境内未设立机构、场所，其取得的来源于中国境内的所得按(　　)的税率征收企业所得税。

A. 10%　　B. 20%　　C. 15%　　D. 25%

3. 以经营租赁方式租入固定资产发生的租赁费支出，按照(　　)扣除。

A. 实际支付数　　B. 租赁期限均匀

C. 应当提取折旧费用　　D. 当期应付租赁费

4. 根据税法规定，纳税人的下列各项中，计算应纳税所得额时准予按一定比例扣除的

公益、救济性捐赠是(　　)。

A. 纳税人直接向某学校的捐赠
B. 纳税人通过企业向自然灾害地区的捐赠
C. 纳税人通过电视台向灾区的捐赠
D. 纳税人通过县级以上民政部门向贫困地区的捐赠

5. 下列各项中，可以作为业务招待费税前扣除限额计提基数的是(　　)。
A. 转让无形资产使用权的收入
B. 因债权人原因确实无法支付的应付款项
C. 转让无形资产所有权的收入
D. 处置固定资产净收益

6. 在计算企业所得税应纳税所得额时，下列项目准予扣除的是(　　)。
A. 经济合同的违约金支出
B. 各项税收滞纳金支出
C. 罚金支出
D. 非广告性质的赞助支出

二、多项选择题

1. 根据企业所得税的相关规定，下列收入中应计入企业所得应税收入的有(　　)。
A. 汇兑收益　　B. 补贴收入
C. 接受捐赠的固定收入　　D. 确实无法偿付的应付款项

2. 下列企业和公司中属于非居民企业的有(　　)。
A. 在日本取得租赁费收入的美国企业
B. 在中国香港地区注册的企业设在厦门的分公司
C. 在北京注册的企业在上海市设立的分公司
D. 在中国北京取得专利权使用费的美国某企业

3. 下列各项中，属于企业所得税法所称视同销售的有(　　)。
A. 将自产产品用于在建工程
B. 将自产产品用于管理机构
C. 将自产产品用于抵偿债务
D. 将自产产品用于职工福利

4. 在计算应纳税所得额时，下列税金不得从收入总额中扣除的有(　　)。
A. 土地增值税　　B. 增值税　　C. 企业所得税　　D. 契税

5. 允许结转以后年度于企业所得税税前扣除的费用有(　　)。
A. 业务招待费　　B. 职工教育经费　　C. 广告费　　D. 业务宣传费

6. 下列情况中属于企业内部处置资产，不需缴纳企业所得税的有(　　)。
A. 将资产用于市场推广
B. 将资产用于交际应酬
C. 将资产用于加工另一产品
D. 将自建商品房转为自用

三、综合题

某市生产企业为增值税一般纳税人，为居民企业。2019 年度发生相关业务如下。

(1) 销售产品取得不含税销售额 8 000 万元，债券利息收入 240 万元(其中国债利息收入 30 万元)；应扣除的销售成本 5 100 万元，缴纳增值税 600 万元、城市维护建设税及教育费附加 72 万元。

(2) 发生销售费用 1 400 万元，其中广告费用 800 万元、业务宣传费用 450 万元；发生财务费用 200 万元，其中向某企业支付流动资金周转借款 2 000 万元，一年的借款利息 160 万元(同期银行贷款利率为 6%)；发生管理费用 1 100 万元，其中用于新产品、新工艺研制而实际支出的研究开发费 400 万元。

(3) 2017 年度、2018 年度经税务机关确认的亏损额分别为 70 万元和 40 万元。

(4) 2015 年度在 A、B 两国分别设立两个全资子工资，其中在 A 国设立甲公司，在 B 国设立乙公司。2019 年甲公司亏损 30 万美元，乙公司应纳税所得额 50 万美元。乙公司在 B 国按 20%的税率缴纳了所得税。

(说明：该企业要求其全资子公司税后利润全部汇回；1 美元≈7 元人民币)

要求：根据所给资料，回答下列问题。

(1) 计算应纳税所得额时准予扣除的销售费用。

(2) 计算应纳税所得额时准予扣除的财务费用。

(3) 计算 2019 年境内应纳税所得额。

(4) 计算从 A 国分回的境外所得应予抵免的税额。

(5) 计算从 B 国分回的境外所得应予抵免的税额。

(6) 计算 2019 年度实际应缴纳的企业所得税。

第六章

个人所得税法

【学习要点】

本章主要介绍了个人所得税的基础知识和我国个人所得税法的相关规定。通过学习，应了解个人所得税的概念和特点；熟悉个人所得税的征收管理；掌握个人所得税的纳税人、征税对象、各类应税所得计税依据的确定和应纳税额的计算。

第一节　个人所得税概述

一、个人所得税的概念

个人所得税是以自然人取得的各类应税所得为征税对象而征收的一种所得税，是目前世界各国普遍征收的一个税种。作为征税对象的个人所得，有狭义和广义之分。狭义的个人所得，仅限于每年经常、反复发生的所得。广义的个人所得，是个人通过各种来源获得的一切收益。目前，包括我国在内的世界各国实行的个人所得税，都是针对广义上的所得而征税。

二、我国个人所得税的特点

1. 实行混合所得税制

世界各国的个人所得税制大体分为 3 种类型：分类所得税制、综合所得税制和混合所得税制。分类税制是将个人各种来源不同、性质各异的所得进行分类，分别扣除不同的费用，适用不同的税率课税。综合税制是就纳税人全年全部所得，在减除法定的生计扣除和成本费用扣除后的余额，适用超额累进税率或比例税率征税。混合所得税制，是由分类所得税和综合所得税合并而成的一种税收制度，即可以在目前所得分类的基础上，先以源泉预扣方法分别采取不同的税率征收分类税，纳税年度结束后，由纳税人申报全年综合各项所得，由税务机关核定，统一按规定的累进税率计算应纳税额，并对年度已纳税做出调整，多退少补。目前，我国个人所得税已初步建立分类与综合相结合的征收模式，即混合所得税制。

2. 实行超额累进税率和比例税率两种税率形式

分类所得税制一般采用比例税率，综合所得税制通常采用累进税率。我国现行的个人所得税制根据所得性质的不同，适用不同的税率。比例税率计算简便，便于实行源泉扣缴；累进税率可以合理调节收入分配，体现公平。我国现行个人所得税根据各类个人所得的不同性质和特点，将这两种形式的税率综合运用于个人所得税制。其中，综合所得和经营所得适用超额累进税率，其他项目的所得适用比例税率。

3. 实行不同的费用扣除标准

各国的个人所得税均有费用扣除的规定，只是扣除的方法和额度不尽相同。

我国现行的个人所得税制本着费用扣除从宽、从简的原则，费用扣除形式主要包括定额扣除、定率扣除、会计核算扣除和无费用扣除 4 种形式。

4. 实行全员全额扣缴申报和自行申报两种征税方式

现行的个人所得税在纳税申报方式上采用全员全额扣缴申报和纳税人自行申报两种方法。全员全额扣缴申报，是指扣缴义务人应当在代扣税款的次月十五日内，向主管税务机关报送其支付所得的所有个人的有关信息、支付所得额、扣除事项和数额、扣缴税款的具体数额和总额，以及其他相关涉税信息资料。自行申报，是由纳税人自行在税法规定的纳税期限内，向税务机关申报取得的应税所得项目和数额，如实填写个人所得税纳税申报表，并按照税法规定计算应纳税额，据此缴纳个人所得税。

三、个人所得税的产生和发展

个人所得税于 1799 年首创于英国，经过两个多世纪的发展和完善，它已经成为世界各国普遍开征的一个税种，甚至是一些国家最主要的税收来源。个人所得税在组织政府财政收入、调节收入分配、创建公平和谐社会等方面越来越凸显出重要作用，在国际上享有“经济内在调节器”和“社会减压阀”的美誉。

我国的个人所得税征收历史比较短，1950 年在国务院颁布的《全国税政实施要则》中列有薪给报酬所得税和存款利息所得税，前者因为不具备开征的条件一直未开征，后者在 1959 年因政府降低存款利率而被取消。1980 年 9 月，第五届全国人大第三次会议通过的《中华人民共和国个人所得税法》，正式确立了个人所得税，主要适用于中国境内的外籍人员。1986 年，国务院发布了《中华人民共和国城乡个体工商业户所得税暂行条例》和《中华人民共和国个人收入调节税暂行条例》，对个体工商业户和国内公民征收所得税。1993 年 10 月，第八届全国人大常务委员会第四次会议通过了对个人所得税法的第一次修订，将个人所得税与个体工商业户、个人收入调节税合并，设置了统一的个人所得税。多年来通过了 6 次修改，目前适用的《中华人民共和国个人所得税法》(以下简称《个人所得税法》)于 2018 年 8 月 31 日由第十届全国人民代表大会常务委员会第五次会议修改通过并公布，自 2019 年 1 月 1 日起施行。

第二节　纳税义务人与所得来源地

一、纳税义务人

个人所得税的纳税义务人，包括中国公民、个体工商户、个人独资企业、合伙企业投资者、港澳台同胞和在中国有所得的外籍人员(包括无国籍人员)。

参照国际惯例，我国个人所得税按照属地原则和属人原则来确定税收管辖权，并按照住所和居住时间的标准，将上述纳税义务人区分为居民纳税人和非居民纳税人，分别承担不同的纳税义务。

(一) 居民纳税义务人及其纳税义务

居民纳税义务人是指在中国境内有住所，或者无住所而在中国境内居住累计满 183 天的个人。

所谓在中国境内有住所的个人，是指因户籍、家庭、经济利益关系，而在中国境内习惯性居住的个人。这里所说的习惯性居住，是判定纳税义务人属于居民还是非居民的一个重要依据。它是指个人因学习、工作、探亲等原因消除之后，没有理由在其他地方继续居留时，所要回到的地方，而不是指实际居住或在某一个特定时期内的居住地。

所谓在境内居住累计满 183 天，是指在一个纳税年度(即公历 1 月 1 日起至 12 月 31 日止，下同)内，在中国境内居住累计满 183 天。在计算居住天数时，按其一个纳税年度在境内的实际居住天数，即境内无住所的个人在一个纳税年度内无论出境多少次，只要在我国境内累计住满 183 天，即可判定为我国的居民纳税人。根据此规定，我国个人所得税的居民纳税人包括：

(1) 在中国境内定居的中国公民和外国侨民，但不包括虽有中国国籍，却并没有在中国大陆定居，而是侨居海外的华侨和居住在中国香港地区、中国澳门地区、中国台湾地区的同胞；

(2) 从公历 1 月 1 日起至 12 月 31 日止，在中国境内累计居住满 183 天的外国人、海外侨胞和中国香港地区、中国澳门地区、中国台湾地区的同胞。

现行税法中关于“中国境内”的概念，是指中国大陆地区，目前还不包括中国香港地区、中国澳门地区和中国台湾地区。

居民纳税义务人负有无限纳税义务，应就其来源于中国境内、境外的全部所得缴纳个人所得税。

(二) 非居民纳税义务人及其纳税义务

非居民纳税义务人，是指不符合居民纳税义务人判定标准(条件)的纳税义务人，即在中国境内无住所又不居住或者无住所而在境内居住累计不满 183 天的个人。非居民纳税义务人，实际上只能是在一个纳税年度内，没有在中国境内居住，或者在中国境内居住累计不满 183 天的外籍人员、华侨或中国香港地区、中国澳门地区、中国台湾地区的同胞。

非居民纳税义务人承担有限纳税义务，即仅就其来源于中国境内的所得，向中国缴纳个人所得税。

自 2019 年 1 月 1 日起，无住所个人一个纳税年度在中国境内累计居住天数，按照个人在中国境内累计停留的天数计算。在中国境内停留的当天满 24 小时的，计入中国境内居住天数，在中国境内停留当天不足 24 小时的，不计入中国境内居住天数。

二、所得来源地

划分居民纳税人和非居民纳税人的主要目的在于明确二者的纳税义务，居民纳税人承担无限纳税义务，要就其来源于中国境内、境外的所得纳税；而非居民纳税人承担有限纳税义务，仅就其来源于中国境内的所得纳税。那么，对于非居民纳税人而言，判断其所得来源地就显得非常重要。

1. 所得来源地的确定方法

所得来源地的确定应反映经济活动的实质，方便税务机关实行有效征管。其具体确定办法如下。

(1) 工资、薪金所得，以纳税人任职、受雇公司、企业、事业单位、机关、团体、部队、学校等单位的所在地作为所得来源地。

(2) 生产、经营所得，以生产、经营活动实现地作为所得来源地。

(3) 劳务报酬所得，以纳税人实际提供劳务的地点作为所得来源地。

(4) 不动产转让所得，以不动产坐落地为所得来源地；动产转让所得，以实现转让的地点为所得来源地。

(5) 财产租赁所得，以被租赁财产的使用地作为所得来源地。

(6) 利息、股息、红利所得，以支付利息、股息、红利的企业、机构、组织的所在地作为所得来源地。

(7) 特许权使用费所得，以特许权的使用地作为所得来源地。

2. 关于境内所得的规定

所得的来源地与所得的支付地并不是同一概念，有时两者一致，有时却是不相同的。下列所得，不论支付地点是否在中国境内，均为来源于中国境内的所得：

(1) 因任职、受雇、履约等而在中国境内提供劳务的所得；

(2) 将财产出租给承租人在中国境内使用而取得的所得；

(3) 转让中国境内的建筑物、土地使用权等财产或者在中国境内转让其他财产取得的所得；

(4) 许可各种特许权在中国境内使用而取得的所得；

(5) 从中国境内的公司、企业以及其他经济组织或个人取得的利息、股息、红利所得。

第三节　个人所得税的征税范围

居民个人取得下列第一项至第四项所得(以下称综合所得)，按纳税年度合并计算个人所得税；非居民个人取得下列第一项至第四项所得，按月或者按次分项计算个人所得税。纳税人取得下列第五项至第九项所得，分别计算个人所得税。

一、工资、薪金所得

工资、薪金所得，是指个人因任职或者受雇而取得的工资、薪金、奖金、年终加薪、劳动分红、津贴、补贴以及与任职或者受雇有关的其他所得。

一般来说，工资、薪金所得属于非独立个人劳动所得。所谓非独立个人劳动，是指个人所从事的是由他人指定、安排并接受管理的劳动。工作或服务于公司、工厂、行政或事业单位的人员(私营企业主除外)均为非独立劳动者。他们从上述单位取得的劳动报酬，是以工资、薪金的形式体现的。

除工资、薪金以外，奖金、年终加薪、劳动分红、津贴、补贴也被确定为工资、薪金范畴。其中，年终加薪、劳动分红不分种类和取得情况，一律按工资、薪金所得课税，但有些不属于工资、薪金性质的补贴、津贴或者不属于纳税人本人工资、薪金所得项目的收入，不予征税。这些项目包括：

(1) 独生子女补贴；

(2) 执行公务员工资制度未纳入基本工资总额的补贴、津贴差额和家属成员的副食品补贴；

(3) 托儿补助费；

(4) 差旅费津贴、误餐补助；

(5) 外国来华留学生，领取的生活津贴费、奖学金，不属于工资、薪金范畴，不计征个人所得税。

二、劳务报酬所得

劳务报酬所得，是指个人从事设计、装潢、安装、制图、化验、测试、医疗、法律、会计、咨询、讲学、新闻、广播、翻译、审稿、书画、雕刻、影视、录音、录像、演出、表演、广告、展览、技术服务、介绍服务、经纪服务、代办服务以及其他劳务取得的所得。

个人担任公司董事、监事，且不在公司任职、受雇的，其取得的董事费收入属于劳务报酬所得性质，按照劳务报酬项目计算个人所得税。个人在公司(包括关联公司)任职、受雇，同时兼任董事、监事的，应将董事费、监事费与个人工资收入合并，统一按照工资、薪金所得项目计征个人所得税。

对商品营销活动中，企业和单位对其营销业绩突出的非雇员以培训班、研讨会、工作考察等名义组织旅游活动，通过免收差旅费、旅游费对个人实行的营销业绩奖励(包括实物、有价证券等)，应根据所发生的费用全额作为该营销人员当期的劳务收入，按照“劳务报酬所得”项目征收个人所得税，并由提供上述费用的企业代扣代缴。

三、稿酬所得

稿酬所得，是指个人因其作品以图书、报刊形式出版、发表而取得的所得。不以图书、报刊形式出版、发表的翻译、审稿、书画所得归为劳务报酬所得。

四、特许权使用费所得

特许权使用费所得，是指个人提供专利权、商标权、著作权、非专利技术以及其他特许权的使用权取得的所得。提供著作权的使用权取得的所得，不包括稿酬所得。专利权，是由国家专利主管机关依法授予专利申请人或其继承人在一定期间内实施其发明创造的专有权。对于专利权，许多国家只将提供他人使用取得的所得，列入特许权使用费，而将转让专利权所得列入资本利得税的征税对象。我国没有开征资本利得税。因此，在我国，将个人提供和转让专利取得的所得，都列入特许权使用费所得计征个人所得税。商标权，即商标注册人享有的商标专用权。著作权，即版权，是作者依法对文学、艺术和科学作品享有的专有权。

五、经营所得

个人所得税法中经营所得包括：

(1) 个体工商户从事生产、经营活动取得的所得，个人独资企业投资人、合伙企业的个人合伙人来源于境内注册的个人独资企业、合伙企业生产、经营的所得；

(2) 个人依法从事办学、医疗、咨询以及其他有偿服务活动取得的所得；

(3) 个人对企业、事业单位承包经营、承租经营以及转包、转租取得的所得；

(4) 个人从事其他生产、经营活动取得的所得。

个人因从事彩票代销业务而取得的所得；或者从事个体出租车运营的出租车驾驶员取得的收入，都应按照“经营所得”项目计征个人所得税。这里的从事个体出租车运营，包括出租车属个人所有，但挂靠出租汽车经营单位或者企事业单位，驾驶员向挂靠单位缴纳管理费的，或出租汽车经营单位将出租车所有权转移给驾驶员的。

个体工商户和从事生产、经营的个人，取得与生产、经营活动无关的其他各项应税所得，应分别按照其他应税项目的有关规定，计算征收个人所得税。

个人独资企业、合伙企业的个人投资者以企业资金为本人、家庭成员及其相关人员支付与企业生产经营无关的消费性支出及购买汽车、住房等财产性支出，视为企业对个人投资者的利润分配，并入投资者个人的生产经营所得，依照“经营所得”项目计征个人所得税。

六、利息、股息、红利所得

利息、股息、红利所得，是指个人拥有债权、股权而取得的利息、股息、红利所得。利息，是指个人拥有债权而取得的利息，包括存款利息、贷款利息和各种债券的利息。按税法规定，个人取得的利息所得，除国债和国家发行的金融债券利息外，应当依法缴纳个人所得税；股息是指个人拥有股权而取得的公司、企业按照一定的比率派发的每股息金；红利是指个人拥有股权而取得的公司、企业按股派发的、超过股息部分的利润。

除个人独资企业、合伙企业以外的其他企业的个人投资者，以企业资金为本人、家庭成员及其相关人员支付与企业生产经营无关的消费型支出及购买汽车、住房等财产性支出，视为企业对个人投资者的红利分配，依照利息、股息、红利所得计征个人所得税。

纳税年度内个人投资者从其投资企业(个人独资企业、合伙企业除外)借款，在该纳税年度终了后既不归还又未用于企业生产经营的，其未归还的借款可视为企业对个人投资者的红利分配，依照利息、股息、红利所得计征个人所得税。

七、财产租赁所得

财产租赁所得，是指个人出租不动产、机器设备、车船以及其他财产取得的所得。个人取得的财产转租收入，属于“财产租赁所得”的征税范围，由财产转租人缴纳个人所得税。

八、财产转让所得

财产转让所得，是指个人转让有价证券、股权、不动产、机器设备、车船以及其他财产取得的所得。

目前，我国对股票转让所得暂免征收个人所得税。

集体所有制企业在改制为股份合作企业时，对职工个人以股份形式取得的拥有所有权的企业量化资产，暂缓征收个人所得税；待个人将股份转让时，就其转让收入额，减除个人在取得该股份时实际支付的费用支出和合理转让费用后的余额，按“财产转让所得”项目计征个人所得税。

九、偶然所得

偶然所得，是指个人得奖、中奖、中彩以及其他偶然性质的所得。其中，得奖是指参加各种有奖竞赛活动，取得名次得到的奖金；中奖、中彩是指参加各种有奖活动，如有奖销售、有奖储蓄，或者购买彩票，经过规定程序，抽中、摇中号码而取得的奖金。个人因参加企业的有奖销售活动而取得的赠品，也应按“偶然所得”项目计征个人所得税。偶然所得应缴纳的个人所得税税款，一律由发奖单位或机构代扣代缴。

第四节　个人所得税的税率

我国个人所得税采用超额累进税率和比例税率两种形式。超额累进税率适用于综合所得和生产经营所得以及对企事业单位的承包、承租经营所得；比例税率则适用于上述几类所得之外的其他各类所得。不同的税目适用不同的税率。

一、综合所得适用税率

综合所得适用七级超额累进税率，税率为3%～45%(见表6-1)。

居民个人每一纳税年度内取得的综合所得包括工资、薪金所得，劳务报酬所得，稿酬所得和特许权使用费所得。

表6-1　综合所得个人所得税税率表

级数	全年应纳税所得额	税率/%
1	不超过36 000元的部分	3
2	超过36 000～144 000元的部分	10
3	超过144 000～300 000元的部分	20
4	超过300 000～420 000元的部分	25
5	超过420 000～660 000元的部分	30
6	超过660 000～960 000元的部分	35
7	超过960 000元的部分	45

二、经营所得适用税率

经营所得适用 5%～35%的五级超额累进税率(见表 6-2)。

表6-2　经营所得个人所得税税率表

级数	全年应纳税所得额	税率/%
1	不超过 30 000 元的部分	5
2	超过 30 000～90 000 元的部分	10
3	超过 90 000～300 000 元的部分	20
4	超过 300 000～500 000 元的部分	30
5	超过 500 000 元的部分	35

注：本表所称全年应纳税所得额是指根据《个人所得税法》第六条的规定，以每一纳税年度的收入总额减除成本、费用及损失后的余额。

这里值得注意的是，对企事业单位实行承包、承租经营的，按照以下规定执行。

(1) 承包、承租人对企业经营成果不拥有所有权，仅是按合同(协议)规定取得一定所得的，其所得按“工资、薪金所得”项目征税，纳入年度综合所得，适用 3%～45%的七级超额累进税率。(见表 6-1)

(2) 承包、承租人按合同(协议)的规定向发包、出租方交纳一定费用后，企业经营成果归其所有的，承包、承租人取得的所得，按对企事业单位的承包经营、承租经营所得项目，适用 5%～35%的五级超额累进税率。

三、其他所得适用税率

利息、股息、红利所得，财产租赁所得，财产转让所得和偶然所得，适用税率为 20%的比例税率。

第五节　个人所得税的计税依据

由于个人所得税的应税项目不同，并且取得应税项目所需要的费用也不同，因此计算个人应纳税所得额需要按不同项目分别计算。用某项应税项目的收入减去税法规定费用减除标准后的余额，为该应税项目的应纳税所得额，即个人所得税的计税依据。

一、每次收入的确定

《个人所得税法》对纳税义务人的征税方法有 3 种：一是按年征收，适用于经营所得、居民纳税人的综合所得；二是按月征收，适用于非居民个人取得工资、薪金所得；三是按次征收，适用于利息、股息、红利所得，财产租赁所得，偶然所得和非居民个人取得的劳务报酬所得，稿酬所得，特许权使用费所得等。在按次征税的情形下，由于费用扣除依据每次应税收入的大小，分别规定了定额和定率扣除两种。因此，如何准确划分“次”尤为重要。

1. 劳务报酬所得

(1) 只有一次性收入的，以取得该项收入为一次计征个人所得税。例如从事设计、安装、装潢、制图、化验、测试等劳务，往往是接受客户的委托，按照客户的要求，完成一次劳务后取得收入。因此，是属于只有一次性收入的，应以每次提供劳务取得的收入为一次计征个人所得税。

(2) 属于同一事项连续取得收入的，以1个月内取得的收入为一次计征个人所得税。例如，某歌手与歌厅签约，在1年内每天到歌厅演唱一次，每次演出后歌厅付酬500元。在计算其劳务报酬所得时，应视为同一事项的连续性收入，以其1个月内取得的收入为一次计征个人所得税，而不能以每天取得的收入为一次。

2. 稿酬所得

(1) 同一作品再版取得的所得，应视作另一次稿酬所得计征个人所得税。

(2) 同一作品先在报刊上连载，然后再出版，或先出版，再在报刊上连载的，应视为两次稿酬所得征税，即连载作为一次，出版作为另一次。

(3) 同一作品在报刊上连载取得收入的，以连载完成后取得的所有收入合并为一次，计征个人所得税。

(4) 同一作品在出版和发表时，以预付稿酬或分次支付稿酬等形式取得的稿酬收入，应合并计算为一次。

(5) 同一作品出版、发表后，因添加印数而追加稿酬的，应与以前出版、发表时取得的稿酬合并计算为一次，计征个人所得税。

3. 特许权使用费所得

许权使用费所得，以某项使用权的一次转让所取得的收入为一次计征个人所得税。一个纳税义务人，可能不仅拥有一项特许权利，每一项特许权的使用权也可能不止一次地向他人提供。因此，对特许权使用费所得的“次”的界定，明确为每一项使用权的每次转让所取得的收入为一次。如果该次转让取得的收入是分笔支付的，则应将各笔收入相加为一次的收入，计征个人所得税。

4. 财产租赁所得

财产租赁所得，以两个月内取得的收入为一次。

5. 利息、股红利所得

利息、股红利所得，以支付利息、股息、红利时取得的收入为一次。

6. 偶然所得

偶然所得，以每次收入为一次。

二、应纳税所得额和费用扣除标准

1. 居民个人取得综合所得

居民个人取得综合所得以每年的收入额减去费用 60 000 元以及专项扣除、专项附加扣除和依法确定的其他扣除后的余额，为应纳税所得额。

(1) 专项扣除，包括居民个人按照国家规定的范围和标准缴纳的基本养老保险、基本医疗保险、失业保险等社会保险费和住房公积金等。

(2) 专项附加扣除，包括子女教育、继续教育、大病医疗、住房贷款利息和住房租金、赡养老人等支出。

(3) 依法确定的其他扣除，包括个人缴付符合国家规定的企业年金、职业年金，个人购买符合国家规定的商业健康保险、税收递延型商业养老保险等支出，以及国务院规定的可以扣除的其他项目。

(4) 专项扣除、专项附加扣除和依法确定的其他扣除，以居民个人一个纳税年度的应纳税所得额为限额，一个纳税年度扣除不完的，不能结转以后年度扣除。

2. 非居民个人的工资、薪金所得

非居民个人的工资、薪金所得以每月收入额减去5 000元后的余额为应纳税所得额；劳务报酬所得、稿酬所得、特许权使用费所得，以每次收入额为应纳税所得额。劳务报酬所得、稿酬所得、特许权使用费所得以每次收入减除20%的费用后的余额为收入额。稿酬所得的收入额按70%计算。

3. 经营所得

经营所得以每一纳税年度的收入额减除成本、费用以及损失后的余额，为应纳税所得额。

所称成本、费用，是指生产、经营活动中发生的各项支出和分配计入成本的间接费用，以及销售费用、管理费用、财务费用；所称损失，是指生产、经营活动中发生的固定资产和存货的盘亏、毁损、报废损失，转让财产损失，坏账损失，自然灾害等不可抗力因素造成的损失以及其他损失。

从事生产、经营活动，未提供完整、准确的纳税资料，不能正确计算应纳税所得额的，由主管税务机关核定应纳税所得额或者应纳税额。

个人独资企业的投资者以全部生产经营所得为应纳税所得额；合伙企业的投资者按照合伙企业的全部生产经营所得和合伙协议约定的分配比例，确定应纳税所得额，合伙企业没有约定分配比例的，以全部生产经营所得和合伙人数量平均计算每个投资者的应纳税所得额。

上述所称生产经营所得，包括企业分配给投资者个人的所得和企业当年留存的所得(利润)。

对个体工商户业主、个人独资企业和合伙企业自然人投资者的生产经营所得依法计征个人所得税时，个体工商户业主、个人独资企业和合伙企业自然人投资者的费用扣除标准统一确定为60 000元/年(5 000元/月)。

对企事业单位的承包经营、承租经营所得是以每一纳税年度的收入总额，减除必要费用后的余额为应纳税所得额，其中“收入总额”是指纳税人按照承包经营、承租经营合同规定分得的经营利润和工资、薪金性质的所得；“减除必要的费用”是指按年减除60 000元。

4. 财产租赁所得

财产租赁所得每次收入不超过 4 000 元的，减除费用 800 元；4 000 元以上的，减除20%的费用，其余额为应纳税所得额。

5. 财产转让所得

财产转让所得以个人每次转让财产取得的收入减除财产原值和合理费用后的余额为应纳税所得额。财产转让所得中允许减除的财产原值是指：

(1) 有价证券，为买入价以及买入时按规定缴纳的有关费用；

(2) 建筑物，为建造费或者购进价格以及其他有关税费；

(3) 土地使用权，为取得土地使用权所支付的金额、开发土地的费用，以及其他有关的费用；

(4) 机器设备、车船，为购进价格、运输费、安装费以及其他有关费用；

(5) 其他财产，参照以上方法确定。

纳税义务人未提供完整、准确的财产原值凭证，不能正确计算财产原值的，由主管税务机关核定其财产原值。

合理费用，是指卖出财产时按照规定支付的有关费用。

6. 利息、股息、红利所得和偶然所得

利息、股息、红利所得和偶然所得以每次收入额为应纳税所得额。

7. 专项附加扣除标准

专项附加扣除标准是此次《个人所得税法》修订时引入的新扣除费用标准，目前包含子女教育、继续教育、大病医疗、住房贷款利息或者住房租金、赡养老人等项目，并根据教育、医疗、住房、养老等民生支出变化情况，适时调整专项附加扣除的范围和标准。取得综合所得和经营所得的居民个人可以享受专项附加扣除。

1) 子女教育

纳税人年满3岁的子女接受学前教育和学历教育的相关支出，按照每个子女每月1 000元(每年12 000元)的标准定额扣除。

学前教育包括年满3岁至小学入学前教育；学历教育包括义务教育(小学、初中教育)、高中阶段教育(普通高中、中等职业、技工教育)、高等教育(大学专科、大学本科、硕士研究生、博士研究生教育)。

父母可以选择由其中一方按扣除标准的100%扣除，也可以选择由双方分别按扣除标准的50%扣除，具体扣除方式在一个纳税年度内不能变更。这里所称子女，是指婚生子女、非婚生子女、继子女、养子女。

纳税人子女在中国境外接受教育的，纳税人应当留存境外学校录取通知书、留学签证等相关教育的证明资料备查。

2) 继续教育

纳税人在中国境内接受学历(学位)继续教育的支出，在学历(学位)教育期间按照每月400元(每年4 800元)定额扣除。同一学历(学位)继续教育的扣除期限不能超过48个月(4年)。纳税人接受技能人员职业资格继续教育、专业技术人员职业资格继续教育的支出，在取得相关证书的当年，按照3 600元定额扣除。

个人接受本科及以下学历(学位)继续教育，符合本办法规定扣除条件的，可以选择由其父母扣除，也可以选择由本人扣除。

接受学历(学位)继续教育，扣除期限为从入学的当月至教育结束的当月，但同一学历(学位)继续教育的扣除期限最长不能超过48个月。接受职业资格继续教育，取得的相关职业

资格继续教育证书上载明的发证(批准)日期的所属年度，即为可以扣除的年度。需要提醒的是，专项附加扣除标准政策从2019年1月1日开始实施，该证书应当为2019年后取得的。

纳税人接受技能人员职业资格继续教育、专业技术人员职业资格继续教育的，应当留存相关证书等资料备查。

3) 大病医疗

《个人所得税法》中关于专项附加扣除中的大病医疗扣除中的大病，和社保大病统筹中说的“大病”一样，不分病种，只看治疗金额。只要是治疗费用较高，达到规定的额度的病，我们都叫作大病，从而在应纳税所得额中进行大病医疗专项扣除。

在一个纳税年度内，纳税人发生的与基本医保相关的医药费用支出，扣除医保报销后个人负担(指医保目录范围内的自付部分)累计超过15 000元的部分，由纳税人在办理年度汇算清缴时，在80 000元限额内据实扣除。

纳税人发生的医药费用支出可以选择由本人或者其配偶扣除；未成年子女发生的医药费用支出可以选择由其父母一方扣除。纳税人及其配偶、未成年子女发生的医药费用支出，分别计算扣除额。

纳税人应当留存医药服务收费及医保报销相关票据原件(或者复印件)等资料备查。医疗保障部门应当向患者提供在医疗保障信息系统记录的本人年度医药费用信息查询服务。

4) 住房贷款利息

纳税人本人或者配偶单独或者共同使用商业银行贷款或者住房公积金个人住房贷款为本人或者其配偶购买中国境内住房，发生的首套住房贷款利息支出，在实际发生贷款利息的年度，按照每月1 000元(每年12 000元)的标准定额扣除，扣除期限最长不超过240个月(20年)。纳税人只能享受一次首套住房贷款的利息扣除。首套住房贷款是指购买住房享受首套住房贷款利率的住房贷款。

经夫妻双方约定，可以选择由其中一方扣除，具体扣除方式在一个纳税年度内不能变更。

夫妻双方婚前分别购买住房发生的首套住房贷款，其贷款利息支出，婚后可以选择其中一套购买的住房，由购买方按扣除标准的100%扣除，也可以由夫妻双方对各自购买的住房分别按扣除标准的50%扣除，具体扣除方式在一个纳税年度内不能变更。

纳税人应当留存住房贷款合同、贷款还款支出凭证备查。

5) 住房租金

纳税人及其配偶在纳税人的主要工作城市没有住房，而在主要工作城市租赁住房发生的租金支出，可以按照住房租金专项附加扣除标准定额扣除。这里所称纳税人的主要工作城市是指纳税人任职受雇的直辖市、计划单列市、副省级城市、地级市(地区、州、盟)全部行政区域范围；纳税人无任职受雇单位的，为受理其综合所得汇算清缴的税务机关所在城市。

纳税人在主要工作城市没有自有住房而发生的住房租金支出，可以按照以下标准定额扣除：直辖市、省会(首府)城市、计划单列市以及国务院确定的其他城市，扣除标准为每月1 500元(每年18 000元)；除第一项所列城市以外，市辖区户籍人口超过100万的城市，扣除标准为每月1 100元(每年13 200元)；市辖区户籍人口不超过100万的城市，扣除标准为每月800元(每年9 600元)。

纳税人的配偶在纳税人的主要工作城市有自有住房的，视同纳税人在主要工作城市有自有住房。

夫妻双方主要工作城市相同的，只能由一方扣除住房租金支出。住房租金支出由签订租赁住房合同的承租人扣除。纳税人及其配偶在一个纳税年度内不能同时分别享受住房贷款利息和住房租金专项附加扣除。

6) 赡养老人

纳税人赡养一位及以上被赡养人的赡养支出，统一按照以下标准定额扣除：

纳税人为独生子女的，按照每月2 000元(每年24 000元)的标准定额扣除；纳税人为非独生子女的，由其与兄弟姐妹分摊每月2 000元(每年24 000元)的扣除额度，每人分摊的额度不能超过每月1 000元(每年12 000元)。可以由赡养人均摊或者约定分摊，也可以由被赡养人指定分摊。约定或者指定分摊的须签订书面分摊协议，指定分摊优先于约定分摊。具体分摊方式和额度在一个纳税年度内不能变更。

这里所称被赡养人是指年满60岁的父母，以及子女均已去世的年满60岁的祖父母、外祖父母。

三、应纳税所得额的其他规定

劳务报酬所得、稿酬所得、特许权使用费所得以每次收入减除20%的费用后的余额为收入额。稿酬所得的收入额按70%计算。个人兼有不同的劳务报酬所得，应当分别减除费用，计算缴纳个人所得税。

个人将其所得对教育、扶贫、济困等公益慈善事业进行捐赠，捐赠额未超过纳税人申报的应纳税所得额30%的部分，可以从其应纳税所得额中扣除；国务院规定对公益事业捐赠实行全额扣除的，从其规定。这里所说的个人将其所得对教育、扶贫、济困等公益慈善事业进行捐赠，是指个人将其所得通过中国境内的公益性社会组织、国家机关向教育、扶贫、济困等公益慈善事业的捐赠；所称的应纳税所得额，是指计算扣除捐赠额之前的应纳税所得额。

个人所得的形式，包括现金、实物、有价证券和其他形式的经济利益；所得为实物的，应当按照取得的凭证上所注明的价格计算应纳税所得额，无凭证的实物或者凭证上注明的价格明显偏低的，参照市场价格核定应纳税所得额；所得为有价证券的，根据票面价格和市场价格核定应纳税所得额；所得为其他经济利益的，参照市场价格核定应纳税所得额。

第六节 应纳税额的计算

一、居民个人综合所得应纳税年终汇算清缴的计算

(一) 居民个人年综合所得额的计算

年综合所得是指居民个人的工资、薪金所得，劳务报酬所得，稿酬所得和特许权使用费所得。自 2019 年 1月 1 日起，按照全年应纳税所得额进行计算。居民个人的年综合所得，以每一纳税年度收入额减除费用 6 万元以及专项扣除、专项附加扣除和依法确定的其他扣除后的余额，为应纳税所得额。

2019 年 1 月 1 日起，扣缴义务人向居民个人支付综合所得中的工资、薪金所得，劳务报酬所得，稿酬所得和特许权使用费所得时，按居民个人预扣预缴方法预扣预缴个人所得税，并向主管税务机关报送《个人所得税扣缴申报表》。

年应纳税额的计算公式为

年应纳税额＝(年综合所得额－60 000 元－专项扣除金额－专项附加扣除金额－其他扣除额)×适用税率－速算扣除数

其中，公式中的各项目为

年综合所得额＝工资、薪金收入＋劳务报酬所得×(1－20%)＋稿酬所得×(1－20%)×70%＋特许权使用费所得×(1－20%)

专项扣除额＝基本养老保险＋基本医疗保险＋失业保险＋住房公积金
＝三险一金

专项附加扣除＝子女教育支出＋继续教育支出＋大病医疗支出＋住房贷款利息(或住房租金)支出＋赡养老人支出

其他扣除额，包括个人缴付符合国家规定的企业年金、职业年金，个人购买符合国家规定的商业健康保险、税收递延型商业养老保险的支出，以及国家规定可以扣除的其他支出。

(二) 年综合所得的个人所得税税率

居民个人的全年综合所得在计算应纳税额时，适用的是超额累进税率，计算比较烦琐。运用速算扣除数计算法，可以简化计算过程。速算扣除数是指在采用超额累进税率计税的情况下，根据超额累进税率表中划分的应纳税所得额级距和税率，先用全额累进方法计算出税额，再减去用超额累进方法计算出的应征税额以后的差额。当超额累进税率表中的级距和税率确定以后，各级速算扣除数也固定不变，成为计算应纳税额时的常数。综合所得个人所得税税率表见表 6-3。

表6-3　综合所得个人所得税税率表(含速算扣除数)

级数	全年应纳税所得额	税率/%	速算扣除数
1	不超过 36 000 元的部分	3	0
2	超过 36 000～144 000 元的部分	10	2 520
3	超过 144 000～300 000 元的部分	20	16 920
4	超过 300 000～420 000 元的部分	25	31 920
5	超过 420 000～660 000 元的部分	30	52 920
6	超过 660 000～960 000 元的部分	35	85 920
7	超过 960 000 元的部分	45	181 920

【例 6-1】李某为居民纳税人，2019 年扣除三险一金后的税前工资收入为 18.5 万元，还有稿酬收入 2 万元，该纳税人为独生子女且其父母年龄已超过 60 岁，有首套住房的贷款和一个孩子，均由其扣除专项附加。计算李某 2019 年应纳个人所得税税额。

全年应纳税所得额＝185 000＋20 000×(1－20%)×70%－60 000－12 000－24 000
＝100 200(元)

应纳税额＝100 200×10%－2 520＝7 500(元)

二、居民个人综合所得平时预扣预缴的计算

扣缴义务人向居民个人支付工资、薪金所得，劳务报酬所得，稿酬所得和特许权使用费所得，按规定的方法预扣预缴个人所得税，并向主管税务机关报送《个人所得税扣缴申报表》。

1. 居民个人工资薪金所得的累计预扣法

缴义务人向居民个人支付工资、薪金所得时，应当按照累计预扣法计算预扣税款，并按月办理全员全额扣缴申报。

计算公式为

本期应预扣预缴税款＝(累计预扣预缴应纳税所得额×预扣率－速算扣除数)－累计减免税额－累计已预扣预缴税额

累计预扣预缴应纳税所得额＝累计收入－累计免税收入－累计基本减除费用－累计专项扣除－累计专项附加扣除－累计依法确定的其他扣除

其中，累计基本减除费用，按照 5 000 元/月乘以纳税人当年截至本月在本单位的任职受雇月份数计算。

计算居民个人的工资、薪金所得预扣预缴适用 3%～45%的超额累进税率，见表 6-4。

表6-4 居民个人工资、薪金所得预扣预缴适用表

级数	全年应纳税所得额	税率/%	速算扣除数
1	不超过 36 000 元的部分	3	0
2	超过 36 000～144 000 元的部分	10	2 520
3	超过 144 000～300 000 元的部分	20	16 920
4	超过 300 000～420 000 元的部分	25	31 920
5	超过 420 000～660 000 元的部分	30	52 920
6	超过 660 000～960 000 元的部分	35	85 920
7	超过 960 000 元的部分	45	181 920

【例 6-2】王某任职于某大型国企，2019 年其每月工资为 28 500 元，每月专项扣除合计为 3 000 元，享受子女教育、住房贷款利息两项专项扣除合计为 2 000 元。请计算 2019 年前 3 个月单位应预扣预缴税额。

【分析】单位计算前3个月月应预扣预缴税额如下：

1 月应预扣预缴税额＝(28 500－5 000－3 000－2 000)×3%＝555(元)

2 月应预扣预缴税额＝(28 500×2－5 000×2－3 000×2－2 000×2)×10%－2520－555＝625(元)

3 月应预扣预缴税额＝(28 500×3－-5 000×3－3 000×3－2 000×3)×10%－2 520－555－625＝1 850(元)

1. 劳务报酬所得预扣预缴法

扣缴义务人向居民个人支付劳务报酬、稿酬所得、特许权使用费所得，按次或按月预扣预缴个人所得税，计算公式为

劳务报酬所得预扣预缴税额＝预扣预缴应纳税所得额×超额累进预扣率－速算扣除数

(1) 每次收入不超过 4 000 元的劳务报酬所得，则

劳务报酬所得应预扣预缴税额＝预扣预缴应纳税所得额×超额累进预扣率－速算扣除数
＝(每次收入－800)×超额累进预扣率－速算扣除数

(2) 每次收入超过 4 000 元的劳务报酬所得，则

劳务报酬所得应预扣预缴税额＝预扣预缴应纳税所得额×超额累进预扣率－速算扣除数
＝每次收入×(1－20%)×超额累进预扣率－速算扣除数

居民个人劳务报酬所得预扣预缴适用表见表6-5。

表6-5 居民个人劳务报酬所得预扣预缴适用表

级数	全年应纳税所得额	税率/%	速算扣除数
1	不超过 20 000 元的部分	20	0
2	超过 20 000～50 000 元的部分	30	2 000
3	超过 50 000 元的部分	40	7 000

1. 稿酬所得的预扣预缴法

计算公式为

预扣预缴税额＝预扣预缴应纳税所得额×比例预扣率 20%

(1) 每次收入不超过 4 000 元的稿酬所得，则

稿酬所得应预扣预缴税额＝预扣预缴应纳税所得额×比例预扣率 20%
＝(每次收入－800)×70%×比例预扣率 20%

(2) 每次收入超过 4 000 元的稿酬所得，则

稿酬所得应预扣预缴税额＝预扣预缴应纳税所得额×比例预扣率 20%
＝每次收入×(1－20%)×70%×比例预扣率 20%

2. 特许权使用费所得的预扣预缴法

计算公式为

预扣预缴税额＝预扣预缴应纳税所得额×比例预扣率 20%

(1) 每次收入不超过 4 000 元的特许权使用费所得，则

特许权使用费所得应预扣预缴税额＝预扣预缴应纳税所得额×比例预扣率 20%
＝(每次收入－800)×比例预扣率 20%

(2) 每次收入超过 4 000 元的特许权使用费所得，则

特许权使用费所得应预扣预缴税额＝预扣预缴应纳税所得额×比例预扣率 20%
＝每次收入×(1－20%)×比例预扣率 20%

三、非居民个人取得工资、薪金所得，劳务报酬所得，稿酬所得和特许权使用费所得应纳税额的计算

非居民个人取得综合所得中的工资、薪金所得，劳务报酬所得，稿酬所得和特许权使用费所得时，不需要预扣预缴，直接进行个人所得税计算。扣缴义务人向非居民个人支付工资、薪金所得，劳务报酬所得，稿酬所得和特许权使用费所得时，按月或者按次代扣代缴个

人所得税。

与居民个人取得的劳务报酬所得、稿酬所得和特许权使用费所得一样，非居民个人取得的这些项目的所得同样适用劳务报酬所得、稿酬所得和特许权使用费所得以收入减除20%的费用后的余额为收入额；稿酬所得的收入额减按70%计算的规定。

非居民个人的工资、薪金所得，以每月收入额减除费用5 000元后的余额为应纳税所得额；劳务报酬所得、稿酬所得和特许权使用费所得以每次收入额为应纳税所得额。

非居民个人取得工资、薪金所得，劳务报酬所得，稿酬所得和特许权使用费所得适用3%～45%的超额累进税率，见表 6-6。

表6-6　非居民个人工资、薪金所得，劳务报酬所得，稿酬所得和特许权使用费所得适用税率表

级数	全年应纳税所得额	税率/%	速算扣除数
1	不超过 3 000 元的部分	3	0
2	超过 3 000～12 000 元的部分	10	210
3	超过 12 000～25 000 元的部分	20	1 410
4	超过 25 000～35 000 元的部分	25	2 660
5	超过 35 000～55 000 元的部分	30	4 410
6	超过 55 000～80 000 元的部分	35	7 160
7	超过 80 000 元的部分	45	15 160

【例6-3】汤姆为某外商投资企业中工作的外籍专家(假定为非居民纳税人)，2019年5月取得由该企业发放的含税工资收入11 200元人民币，同时还获得特许权使用费收入8 900元。请计算汤姆当月应纳个人所得税。

汤姆当月工资、薪金应纳税额＝(11 200－5 000)×10%－201＝410(元)

汤姆当月特许权使用费应纳税额＝8 900×(1－20%)×10%－201＝502(元)

四、经营所得应纳税额的计算

经营所得的个人所得税实行按年计算应纳税额，其计算公式为

应纳税额＝全年应纳税所得额×适用税率－速算扣除数

或

应纳税额＝(全年收入总额－成本、费用以及损失)×适用税率－速算扣除数

经营所得的个人所得税适用 5%～35%的超额累进税率，见表 6-7。

表6-7　经营所得适用税率表

级数	全年应纳税所得额	税率/%	速算扣除数
1	不超过 30 000 元的部分	5	0
2	超过 30 000～90 000 元的部分	10	1 500
3	超过 90 000～300 000 元的部分	20	10 500
4	超过 300 000～500 000 元的部分	30	40 500

(续表)

级数	全年应纳税所得额	税率/%	速算扣除数
5	超过 500 000 元的部分	35	65 000

五、财产租赁所得应纳税额的计算

(一) 应纳税所得额

财产租赁所得一般以每次取得的收入，定额或定率减除规定费用后的余额为应纳税所得额。每次收入不超过 4 000 元，定额减除费用 800 元；每次收入在 4 000 元以上，定率减除 20%的费用。财产租赁所得以 1 个月内取得的收入为一次。

在确定财产租赁的应纳税所得额时，纳税人在出租财产过程中缴纳的税金和教育附加，可持完税凭证(缴款凭证)，从其财产租赁收入中扣除。除此之外，还允许扣除能提供有效、准确凭证，由纳税人负担的该出租财产实际开支的修缮费。允许扣除的修缮费用，以每次 800 元为限，一次扣除不完的，准予下次继续扣除，直至扣完为止。

个人出租财产取得的财产租赁收入，在计算个人所得税时，应依次扣除以下费用：财产租赁过程中缴纳的税金和国家能源交通建设基金、国家预算调节基金、教育费附加；由纳税人负担的该出租财产实际开支的修缮费用；税法规定的费用扣除标准。

应纳税所得额的计算公式如下。

(1) 每次(月)收入不超过 4 000 元的，则

应纳税所得额＝每次(月)收入额－准予扣除项目－修缮费用(以 800 元为限)－800 元

(2) 每次(月)收入超过 4 000 元的，则

应纳税所得额＝[每次(月)收入额－准予扣除项目－修缮费用(以 800 元为限)]×(1－20%)

(二) 个人房屋转租应纳税所得额

个人将承租房屋转租取得的租金收入，属于个人所得税的应税所得，按照“财产租赁所得”项目计征个人所得税，具体规定如下。

取得转租收入的个人向房屋出租方支付的租金，凭房屋租赁合同和合法支付凭证允许在计算应纳税额时，从该转租收入中扣除。

有关财产租赁所得个人所得税前扣除税费的扣除次序调整为：

(1) 财产租赁过程中缴纳的税费；

(2) 向出租方支付的租金；

(3) 由纳税人负担的租赁财产实际开支的修缮费用；

(4) 法规定的费用扣除标准。

财产租赁所得适用 20%的比例税率，但对个人按市场价格出租的居民住房取得的所得，自 2001 年 1 月 1 日起暂减按 10%的税率征收个人所得税。

【例 6-4】2019 年 1 月王某将住房出租给吴某，租期 1 年，1 月 8 日吴某一次性支付一年租金 18 万元，7 月 10 日，发生修缮费 1 万元(取得合法有效凭证)，请计算王某应缴纳个人所得税。(相关税费暂不考虑)

2019 年 1～6 月每月应缴纳个人所得税：

180 000÷12×(1－20%)×10%＝1 200(元)

2019 年 7～12 月每月应缴纳个人所得税：

(180 000/12－800)×(1－20%)×10%＝1 136(元)

王某出租房屋应缴纳个人所得税＝1 200×6＋1 136×6＝14 016(元)

六、财产转让所得应纳税额的计算

(一) 一般情况下财产转让所得应纳税税额的计算

财产转让所得应纳税额的计算公式为

应纳税额＝应纳税所得额×适用税率

＝(收入总额－财产原值－合理费用)×20%

(二) 个人住房转让所得应纳税税额的计算

自 2006 年 8 月 1 日起，个人转让住房所得应纳个人所得税的计算具体如下。

(1) 以实际成交价为转让收入。纳税人申报的住房成交价格明显低于市场价格且无正当理由的，征收机关有权根据有关信息核定其转让收入，但必须保证各种计税价格一致。

(2) 纳税人可凭原购房合同、发票等有效凭证，经税务机关审核后，允许从其转让收入中减除房屋原值、转让过程中缴纳的税金及有关合理费用。

① 房屋原值具体包括：商品房的原值是购置时实际支付的房价款及缴纳的相关税费。自建房屋是实际发生的建造费用及建造和取得产权时实际缴纳的相关税费。经济适用房是原购房人实际支付的房价款及相关税费，以及按规定缴纳的土地出让金。已购公有住房是原购公有住房标准面积按当地经济适用房价格计算的房价款，加上原购公有住房超标准面积实际支付的房价款以及按规定向财政部门(或原产权单位)缴纳的所得收益及相关税费。城镇拆迁安置住房，房屋拆迁取得货币补偿后购置房屋的，为购置该房屋实际支付的房价款及缴纳的相关税费；房屋拆迁采取产权调换方式的，所调换房屋原值为《房屋拆迁补偿协议》注明的价款及缴纳的相关税费；房屋拆迁采取产权调换方式，被拆迁人取得所调换的房屋，又取得部分货币补偿款的，所调换房屋的原值为《房屋拆迁补偿协议》注明的价款和缴纳的相关税费，减去货币补偿后的余额；房屋拆迁采取产权调换方式，被拆迁人取得所调换的房屋，又支付部分货币的，所调换房屋的原值为《房屋拆迁补偿协议》注明的价款，加上所支付的货币及缴纳的相关税费。

② 转让住房过程中缴纳的税金是指纳税人在转让住房时实际缴纳的城市维护建设税、教育费附加、土地增值税、印花税等税金。

③ 合理费用是指纳税人按照规定实际支付的住房装修费用、住房贷款利息、手续费、公证费等。其中，纳税人能提供实际支付装修费用的税务统一发票，并且发票上所列付款人姓名与转让房屋产权人一致的，经税务机关审核，其转让的住房在转让前实际发生的装修费用，可在以下规定的比例内扣除：已购公有住房、经济适用房，最高扣除限额为房屋原值的15%；商品房及其他住房，最高扣除限额为房屋原值的10%。纳税人原购房为装修房，即合同注明房价中含有装修费的(铺装了地板，装配了洁具、厨具等)，不得再重复扣除装修费

用。住房贷款利息，纳税人出售以按揭贷款方式购置的住房，其向贷款银行实际支付的住房贷款利息，凭贷款银行出具的有效证明据实扣除。纳税人按照有关规定实际支付的手续费、公证费等，凭有关部门出具的有效证明据实扣除。

(3) 纳税人未提供完整、准确的住房原值凭证，不能正确计算房屋原值和应纳税所得额的，税务机关可以根据《税收征收管理法》的规定，对其实行核定征税，即按纳税人住房转让收入的一定比例核定应纳税所得额。具体比例由省级地方税务局或者省级地方税务局授权的地市级地方税务局根据纳税人出售住房的所在地区、地理位置、建造时间、住房类型、住房平均价格水平等因素，在住房转让收入1%～3%的幅度内确定。

(4) 关于个人转让离婚析产房屋的问题。

① 通过离婚析产的方式分割房屋产权是夫妻双方对共同财产的处置，个人因离婚办理房屋产权过户手续，不征收个人所得税。

② 个人转让离婚析产房屋所取得的收入，允许扣除其相应的财产原值和合理费用，余额按照规定的税率缴纳个人所得税；其相应的财产原值，为房屋初次购置原值和相关税费之和乘以转让者占有房屋所有权的比例。

③ 个人转让离婚析产房屋所取得的收入，符合家庭生活自用五年以上唯一住房的，可以申请免征个人所得税，其购置时间以取得房产证或契税完税证明上注明的时间作为其购买房屋的时间执行。对于纳税人申报时，同时出具房屋产权证和契税完税证明且二者所注明的时间不一致的，按照“孰先”的原则确定购买房屋的时间，即房屋产权证上注明的时间早于契税完税证明上注明的时间的，以房屋产权证注明的时间为购买房屋的时间；契税完税证明上注明的时间早于房屋产权证上注明的时间的，以契税完税证明上注明的时间为购买房屋的时间。

七、利息、股息、红利所得和偶然所得应纳税额的计算

利息、股息、红利所得和偶然所得应纳税额的计算公式为

应纳税额＝应纳税所得额×适用税率

＝每次收入额×20%

八、境外所得已纳税款的扣除

在对纳税人的境外所得征税时，会存在其境外所得已在来源国家或地区缴税的实际情况。为了避免国家之间对同一所得的重复征税，同时维护我国的税收权益，我国在对纳税人的境外所得行使税收管辖权时，对该所得在境外已纳税额采取了税额抵免的做法。

税法规定，纳税人从中国境外取得的所得，准予其在应纳税额中扣除已在境外缴纳的个人所得税，但扣除额不得超过该纳税人境外所得依照我国税法规定计算的应纳税额，具体规定如下。

(1) 税法所说的已在境外缴纳的个人所得税额，是指居民个人从中国境外取得的所得，依照该所得来源国家或者地区的法律应当缴纳并且实际已经缴纳的税额。

(2) 税法所说的依照本法规定计算的应纳税额，是指居民个人抵免已在境外缴纳的综合所得、经营所得以及其他所得的限额(以下简称抵免限额)。除国务院财政、税务主管部门另

有规定外，来源于一个国家(地区)的综合所得抵免限额、经营所得以及其他所得抵免限额之和，为来源于该国家(地区)所得的抵免限额。

(3) 居民个人在中国境外一个国家或者地区实际已经缴纳的个人所得税额，低于依照上述规定计算出的该国家或地区扣除限额的，应当在中国缴纳差额部分的税款；超过该国家或者地区扣除限额的，其超过部分不得在本年度的应纳税额中扣除，但是可以在以后纳税年度的该国家或者地区扣除限额的余额中补扣，补扣期限最长不超过 5 年。

(4) 居民个人依照税法的规定申请扣除已在境外缴纳的个人所得税额时，应当提供境外税务机关填发的完税凭证原件。

九、应纳税额计算中的特殊问题

(一) 对个人取得全年一次性奖金等计算征收个人所得税的方法

全年一次性奖金，是指行政机关、企事业单位等扣缴义务人根据其全年经济效益和对雇员全年工作业绩的综合考核情况，向雇员发放的一次性奖金。一次性奖金也包括年终加薪、实行年薪制和绩效工资办法的单位根据考核情况兑现的年薪和绩效工资。

居民个人取得全年一次性奖金，在 2021 年 12 月 31 日前，可选择不并入当年综合所得，按以下计税办法，由扣缴义务人在发放时代扣代缴：

将居民个人取得的全年一次性奖金，除以 12 个月，按其商数依照按月换算后的综合所得税率表确定适用的税率和速算扣除数。(见表 6-8)

表6-8　按月换算后的综合所得税率表

级数	月应纳税所得额	税率/%	速算扣除数
1	不超过 3 000 元的部分	3	0
2	超过 36 000～12 000 元的部分	10	210
3	超过 12 000～25 000 元的部分	20	1 410
4	超过 25 000～35 000 元的部分	25	2 660
5	超过 35 000～55 000 元的部分	30	4 410
6	超过 55 000～80 000 元的部分	35	7 160
7	超过 80 000 元的部分	45	15 160

使用这种计税方法需要注意以下几个方面。

(1) 在一个纳税年度内，对每一个纳税人，该计税办法只允许采用一次。

(2) 实行年薪制和绩效工资的单位，居民个人取得年终兑现的年薪和绩效工资按上述方法计算个人所得税；居民个人取得的全年一次性奖金，也可以选择并入当年综合所得计算纳税。

(3) 居民个人取得除全年一次性奖金以外的其他各种名目的奖金，如半年奖、季度奖、加班奖、先进奖、考勤奖等，一律与当月工资、薪金收入合并，按税法规定缴纳个人所得税。

【例 6-5】中国公民李先生 2019 年 12 月 5 日取得工资收入 6 200 元(已扣除“三险一金”)，12 月又一次性领取年终含税奖金 60 000 元。请计算李先生 12 月应缴纳的工资薪金个人所得税。

当月工资应缴纳的个人所得税＝(6 200－3 500)×10%－105＝165(元)

年终奖应缴纳的个人所得税＝60 000÷12＝5 000(元)，其对应的适用税率和速算扣除数分别为 20%、555 元。

年终奖金应纳税＝60 000×20%－555＝12 000－555＝11 445 (元)

李先生当月应缴纳的工资薪金个人所得税＝165＋11 445＝11 610(元)

(二) 对在中国境内无住所的个人一次取得数月奖金或年终加薪、劳动分红(以下简称奖金，不包括应按月支付的奖金)的计税方法

对上述个人取得的奖金，可单独作为 1 个月的工资、薪金所得计算纳税。由于对每月的工资、薪金所得计税时已按月扣除了费用，因此，对上述奖金不再减除费用，全额作为应纳税所得额直接按适用税率计算应纳税款，并且不再按居住天数进行划分计算。上述个人应在取得奖金月份的次月 7 日内申报纳税，但有一种特殊情况，即在中国境内无住所的个人在担任境外企业职务的同时，兼任该外国企业在华机构的职务，但并不实际或不经常到华履行该在华机构职务，对其一次取得的数月奖金中属于全月未在华的月份奖金，依照劳务发生地原则，可不作为来源于中国境内的奖金收入计算纳税。对其取得的来华工作天数的各月奖金，应全额依照上述方法计算。

(三) 在外商投资企业、外国企业和外国驻华机构工作的中方人员取得的工资、薪金所得的征税问题

在外商投资企业、外国企业和外国驻华机构工作的中方人员取得的工资、薪金收入，凡是由雇佣单位和派遣单位分别支付的，支付单位应按税法规定代扣代缴个人所得税。具体办法是：雇佣单位在支付工资、薪金时，按税法规定减除费用，计算扣缴个人所得税；派遣单位支付的工资、薪金不再减除费用，以支付金额直接确定适用税率，计算扣缴个人所得税。同时，按照税法规定，纳税义务人应以每月全部工资、薪金收入减除规定费用后的余额为应纳税所得额。

【例 6-6】李先生为国内某单位职工，被派到一外商投资企业，假定 2019 年 1 月，该外商投资企业支付给李先生的薪金为 8 700 元，同月，李先生还收到其所在的派遣单位发给他的工资 3 900 元。

外商投资企业应为李先生代扣税款＝(8 700－5 000)×10%－210＝160(元)

派遣单位应为李先生代扣税款＝3 900×10%－210＝180(元)

李先生实际应缴的个人所得税＝(8 700＋3 900－5 000)×10%－210＝550(元)

需要注意的是，对外商投资企业、外国企业和外国驻华机构发放给中方工作人员的工资、薪金所得，应全额征税，但对可以提供有效合同或有关凭证，能够证明其工资、薪金所得的一部分按照有关规定上缴派遣(介绍)单位的，可扣除其实际上缴的部分，按其余额计征个人所得税。

(四) 关于个人提前退休取得补贴收入的征税问题

自 2019 年 1 月 1 日起，个人提前退休取得一次性补贴收入计征个人所得税按以下规定执行：个人提前办理退休手续而取得的一次性补贴收入，应按照办理提前退休手续至法定退休年龄之间实际年度数平均分摊，确定适用税率和速算扣除数，单独适用综合所得个人所得税税率表计算纳税。

(五) 关于个人取得公务交通、通信补贴收入的征税问题

个人因公务用车和通信制度改革而取得的公务用车、通信补贴收入，扣除一定标准的公务费用后，按照“工资、薪金所得”项目计征个人所得税。按月发放的，并入当月“工资、薪金所得”计征个人所得税；不按月发放的，分解到所属月份并与该月“工资、薪金所得”合并后计征个人所得税。

公务费用扣除标准，由省级地方税务局根据纳税人公务交通、通信费用实际发生情况调查测算，报经省级人民政府批准后，并报国家税务总局。

(六) 关于个人因解除劳动合同取得一次性补偿收入的征税问题

根据《财政部、国家税务总局关于个人与用人单位解除劳动关系取得的一次性补偿收入征免个人所得税问题的通知》(财税〔2001〕157号)和《国家税务总局关于国有企业职工因解除劳动合同取得一次性补偿收入征免个人所得税问题的通知》(国税发〔2000〕77号)精神，自2001年10月1日起，按以下规定处理。

(1) 企业依照国家有关法律规定宣告破产，企业职工从该破产企业取得的一次性安置费收入，免征个人所得税。

(2) 个人因与用人单位解除劳动关系而取得的一次性补偿收入(包括用人单位发放的经济补偿金、生活补助费和其他补助费用)，其收入在当地上年职工平均工资 3 倍数额以内的部分，免征个人所得税；超过 3 倍数额部分的一次性补偿收入，可视为一次取得数月的工资、薪金收入，允许在一定期限内平均计算。方法为：超过 3 倍数额部分的一次性补偿收入，不并入当年综合所得，单独适用综合所得个人所得税税率表计算纳税。个人在解除劳动合同后又再次任职、受雇的，已纳税的一次性补偿收入不再与再次任职、受雇的工资薪金所得合并计算补缴个人所得税。

(3) 个人领取一次性补偿收入时按照国家和地方政府规定的比例实际缴纳的住房公积金、医疗保险费、基本养老保险费、失业保险费，可以在计征其一次性补偿收入的个人所得税时予以扣除。

(七) 关于企业改组改制过程中个人取得的量化资产的征税问题

(1) 对职工个人以股份形式取得的量化资产仅作为分红依据，不拥有所有权的企业量化资产，不征收个人所得税。

(2) 对职工个人以股份形式取得的拥有所有权的企业量化资产，暂缓征收个人所得税；待个人将股份转让时，就其转让收入额，减除个人取得该股份时实际支付的费用支出和合理费用后的余额，按“财产转让所得”项目计征个人所得税。

(3) 对职工个人以股份形式取得的企业量化资产参与企业分配而获得的股息、红利，按

“利息、股息、红利所得”项目计征个人所得税。

(八) 关于证券投资基金个人所得税的征税问题

(1) 对个人投资者买卖基金单位获得的差价收入，在对个人买卖股票的差价收入未恢复征收个人所得税以前，暂不征收个人所得税。

(2) 对投资者从基金分配中获得的股票的股息、红利收入以及企业债券的利息收入，由上市公司和发行债券的企业在向基金派发股息、红利、利息时代扣代缴20%的个人所得税，基金向个人投资者分配股息、红利、利息时，不再代扣代缴个人所得税。

(3) 对投资者从基金分配中获得的国债利息、储蓄存款利息以及买卖股票价差收入，在国债利息收入、个人储蓄存款利息收入以及个人买卖股票价差收入未恢复征收所得税以前，暂不征收个人所得税。

(九) 关于保险营销员、证券经纪人佣金收入的征税问题

保险营销员、证券经纪人取得的佣金收入，属于劳务报酬所得，自 2019 年 1 月 1 日起，以不含增值税的收入减除 20%的费用后的余额为收入额，收入额减去展业成本以及附加税费后，并入当年综合所得，计算缴纳个人所得税。保险营销员、证券经纪人展业成本按照收入额的 25%计算。

(十) 关于办理补充养老保险退保和提供担保取得的所得的征税问题

(1) 单位为职工个人购买商业性补充养老保险等，在办理投保手续时应作为个人所得税的“工资、薪金所得”项目，按照税法规定缴纳个人所得税；因各种原因退保，个人未取得实际收入的，已缴纳的个人所得税应予以退回。

(2) 个人为单位或他人提供担保获得报酬，按照“偶然所得”项目计算个人所得税。

(十一) 关于个人兼职和退职人员再任职取得的收入的征税问题

个人兼职取得的收入应按照“劳务报酬所得”应税项目缴纳个人所得税；退休人员再任职取得的收入，在减除按个人所得税法规定的费用扣除项目后，按“工资、薪金所得”应税项目缴纳个人所得税。

(十二) 关于个人取得的拍卖收入的征税问题

个人通过拍卖市场拍卖个人财产，对其取得的所得按以下规定征税。

(1) 作者将自己的文字作品手稿原件或复印件拍卖取得的所得，应按照“特许权使用费”所得项目计征个人所得税。

(2) 个人拍卖除文字作品原稿及复印件外的其他财产，应按照“财产转让所得”项目计征个人所得税。

(3) 在对拍卖所得按照“财产转让所得”项目计征个人所得税时，以该项财产最终拍卖价格为其转让收入额，在收入额中减除的财产原值是指售出方个人取得该拍卖品的价格，拍卖过程中的税金是指在拍卖财产时纳税人实际缴纳的相关税金及附加，合理费用是指拍卖财产时纳税人按照规定实际支付的拍卖费、鉴定费、评估费等。

(4) 个人财产拍卖所得应纳的个人所得税税款，由拍卖单位负责代扣代缴，并按规定向

拍卖单位所在地主管税务机关办理纳税申报。

(十三) 房屋赠与涉及个人所得税的计税问题

以下情形的房屋产权无偿赠与，对当事人双方不征收个人所得税。

(1) 房屋产权所有人将房屋产权无偿赠与配偶、父母、子女、祖父母、外祖父母、孙子女、外孙子女、兄弟姐妹。

(2) 房屋产权所有人将房屋产权无偿赠与对其承担直接抚养或者赡养义务的抚养人或者赡养人。

(3) 房屋产权所有人死亡，法定继承人、遗嘱继承人或者受遗赠人依法取得房屋产权。

除上述情形以外，房屋产权所有人将房屋无偿赠与他人的，受赠人因无偿受赠房屋取得的受赠所得，按照“偶然所得”项目缴纳个人所得税，在计征个人所得税时，其应纳税所得额为房地产赠与合同上标明的赠与房屋价值减除赠与过程中受赠人支付的项目税费后的余额。赠与合同标明的房屋价值明显低于市场价格或房地产赠与合同未标明赠与房屋价值的，税务机关可依据受赠房屋的市场评估价或者采取其他合理方式确定受赠人的应纳税所得额。

受赠人转让受赠房屋的，以其转让受赠房屋的收入减除原捐赠人取得该房屋的实际购置成本以及赠与和转让过程中受赠人支付的相关税费后的余额为受赠人的应纳税所得额，依法计征个人所得税。

(十四) 个人取得有奖发票奖金的免税及征税问题

个人取得单张有奖发票奖金所得不超过 800 元(含 800 元)的，暂免征收个人所得税；个人取得单张有奖发票奖金所得超过 800 元的，应全额按照“偶然所得”项目计征个人所得税。税务机关或其指定的有奖发票兑奖机构，应依法履行该项税款的代扣代缴工作。

(十五) 企业促销展业赠送礼品的计税问题

自 2011 年 6 月 9 日起，企业和单位在营销活动中以折扣折让、赠品、抽奖等方式，向个人赠送现金、消费券、物品、服务等(以下简称礼品)有关个人所得税的具体规定如下。

企业在销售商品(产品)和提供服务过程中向个人赠送礼品，属于下列情形之一的，不征收个人所得税。

(1) 企业通过价格折扣、折让方式向个人销售商品(产品)和提供服务。

(2) 企业在向个人销售商品(产品)和提供服务的同时给予赠品。

(3) 企业对累计消费达到一定额度的个人按消费积分反馈礼品。

企业向个人赠送礼品，属于下列情形之一的，取得该项所得的个人应依法缴纳个人所得税，税款由赠送礼品的企业代扣代缴。

(1) 企业在业务宣传、广告等活动中，随机向本单位以外的个人赠送礼品，对个人取得的礼品所得，按照“其他所得”项目，全额计征个人所得税。

(2) 企业在年会、座谈会、庆典以及其他活动中向本单位以外的个人赠送礼品，对个人取得的礼品所得，按照“其他所得”项目，全额计征个人所得税。

(3) 企业对累积消费达到一定额度的顾客，给予额外抽奖机会，个人的获奖所得，按照“偶然所得”项目，全额计征个人所得税。

(十六) 个人因购买和处置债权取得的所得计征个人所得税的问题

根据《个人所得税法》及有关规定，个人通过招标、竞拍或其他方式购置债权后，通过相关司法或行政程序主张债权而取得的所得，应按照“财产转让所得”项目缴纳个人所得税。

个人通过上述方式取得“打包”债权，只处置部分债权的，其应纳税所得额按以下规定确定。

(1) 以每次处置部分债权的所得，作为一次财产转让所得计税。

(2) 其计税收入按照个人取得的货币资产和非货币资产的评估价值或市场价值的合计数确定。

(3) 个人购买和处置债权过程中发生的拍卖招标手续费、诉讼费、审计评估费以及缴纳的税金等合理税费，在计算个人所得税时允许扣除。

(十七) 企业为股东个人购买汽车计征个人所得税的问题

企业为股东个人购买车辆并将车辆所有权转移到股东个人名下，从本质上可以说是企业为股东进行的红利性质的实物分配，应该按照“利息、股息、红利所得”项目计征个人所得税。在计算个人所得税时，考虑到该股东个人名下的车辆也会为企业经营使用的情况，允许合理减除部分所得；减除的具体数额由主管税务机关根据车辆的实际使用情况合理确定。

(十八) 企业资金为个人购房计征个人所得税的问题

个人取得以下情形的房屋或其他财产，无论所有权人是否将财产无偿或有偿交付企业使用，其实质均为企业对个人进行实物性质的分配，应依法计征个人所得税。

(1) 企业出资购买房屋或其他财产，将所有权登记为投资者个人、投资者家庭成员或企业其他人员的。

(2) 企业投资者个人、投资者家庭成员或者企业其他人员向企业借款用于购买房屋或其他财产，将所有权登记为投资者个人、投资者家庭成员或企业其他人员，且借款年度终了后未归还借款的。

对个人独资企业、合伙企业的个人投资者或其家庭成员取得的上述所得，视为企业对个人投资者的利润分配，按照“个体工商户的生产、经营所得”项目计征个人所得税；对除个人独资企业、合伙企业人以外其他企业的个人投资者或者家庭成员取得的上述所得，视为企业对个人投资者的红利分配，按照“利息、股息、红利所得”项目计征个人所得税；对企业其他人员取得的上述所得，按照“工资、薪金所得”项目计征个人所得税。

第七节　个人所得税的税收优惠

《个人所得税法》及其实施条例以及财政部、国家税务总局的有关规定，分别对个人所得的各个项目给予了税收优惠政策。

一、个人所得税的免税优惠

(1) 省级人民政府、国务院部委、中国人民解放军军以上单位及外国组织颁发的科学、教育、技术、文化、卫生、体育、环境保护等方面的奖金(奖学金)。

对个人获得的下列奖项的奖金(奖学金)收入，视为省级人民政府、国务院各部委和中国人民解放军军以上单位，以及外国组织颁发(颁布)的科学、教育、技术、文化、卫生、体育、环境保护等方面的奖金(奖学金)免征个人所得税：

① 曾宪梓教育基金会教师奖；

② 学生个人参与“长江小小科学家”活动和“明天小小科学家”活动获得的奖金；

③ 联合国开发计划署和中国青少年发展基金会“国际青少年消除贫困奖”；

④ 中国青年乡镇企业家协会“母亲河(波司登)奖”；

⑤ 陈嘉庚基金会“陈嘉庚科学奖”；

⑥ 中国科学院“刘东生青年科学家奖”“刘东生地球科学奖学金”；

⑦ 中华全国总工会、科技部、人社部“全国职工职业技能大赛”获奖者取得的奖金收入；

⑧ 中华环境保护基金会“中华宝钢环境优秀奖”；

⑨ 国土资源部、李四光地质科学奖学金“李四光地质科学奖”；

⑩ 国土资源部、黄汲清青年地质科学技术奖基金管理委员会“黄汲清青年地质科学技术奖”。

(2) 国债和国家发行的金融债券的利息。国债利息是指个人持有中华人民共和国财政部发行的债券而取得的利息；国家发行的金融债券利息是指个人持有的经国务院批准发行的金融债券而取得的利息。

(3) 按照国家统一规定发给的补贴、津贴。这里所说的“补贴、津贴”是指按照国务院规定发给的政府特殊津贴、院士津贴、资深院士津贴，以及国务院规定的其他免纳个人所得税的补贴、津贴。

(4) 福利费、抚恤金、救济金。福利费是指根据国家有关规定，从企业、事业单位、国家机关、社会团体提留的福利费或者工会经费中支付给个人的生活补助费；救济金是指国家各级人民政府民政部门支付给个人的生活困难补助费。

(5) 保险赔款。

(6) 军人的转业费、复员费。

(7) 按照国家统一规定发给干部、职工的安家费、退职费、退休工资、离休工资、离休生活补助费。

(8) 依照国家有关法律规定应予免税的各国驻华使馆、领事馆的外交代表、领事官员和其他人员的所得。

(9) 中国政府参加的国际公约以及签署的协议中规定免税的所得。

(10) 关于发给见义勇为者的奖金问题，对乡、镇(含乡、镇)以上人民政府或经县(含县)以上人民政府主管部门批准成立的有机构、有章程的见义勇为基金或类似性质的组织，奖励见义勇为者的奖金或奖品，经主管税务机关核准，免征个人所得税。

(11) 企业和个人按照省级以上人民政府规定的比例提取并缴付的住房公积金、医疗保险金、基本养老保险金、失业保险金，不计入当期的工资、薪金收入，免征个人所得税。超过规定的比例缴付的部分计征个人所得税。个人提取原提存的住房公积金、基本养老保险金时，免征个人所得税。

(12) 对工伤职工及其近亲属按照《工伤保险条例》规定取得的工伤保险待遇，免征个人所得税。工伤保险待遇，包括工伤职工按照《工伤保险条例》规定取得的一次性伤残补助金、伤残补贴、一次性工伤医疗补助金、一次性伤残就业补助金、工伤医疗待遇、住院伙食补助费、外地就医交通食宿费用、工伤康复费用、辅助器具费用、生活护理费等，以及职工因公死亡，其近亲属按照该条例规定取得的丧葬补助金、供养亲属抚恤金和一次性工亡补助金等。

(13) 个人举报、协查各种违法、犯罪行为而获得的奖金。

(14) 个人办理代扣代缴税款手续，按规定取得的扣缴手续费。

(15) 个人转让自用达 5 年以上并且是家庭唯一住房取得的所得。

(16) 对按《国务院关于高级专家离休退休若干问题的暂行规定》和《国务院办公厅关于杰出高级专家暂缓离休审批问题的通知》精神，达到离休、退休年龄，但却因工作需要，适当延长离休、退休年龄的高级专家，其在延长离休、退休期间的工资、薪金所得，视同退休工资、离休工资免征个人所得税。

(17) 外籍个人从外商投资企业取得的股息、红利所得。

(18) 个人取得的中奖所得，可视情况暂免征收个人所得税。

① 单张有奖发票奖金所得不超过 800 元的(含 800 元)的，暂免征收个人所得税；个人取得单张有奖发票奖金所得超过 800 元的，应全额按照《个人所得税法》规定的“偶然所得”计征个人所得税。

② 购买社会福利有奖募捐奖券、体育彩票一次性中奖收入不超过 10 000 元的暂免征收个人所得税，对一次性中奖收入超过 10 000 元的，应按税法规定全额计税。

(19) 乡镇企业的职工和农民取得的青苗补偿费，属种植业的收益范围，同时，也属于经济损失的补偿性收入，暂不征收个人所得税。

二、个人所得税的减征优惠

(1) 个人投资者持有 2019—2023 年发行的铁路债券取得的利息收入，减按 50%计入应纳税所得额计算征收个人所得税。税款由兑付机构在向个人投资者兑付利息时代扣代缴。铁路债券是指以中国铁路总公司为发行和偿还主体的债券，包括中国铁路建设债券、中期票据、短期融资券等债务融资工具。

(2) 自 2019 年 1 月 1 日起至 2023 年 12 月 31 日止，一个纳税年度内航行时间累计满 183 天的远洋船员，其取得的工资、薪金收入减按 50%计入应纳税所得额计征个人所得税。

(3) 有下列情形之一的，经批准可以减征个人所得税。

① 残疾、孤老人员和烈士家属的所得。

② 因严重自然灾害造成重大损失的。

③ 其他经国务院财政部门批准减税的。

第八节 个人所得税的征收管理

个人所得税的纳税办法，我国目前实行的是自行申报纳税和全员全额扣缴申报纳税两种。

一、自行申报纳税

自行申报纳税是由纳税人在税法规定的期限内，自行向税务机关申报应税所得项目和数额，如实填写纳税申报表，并按照税法规定计算应纳税额，据此缴纳个人所得税的一种方式。

(一) 应当依法办理纳税申报的情形

有下列情形之一的，纳税人应当依法办理纳税申报：

(1) 取得综合所得需要办理汇算清缴的；

(2) 取得应税所得没有扣缴义务人的；

(3) 从中国境外取得所得的；

(4) 扣缴义务人未扣缴税款的；

(5) 因移居境外注销中国户籍的；

(6) 非居民个人在中国境内从两处以上取得工资、薪金所得的；

(7) 国务院规定的其他情形。

(二) 取得综合所得需要办理汇算清缴的纳税申报

取得综合所得且符合下列情形之一的，应当依法办理汇算清缴：

(1) 从两处以上取得综合所得，且综合所得年收入额减除专项扣除的余额超过 6 万元；

(2) 取得劳务报酬所得、稿酬所得、特许权使用费所得中一项或者多项所得，且综合所得年收入额减除专项扣除的余额超过 6 万元；

(3) 纳税年度内预缴税额低于应纳税额；

(4) 纳税人申请退税。

需要办理汇算清缴的纳税人，应当在取得所得的次年 3 月 1 日至 6 月 31 日内，向任职、受雇单位所在地主管税务机关办理纳税申报，并报送《个人所得税年度自行纳税申报表》。纳税人有两处任职、受雇单位的，选择向一处任职、受雇单位所在地主管税务机关办理纳税申报；纳税人没有任职、受雇单位的，向户籍所在地或经常居住地主管税务机关办理纳税申报。

纳税人办理综合所得汇算清缴，应当准备与收入、专项扣除、专项附加扣除、依法确定的其他扣除、捐赠、享受税收优惠等有关的资料，并按规定留存备查或报送。

(三) 纳税申报方式

纳税人可以采取远程办税端、邮寄等方式申报，也可以直接到主管税务机关申报。

二、全员全额扣缴申报纳税

税法规定，扣缴义务人向个人支付应税款项时，应当依照《个人所得税法》规定预扣或者代扣税款，按时缴库，并专项记载备案。

全员全额扣缴申报，是指扣缴义务人应当在代扣税款的次月15日内，向主管税务机关报送其支付所得的所有个人的有关信息、支付所得额、扣除事项和数额、扣缴税款的具体数额和总额，以及其他相关涉税信息资料。

根据《个人所得税法》及其实施条例、《税收征收管理法》及其实施细则的有关规定，国家税务总局制定下发了《个人所得税扣缴申报管理办法(试行)》(以下简称《管理办法》)。自2019年1月1日起执行的《管理办法》，对扣缴义务人的义务及其应承担的责任等内容做出明确规定。

(一) 扣缴义务人和代扣预扣税款的范围

1. 扣缴义务人

扣缴义务人是指向个人支付所得的单位或者个人。这里所说的支付，包括现金支付、汇拨支付、转账支付和以有价证券、实物以及其他形式的支付。

2. 代扣预扣税款的范围

代扣预扣税款的范围如下：

(1) 工资、薪金所得；

(2) 劳务报酬所得；

(3) 稿酬所得；

(4) 特许权使用费所得；

(5) 利息、股利、红利所得；

(6) 财产租赁所得；

(7) 财产转让所得；

(8) 偶然所得。

(二) 不同项目所得的扣缴方法

扣缴义务人向居民个人支付工资、薪金所得时，应当按照累计预扣法计算预扣税款，并按月办理扣缴申报。

累计预扣法，是指扣缴义务人在一个纳税年度内预扣预缴税款时，以纳税人在本单位截至当前月份工资、薪金所得累计收入减除累计免税收入、累计减除费用、累计专项扣除、累计专项附加扣除和累计依法确定的其他扣除后的余额为累计预扣预缴应纳税所得额，计算累计应预扣预缴税额，再减除累计减免税额和累计已预扣预缴税额，其余额为本期应预扣预缴税额。余额为负值时，暂不退税。纳税年度终了后余额仍为负值时，由纳税人通过办理综合所得年度汇算清缴，多退少补。

扣缴义务人向居民个人支付劳务报酬所得、稿酬所得、特许权使用费所得时，应当按照以下方法按次或者按月预扣预缴税款。

(1) 劳务报酬所得、稿酬所得、特许权使用费所得以收入减除费用后的余额为收入额，其中稿酬所得的收入额减按 70%计算。

(2) 减除费用，预扣预缴税款时，劳务报酬所得、稿酬所得、特许权使用费所得每次收入不超过 4 000 元的，减除费用按 800 元计算；每次收入 4 000 元以上的，减除费用按收入的 20%计算。

(3) 应纳税所得额，劳务报酬所得、稿酬所得、特许权使用费所得，以每次收入额为预扣预缴应纳税所得额。

非居民个人取得工资、薪金所得，劳务报酬所得，稿酬所得和特许权使用费所得，有扣缴义务人的，由扣缴义务人按月或者按次代扣代缴税款，不办理汇算清缴。

扣缴义务人支付利息、股息、红利所得，财产租赁所得，财产转让所得或者偶然所得时，应当依法按次或者按月代扣代缴。

(三) 扣缴义务人的责任与义务

(1) 支付工资、薪金所得的扣缴义务人应当于年度终了后两个月内，向纳税人提供其个人所得和已扣缴税款等信息。纳税人年度中间需要提供上述信息的，扣缴义务人应当提供。

纳税人取得除工资、薪金所得之外的其他所得，扣缴义务人应当在扣缴税款后，及时向纳税人提供其个人所得和已扣缴税款等信息。

(2) 扣缴义务人应当按照纳税人提供的信息计算税款、办理纳税申报，不得擅自更改纳税人提供的信息。

(3) 扣缴义务人对纳税人提供的《个人所得税专项附加扣除信息表》，应当按照规定妥善保存备案。

(4) 扣缴义务人应当依法对纳税人报送的专项附加扣除等相关涉税信息和资料保密。

(5) 对扣缴义务人按照规定扣缴的税款，按年付给2%的手续费，不包括税务机关、司法机关等查补或者责令补扣的税款。

(6) 扣缴义务人依法履行代扣代缴义务，纳税人不得拒绝。纳税人拒绝的，扣缴义务人应当及时报告税务机关。

(7) 扣缴义务人有未按照规定向税务机关报送资料和信息、未按照纳税人提供信息虚报虚扣专项附加扣除、应扣未扣税款、不缴纳或少缴已扣税款、借用或冒用他人身份等行为的，依照《中华人民共和国税收征收管理法》等相关法律、行政法规处理。

(四) 代扣代缴期限

扣缴义务人每月或者每次预扣、代扣的税款，应当在次月15日内缴入国库，并向税务机关报送《个人所得税扣缴申报表》。

课后习题

一、单项选择题

1. 居民纳税人王某为独生子女，2019年交完社保和住房公积金后共取得工资收入15万元，劳务报酬2万元，稿酬2万元。王某有一个小孩且均由其扣除子女教育专项附加，纳税人的父母健在且已满60岁。计算其当年应纳个人所得税税额为(　　)。

A. 4 800　　B. 5 500　　C.8 000　　D. 6 600

2. 我国《个人所得税法》划分居民和非居民纳税人的标准是(　　)。

A. 习惯性居住地

B. 时间标准

C. 永久性居住地

D. 习惯性住所和时间标准

3. 根据《个人所得税法》的规定，纳税人的子女接受全日制学历教育的相关支出，按照每个子女每月(　　)元的标准定额扣除。

A. 700　　B. 800　　C. 900　　D. 1 000

4. 以下所得中，应计入“综合所得”项目缴纳个人所得税的是(　　)。

A. 个人兼职取得的收入

B. 个人从其任职公司取得的股息

C. 个人取得的储蓄存款利息收入

D. 个人出租房屋取得的收入

5. 下列各项中，不符合个人所得税相关规定的是(　　)。

A. 居民个人的综合所得，以每一纳税年度的收入额减除费用6万元以及专项扣除、专项附加扣除和依法确定的其他扣除后的余额，为应纳税所得额

B. 经营所得，以每一年纳税年度的收入总额减除成本、费用以及损失后的余额，为应纳税所得额

C. 财产转让所得，以转让财产的收入额减除财产原值和合理费用后的余额，为应纳税所得额

D. 利息、股息、红利所得和偶然所得，以每一纳税年度的收入额为应纳税所得额

二、多项选择题

1. 下列项目中，属于劳务报酬所得的有(　　)。

A. 个人书画展取得的报酬

B. 提供著作的版权而取得的报酬

C. 将国外的作品翻译出版取得的报酬

D. 高校教师受出版社委托进行审稿取得的报酬

2. 下列各项中，以取得的收入为应纳税所得额直接计征个人所得税的有(　　)。

A. 稿酬所得　　B. 偶然所得

C. 股息所得　　D. 特许权使用费所得

3. 根据《个人所得税法》的规定，下列情形中，纳税人应当依法办理纳税申报缴纳个人所得税的有(　　)。

A. 取得综合所得需要办理汇算清缴的

B. 取得应税所得没有扣缴义务人的

C. 取得应税所得，扣缴义务人未扣缴税款的

D. 从中国境外取得所得的

4. 王某 2020 年取得的下列所得中，应征收个人所得税的有(　　)。

A. 体育彩票中奖3万元

B. 获得省政府颁发的文学奖5万元

C. 连载刊登小说获得稿酬所得5 000元

D. 转让持有的某合伙企业股份获得3万元

5. 下列各项中，属于个人所得税专项附加扣除的是(　　)。

A. 继续教育　　B. 大病医疗

C. 赡养老人支出　　D. 商业性补充养老

第七章

资 源 税 法

【学习要点】

本章主要介绍了资源税的概念、特点、征税范围、纳税人、计税依据、应纳税额计算以及税收优惠和征收管理等内容。通过学习，应理解资源税的概念和特点；熟悉资源税纳税人、税收优惠和征收管理；掌握资源税的计税依据和应纳税额计算。

第一节　资源税法概述

一、资源税的概念

资源税是以自然资源为课税对象征收的一种税。由于资源的稀缺性和自然条件差别，导致了资源开发利用中的许多问题。为了更好地解决这些问题，无论是发达国家还是发展中国家，征收资源税已成为通行的做法。

我国现行的资源税是对在我国领域及管辖海域从事开采矿产品或生产盐的单位和个人，就其应税产品的销售额或销售数量所征收的一种税。

我国对自然资源征税的历史十分悠久，历代都有过对自然资源课税。中华人民共和国成立后，《全国税政实施要则》规定对盐的生产、运销征收盐税。1984 年 9 月 18 日，国务院正式发布《中华人民共和国资源税条例(草案)》，并从当年 10 月 1 日起在全国施行，但其征收范围仅限于原油、天然气、煤炭 3 种资源。1993 年 12 月 25 日，国务院颁布了《中华人民共和国资源税暂行条例》，自 1994 年 1 月 1 日起施行。1994 年税制改革时，根据“普遍征收，级差调节”的原则，我国扩大了资源税的征税范围，将盐税归并到资源税中，同时提高了征收税额。2011 年 9 月 21 日，国务院第 173 次常务会议通过了《关于修改<中华人民共和国资源税暂行条例>的决定》，自 2011 年 11 月 1 日起施行。2014 年 12 月又对煤炭的资源税由从量计征改为从价计征。2016 年全面推进资源税改革，财政部、国家税务总局 2016 年 5 月公布《关于全面推进资源税改革的通知》《关于资源税改革具体问题的通知》等，对绝大部分应税产品实行从价计征方式。

为了贯彻习近平生态文明思想，落实税收法定原则，2019 年 8 月 26 日第十三届全国人民代表大会常务委员会第十二次会议通过《中华人民共和国资源税法》(以下简称《资源税法》)，并于 2020 年 9 月 1 日起施行。

二、资源税的特点

(一) 征税范围具有特定性

自然资源包括的范围很广，但我国现行的资源税的征税范围仅选择了部分级差收入较大、资源较为普遍、易于征收管理的矿产品和盐。课税范围较小，使得资源税普遍调节的作用未充分发挥出来，非应税资源的掠夺性开采和使用的现象极为严重。因而，从资源税的改革方向看，我国资源税将进一步扩大征税范围。

(二) 资源税体现了政府的特定目的

政府设立资源税的一个重要目的就是促进自然资源的合理开采、节约使用和有效配置，防止开发者对自然资源采富弃贫、采易弃难、采大弃小。资源税作为重要的自然资源调控手段，在保护资源合理开发和生态环境方面发挥了不可替代的作用。

(三) 实行从量定额与从价定率相结合的征收方法

自然资源的贫富、品味的高低以及开采条件的优劣，会给从事资源开发的不同企业带来不同的级差收入，因此，在资源税税率设计上，必须考虑开采条件、稀缺性等各种因素，按照“资源条件好的多征，资源条件差的少征”的原则，确定相应的差别税率。在征收方法上，我国现行的资源税以应税资源产品的销售额或者销售数量为计税依据，实行从量定额与从价定率相结合的征收方法，有利于计征和缴纳。

第二节　纳税义务人、征税对象和税率

一、资源税的纳税义务人

资源税的纳税义务人是指在中华人民共和国领域及其管辖海域开采应税资源的单位和个人。单位是指国有企业、集体企业、私营企业、股份制企业、其他企业和行政单位、事业单位、军事单位、社会团体及其他单位；个人是指个体工商户和其他个人；其他单位和其他个人包括外商投资企业、外国企业和外籍人员。

资源税规定仅对在中国境内开采或生产应税产品的单位和个人征收，因此，进口的资源产品不属于资源税的征税范围，所以进口资源产品的单位和个人不是资源税的纳税人。相应的，对出口应税产品也不免征或退还已纳资源税款。

单位和个人以应税产品投资、分配、抵债、赠与、以物易物等，视同销售，应按照规定计算缴纳资源税。

开采海洋或陆上油气资源的中外合作企业，在 2011 年 11 月 1 日已签订的合同继续缴纳矿区使用费，不缴纳资源税；合同期满后，依法缴纳资源税。

二、资源税的征税对象

1. 能源矿产

(1) 原油，是指开采的天然原油，不包括人造石油。

(2) 天然气、页岩气、天然气水合物。

(3) 煤炭，包括原煤和以未税原煤加工的洗选煤。

(4) 煤成(层)气。

(5) 铀、钍。

(6) 油页岩、油砂、天然沥青、石煤。

(7) 地热。

2. 金属矿产

(1) 黑色金属，包括铁、锰、铬、钒、钛。

(2) 有色金属，包括铜、铅、锌、锡、镍、锑、镁、钴、铋、汞；铝土矿；钨；钼；金、银；铂、钯、钌、锇、铱、铑；轻稀土；中重稀土；铍、锂、锆、锶、铷、铯、铌、钽、锗、镓、铟、铊、铪、铼、镉、硒、碲。

3. 非金属矿产

(1) 矿物类，包括高岭土、石灰岩、磷、石墨、萤石、硫铁矿、自然硫、天然石英砂、脉石英、粉石英、水晶、工业用金刚石、冰洲石、蓝晶石、硅线石(矽线石)、长石、滑石、刚 玉、菱镁矿、颜料矿物、天然碱、芒硝、钠硝石、明矾石、砷、硼、碘、溴、膨润土、硅藻土、陶瓷土、耐火粘土、铁矾土、凹凸棒石粘土、海泡石粘土、伊利石粘土、累托石粘土、叶蜡石、硅灰石、透辉石、珍珠岩、云母、沸石、重晶石、毒重石、方解石、蛭石、透闪石、工业用电气石、白垩、石棉、蓝石棉、红柱石、石榴子石、石膏、其他粘土(铸型用粘土、砖瓦用粘土、陶粒用粘土、水泥配料用粘土、水泥配料用红土、水泥配料用黄土、水泥配料用泥岩、保温材料用粘土)。

(2) 岩石类，包括大理岩、花岗岩、白云岩、石英岩、砂岩、辉绿岩、安山岩、闪长岩、板岩、玄武岩、片麻岩、角闪岩、页岩、浮石、凝灰岩、黑曜岩、霞石正长岩、蛇纹岩、麦饭石、泥灰岩、含钾岩石、含钾砂页岩、天然油石、橄榄岩、松脂岩、粗面岩、辉长岩、辉石岩、正长岩、火山灰、火山渣、泥炭、砂石。

(3) 宝玉石类，包括宝石、玉石、宝石级金刚石、玛瑙、黄玉、碧玺。

4. 水气矿产

(1) 二氧化碳气、硫化氢气、氦气、氡气。

(2) 矿泉水。

5. 盐

(1) 钠盐、钾盐、镁盐、锂盐。

(2) 天然卤水。

(3) 海盐。

三、资源税的税率

资源税实行从价定率或者从量定额的计算方法，适用定额税率和比例税率两种税率形式。资源税税目、税率的具体规定如表 7-1 所示。

表7-1　资源税税目、税率表

序号	税目			征税对象	税率
1	能源矿产	原油		原矿	6%
2		天然气、页岩气、天然气水合物		原矿	6%
3		煤		原矿或者选矿	2%～10%
4		煤成(层)气		原矿	1 %～2%
5		铀、钍		原矿	4%
6		油页岩、油砂、天然沥青、石煤		原矿或者选矿	1%～4%
7		地热		原矿	1%～20%或者每立方米 1～30 元
8	金属矿产	黑色金属	铁、锰、铬、钒、钛	原矿或者选矿	1%～9%
9		有色金属	铜、铅、锌、锡、镍、锑、镁、钴、铋、汞	原矿或者选矿	2%～10%
10			铝土矿	原矿或者选矿	2%～9%
11			钨	选矿	6.5%
12			钼	选矿	8%
13			金、银	原矿或者选矿	2%～6%
14			铂、钯、钌、锇、铱、铑	原矿或者选矿	5%～10%
15			轻稀土	选矿	7%～12%
16			中重稀土	选矿	20%
17			铍、锂、锆、锶、铷、铯、铌、钽、锗、镓、铟、铊、铪、铼、镉、硒、碲	原矿或者选矿	2%～10%
18	非金属矿产	矿物类	高岭土	原矿或者选矿	1%～6%
19			石灰岩	原矿或者选矿	1%～6%或者每吨(或者每立方米) 1～10 元
20			磷	原矿或者选矿	3%～8%
21			石墨	原矿或者选矿	3%～12%
22			萤石、硫铁矿、自然硫	原矿或者选矿	1%～8%
23			天然石英砂、脉石英、粉石英、水晶、工业用金刚石、冰洲石、蓝晶石、硅线石(矽线石)、长石、滑石、刚玉、菱镁矿、	原矿或者选矿	1%～12%

(续表)

序号	税目			征税对象	税率
23(续)	非金属矿产	矿物类	颜料矿物、天然碱、芒硝、钠硝石、明矾石、砷、硼、碘、溴、膨润土、硅藻土、陶瓷土、耐火粘土、铁矾土、凹凸棒石粘土、海泡石粘土、伊利石粘土、累托石粘土	原矿或者选矿	1%～12%
24			叶蜡石、硅灰石、透辉石、珍珠岩、云母、沸石、重晶石、毒重石、方解石、蛭石、透闪石、工业用电气石、白垩、石棉、蓝石棉、红柱石、石榴子石、石膏	原矿或者选矿	2%～12%
25			其他粘土(铸型用粘土、砖瓦用粘土、陶粒用粘土、水泥配料用粘土、水泥配料用红土、水泥配料用黄土、水泥配料用泥岩、保温材料用粘土)	原矿或者选矿	1%～5%或者每吨(或者每立方米)0. 1～5 元
26		岩石类	大理岩、花岗岩、白云岩、石英岩、砂岩、辉绿岩、安山岩、闪长岩、板岩、玄武岩、片麻岩、角闪岩、页岩、浮石、凝灰岩、黑曜岩、霞石正长岩、蛇纹岩、麦饭石、泥灰岩、含钾岩石、含钾砂页岩、天然油石、橄榄岩、松脂岩、粗面岩、辉长岩、辉石岩、正长岩、火山灰、火山渣、泥炭	原矿或者选矿	1%～10%
27			砂石	原矿或者选矿	1%～5%或者每吨(或者每立方米)0.1～5 元
28		宝玉石类	宝石、玉石、宝石级金刚石、玛瑙、黄玉、碧玺	原矿或者选矿	4%～20%
29	水气矿产	二氧化碳气、硫化氢气、氦气、氡气		原矿	2%～5%
30		矿泉水		原矿	1%～20% 或者每立方米 1～30 元
31	盐	钠盐、钾盐、镁盐、锂盐		选矿	3%～15%
32		天然卤水		原矿	3%～15% 或者每吨(或者每立方米)1～10 元
33		海盐			2%～5%

资源税具体使用的税额、税率是在表 7-1 中的幅度范围内按等级来确定的，等级的划分，按《资源税实施细则》所附《几个主要品种的矿山资源登记表》执行。对表 7-1 中规定实行幅度比率的，其具体适用税率由省、自治区、直辖市人民政府统筹考虑该应税资源税的品位、开采条件以及对生态环境的影响等情况，在规定的税率幅度内提出，报同级人民代表

大会常务委员会决定，并报全国人民代表大会常务委员会和国务院备案。《税率税目表》中规定征税对象为原矿或选矿的，应当分别确定具体适用税率。

纳税人开采或者生产不同税目应税产品的，应当分别核算不同税目应税产品的销售额或者销售数量；未分别核算或者不能准确提供不同税目应税产品的销售额或者销售数量的，从高适用税率。

第三节　资源税的计税依据和应纳税额的计算

一、资源税的计税依据

资源税的计税依据为应税产品的销售额或销售数量，各税目的征税对象包括原矿、精矿等，根据《资源税税目税率表》的规定，地热、砂石、矿泉水和天然卤水可以采用从价计征或从量计征，其他应税产品一律适用从价计征的方式征税。

(一) 从价定率征收的计税依据

实行从价定率征收的以销售额作为计税依据。销售额是指纳税人销售应税产品向购买方收取的全部价款和价外费用，但不包括收取的增值税销项税额。

价外费用，包括价外向购买方收取的手续费、补贴、基金、集资费、返还利润、奖励费、违约金、滞纳金、延期付款利息、赔偿金、代收款项、代垫款项、包装费、包装物租金、储备费、优质费、运输装卸费，以及其他各种性质的价外收费，但下列项目不包括在内。

1. 同时符合以下条件的代垫运输费用

(1) 承运部门的运输费用发票开具给购买方的；

(2) 纳税人将该项发票转交给购买方的。

2. 同时符合以下条件代为收取的政府性基金或者行政事业性收费

(1) 由国务院或者财政部批准设立的政府性基金，由国务院或者省级人民政府及其财政、价格主管部门批准设立的行政事业性收费；

(2) 收取时开具省级以上财政部门印刷的财政票据；

(3) 所收款项全额上缴财政。

另外，纳税人以人民币以外的货币结算销售额的，应当折合成人民币计算。其销售额的人民币折合率可以选择销售额发生的当天或者当月 1 日的人民币汇率中间价。纳税人应事先确定采用何种折合率计算方法，确定后 1 年内不得变更。

(二) 从量定额征收的计税依据

实行从量定额征收的以销售数量为计税依据。销售数量的具体规定如下。

(1) 销售数量，包括纳税人开采或者生产应税产品的实际销售数量和视同销售的自用数量。

(2) 纳税人不能准确提供应税产品销售数量的，以应税产品的产量或者主管税务机关确定的折算比换算成的数量为计征资源税的销售数量。

(3) 纳税人以自产的液体盐加工成固体盐，按固体盐税额征税，以加工的固体盐数量为课税数量。纳税人以外购的液体盐加工成固体盐，其加工固体盐所耗用液体盐的已纳税额准予抵扣。

(三) 视同销售的情形

计税销售额或者销售数量，包括应税产品实际销售和视同销售两部分。应当征收资源税的视同销售的自产自用产品，包括用于非生产项目和生产非应税产品两类。视同销售具体包括以下情形：

(1) 纳税人以自采原矿直接加工为非应税产品的，视同原矿销售；

(2) 纳税人以自采原矿洗选(加工)后的精矿连续生产非应税产品的，视同精矿销售；

(3) 以应税产品投资、分配、抵债、赠与、以物易物等，视同应税产品销售。

二、资源税应纳税额的计算

资源税的应纳税额，按照从价定率或者从量定额的办法，分别以应税产品的销售额乘以纳税人具体适用的比例税率或者以应税产品的销售数量乘以纳税人具体适用的定额税率计算。

(1) 实行从价定率征收的，根据应税产品的销售额和规定的适用税率计算应纳税额，具体计算公式为

应纳税额＝销售额×适用税率

【例 7-1】某油田 2019 年 3 月销售原油 20 000 吨，开具增值税专用发票，取得销售额 15 000 万元，增值税额 1 700 万元，按《资源税税目税率表》的规定，其适用的税率为 8%。请计算该油田 3 月应缴纳的资源税税额。

应纳资源税税额＝15 000×8%＝1 200 (万元)

(2) 实行从量定额征收的，根据应税产品的课税数量和规定的单位税额计算应纳税额，具体计算公式为

应纳税额＝课税数量×单位税额

【例 7-2】某砂石开采企业 2019 年 5 月销售砂石 2 500 立方米，资源税税率为 2 元/立方米。请计算该企业 5 月份应纳资源税税额。

销售砂石应纳资源税税额＝2 500×2＝5 000(元)

第四节　资源税的税收优惠和征收管理

一、资源税的税收优惠

(一) 免征资源税

有下列情形之一的，免征资源税：

(1) 开采原油以及油田范围内运输原油过程中用于加热的原油、天然气；

(2) 煤炭开采企业因安全生产需要抽采的煤成(层)气。

(二) 减征资源税

1) 从低丰度油气田开采的原油、天然气减征 20%资源税

(1) 陆上低丰度油田是指每平方公里原油可采储量丰度低于 25 万立方米的油田；陆上低丰度气田是指每平方公里天然气可采储量丰度低于 2.5 亿立方米的气田。

(2) 海上低丰度油田是指每平方公里原油可采储量丰度低于 60 万立方米的油田；陆上低丰度气田是指每平方公里天然气可采储量丰度低于 6 亿立方米的气田。

2) 高含硫天然气、三次采油和从深水油气田开采的原油、天然气，减征 30%资源税

(1) 高含硫天然气是指硫化氢含量在每立方米 30 克以上的天然气。

(2) 三次采油是指二次采油后继续以聚合物驱、复合驱、泡沫驱、二氧化碳驱、气水交替驱、微生物驱等方式进行采油。

(3) 深水油气田是指水深超过 300 米的油气田。

3) 稠油、高凝油减征 40%资源税

(1) 稠油是指地层原油黏度大于或等于 50 毫帕/秒或原油密度大于或等于 0.92 克/立方厘米的原油。

(2) 高凝油是指凝固点高于 40℃的原油。

4) 从衰竭期矿山开采的矿产品，减征 30%资源税

衰竭期矿山是指设计开采年限超过 15 年，且剩余可采储量下降到原设计可采储量的 20%以下或者剩余开采年限不超过 5 年的矿山，衰竭期矿山以开采企业下属的单个矿山为单位确定。

根据国民经济和社会发展需要，国务院对有利于促进资源节约集约利用、保护环境等情形可以规定免征或者减征资源税，报全国人民代表大会常务委员会备案。

(三) 可由省、自治区、直辖市人民政府决定的减税或者免税

有下列情形之一的，省、自治区、直辖市可以决定免征或者减征资源税：

(1) 纳税人开采或者生产应税产品过程中，因意外事故或者自然灾害等原因遭受重大损失；

(2) 纳税人开采共伴生矿、低品位矿、尾矿。

上述规定的免征或者减征资源税的具体办法，由省、自治区、直辖市人民政府提出，报同级人民代表大会常务委员会决定，并报全国人民代表大会常务委员会和国务院备案。

纳税人的免税、减税项目，应当单独核算销售额或者销售数量；未单独核算或者不能准确提供销售额或者销售数量的，不予免税或者减税。

二、资源税的征收管理

（一）纳税义务发生时间

1. 纳税人销售应税产品的纳税义务发生时间

纳税人销售应税产品，其纳税义务发生时间为：

(1) 纳税人采取分期收款结算方式的，其纳税义务发生时间，为销售合同规定的收款日期的当天；

(2) 纳税人采取预收货款结算方式的，其纳税义务发生时间，为发出应税产品的当天；

(3) 纳税人采取其他结算方式的，其纳税义务发生时间，为收讫销售款或者取得索取销售款凭据的当天。

2. 纳税人自产自用应税产品的纳税义务发生时间

纳税人自产自用应税产品的纳税义务发生时间，为移送使用应税产品的当天。

3. 扣缴义务人代扣代缴税款的纳税义务发生时间

扣缴义务人代扣代缴税款的纳税义务发生时间，为支付首笔货款或首次开具支付货款凭据的当天。

（二）纳税期限

资源税按月或者按季申报缴纳；不能按固定期限缴纳的，可以按次申报缴纳。

纳税人按月或者按季申报缴纳的，应当自月度或者季度终了之日起 15 日内，向税务机关办理纳税申报并缴纳税款。

（三）纳税环节和纳税地点

1. 纳税环节

(1) 资源税在应税产品的销售或自用环节计算缴纳。纳税人以自采原矿加工精矿产品的，在原矿移送使用时不缴纳资源税，在精矿销售或自用时缴纳资源税。

(2) 纳税人以自采原矿直接加工为非应税产品或者以自采原矿加工的精矿连续生产非应税产品的，在原矿或者精矿移送环节计算缴纳资源税。

(3) 以应税产品投资、分配、抵债、赠与、以物易物等，在应税产品所有权转移时计算缴纳资源税。

(4) 纳税人以自采原矿加工金锭的，在金锭销售或自用时缴纳资源税。纳税人销售自采原矿或者自采原矿加工的金精矿、粗金，在原矿或者金精矿、粗金销售时缴纳资源税，在移送使用时不缴纳资源税。

2. 纳税地点

凡是缴纳资源税的纳税人，都应当向应税产品的开采地或者生产地税务机关申报缴纳资源税。

(四) 征收机关

资源税由税务机关按照《资源税法》和《中华人民共和国税收征收管理法》的规定征收管理。税务机关与自然资源等相关部门应当建立工作配合机制，加强资源税征收管理。

课后习题

一、单项选择题

1. 在中华人民共和国境内开采(　　)的单位和个人，为资源税的纳税义务人。
   A. 应税矿产品　　B. 生产盐
   C. 资源　　D. 应税矿产品或者生产盐
2. 下列产品，不属于资源税的征收范围的是(　　)。
   A. 原煤　　B. 人造石油　　C. 黑色金属矿原矿　　D. 盐
3. 资源税纳税人自产自用应税产品的纳税义务发生时间为(　　)。
   A. 应税产品开采的当天　　B. 应税产品全部使用完毕的当天
   C. 应税产品投入使用的当天　　D. 移送使用应税产品的当天
4. 《资源税法》规定，资源税采用从量定额税率，以(　　)为课税数量。
   A. 销售数量　　B. 开采数量　　C. 计划产量　　D. 生产数量
5. 依据资源税的有关规定，扣缴义务人代扣代缴资源税的地点是(　　)。
   A. 开采地　　B. 核算地　　C. 收购地　　D. 销售地

二、多项选择题

1. 不属于资源税征税范围的有(　　)。
   A. 原煤　　B. 洗煤　　C. 选煤　　D. 其他煤炭制品
2. 下列资源税应税产品，适用从价定率征收的有(　　)。
   A. 原油　　B. 天然气　　C. 煤炭　　D. 海盐
3. 将应税产品包括原矿、精矿或原矿加工品、金原矿、金精矿、粗金、金锭、氯化钠初级产品等用于(　　)，属于视同销售，依照有关规定计算缴纳资源税。
   A. 投资　　B. 分配　　C. 抵债　　D. 赠与
4. 下列各项中，符合资源税纳税义务发生时间规定的有(　　)。
   A. 采取分期收款结算方式的，为实际收到款项的当天
   B. 采取预收贷款结算方式的，为发出应税产品的当天
   C. 自产自用应税产品的，为移送使用应税产品的当天
   D. 采取其他结算方式的，为收讫销售款或取得索取销售款凭据的当天
5. 资源税的纳税人是从事应税矿产品开采或生产盐而进行销售或自用的所有单位和个人，包括(　　)。
   A. 私营企业　　B. 个体工商户　　C. 外国企业　　D. 中外合资企业

第八章

土地增值税法

【学习要点】

本章主要介绍了土地增值税的概念、特点、征税范围、纳税人、计税依据、应纳税额的计算以及税收优惠和征收管理等内容。通过学习，应理解土地增值税的概念和特点；熟悉土地增值税纳税人、税收优惠和征收管理；掌握土地增值税的计税依据和应纳税额计算。

第一节　土地增值税概述

一、土地增值税的概念

土地增值税是对有偿转让国有土地使用权及地上建筑物和其他附着物产权并取得增值性收入的单位和个人所征收的一种税。

对土地课税是一种古老的税收形式，也是各国普遍征收的一种财产税。有些国家和地区将土地单列出来征税，如土地税、地价税、农地税、未开发土地税、荒地税、城市土地税、土地登记税、土地转让税、土地增值税、土地租金税、土地发展税等。有些国家和地区鉴于土地与地面上的房屋、建筑物及其他附着物密不可分，对土地、房屋及其他附着物一起征税，统称为房地产税、不动产税、财产税等。

中华人民共和国成立以来，我国虽然开征过一些土地税，如契税、城市房地产税、房产税、土地使用税等，但这些税种带有行为税的特点，其调节房地产市场的力度很有限。国务院于 1993 年 12 月 31 日发布了《中华人民共和国土地增值税暂行条例》(以下简称《土地增值税暂行条例》)，财政部于 1995 年 1 月 27 日颁布了《中华人民共和国土地增值税暂行条例实施细则》(以下简称《土地增值税暂行条例实施细则》)，决定自 1994 年 1 月 1 日起在全国开征土地增值税，这是我国(除我国的台湾地区外)第一个专门对土地增值额或土地收益额征税的税种。

二、土地增值税的特点

土地增值税有以下几个特点。

(一) 以转让房地产取得的增值额为征税对象

我国的土地增值税属于“土地转移增值税”的类型，将土地、房屋的转让收入合并征收。作为征税对象的增值额，是纳税人转让房地产的收入减除税法规定准予扣除项目金额后的余额。

(二) 征税面比较广

凡在我国境内转让房地产并取得增值收入的单位和个人，除税法规定免税的以外，均应依照税法规定缴纳土地增值税。换言之，凡发生应税行为的单位和个人，不论其经济性质，也不分内、外资企业或中、外籍人员，无论专营或兼营房地产业务，均有缴纳土地增值税的义务。

(三) 采用扣除法和评估法计算增值额

土地增值税，以纳税人转让房地产取得的收入，减除法定扣除项目金额后的余额作为计税依据。对旧房及建筑物的转让，以及对纳税人转让房地产申报不实、成交价格偏低的，采用评估价格法确定增值额，计征土地增值税。

(四) 实行超率累进税率

土地增值税的税率是以转让房地产的增值率高低为依据，按照累进原则设计的，实行分级计税。增值率高的，适用的税率高、多纳税；增值率低的，适用的税率低、少纳税。税收负担较为合理，便于体现国家政策。

(五) 实行按次征收

土地增值税发生在房地产转让环节，实行按次征收，每发生一次转让行为，就应根据每次取得的增值额征一次税。其纳税时间和缴纳方法根据房地产转让情况而定。

第二节　土地增值税的征税范围、纳税人和税率

一、土地增值税的征税范围

土地增值税是对转让国有土地使用权及地上建筑物和其他附着物的行为征税。

(一) 征税范围的基本规定

根据《土地增值税暂行条例》的规定，凡转让国有土地使用权、地上建筑物及其附着物并取得收入的行为都应缴纳土地增值税。其中，“国有土地”是指按国家法律规定属于国家所有的土地；“地上建筑物”是指建于土地上的一切建筑物，包括地上、地下的各种附属设施；“附着物”是指附着于土地上的不能移动，一经移动即遭损坏的物品。

通常是否属于土地增值税的征税范围，可以通过以下 3 个标准来加以判定。

(1) 转让的是国有土地使用权。根据我国宪法和土地管理法的规定，城市的土地属于国

家所有，农村和城市郊区的土地除由法律特殊规定属于国家所有的以外，属于集体所有。我国土地增值税仅对转让国有土地使用权的行为征税，对转让集体土地使用权的行为不征税，但是依法被征用后的集体土地属于国家所有，只有被征用后，其才能进行转让并纳入土地增值税的征税范围。

(2) 国有土地使用权、地上建筑物及附着物的权属发生转移。这一标准可以从两个方面理解。

① 国有土地使用权的出让不属于土地增值税的征税范围。国有土地使用权出让，是指国家以土地所有者的身份将土地使用权在一定年限内让与土地使用者，并由土地使用者向国家支付土地出让金的行为。土地使用权出让的出让方是国家，国家凭借土地所有权向土地使用者收取土地的租金。出让的目的是实行国有土地的有偿使用制度，合理开发、使用、经营土地，因此，土地使用权的出让不属于土地增值税的征税范围。

② 如果为转让土地使用权，房产产权未发生转移，也不属于土地增值税的征税范围。

(3) 对转让房地产并取得收入的征税，对发生了转让行为但没有取得收入的不征税，如通过继承、赠与方式转让房地产的，虽然发生了转让行为，但未取得收入，也不属于土地增值税的征税范围。

必须同时符合以上 3 个标准，才属于土地增值税的征税范围。

(二) 征税范围的具体界定

根据以上 3 个标准，可对实践中的各种具体情况是否需要缴纳土地增值税做出界定。

(1) 国有土地使用权、地上建筑物及附着物的转让。具体来说，出售国有土地使用权的、取得国有土地使用权后进行房屋开发建造后出售的，以及存量房地产的买卖均属于土地增值税的征税范围。

(2) 继承、赠与方式取得的房地产。以继承、赠与方式转让房地产，属于无偿转让房地产的行为，不纳入土地增值税的征税范围。房地产的继承是指房产的原产权所有人、依照法律规定取得土地使用权的土地使用人死亡后，由其继承人依法继承死者房产产权和土地使用权的民事法律行为。这种行为虽然发生了房地产的权属变更，但作为房产产权、土地使用权的所有人(即被继承人)并没有因为权属变更而取得任何收入。因此，房地产的继承不属于土地增值税的征税范围。这里的“赠与”仅指两种情况。

① 房产所有人、土地使用权所有人将房屋产权、土地使用权赠与直系亲属或承担直接赡养义务人的。

② 房产所有人、土地使用权所有人通过中国境内非营利的社会团体、国家机关将房屋产权、土地使用权赠与教育、民政和其他社会福利、公益事业的。其中，社会团体是指中国青少年发展基金会、希望工程基金会、宋庆龄基金会、减灾委员会、中国红十字会、中国残疾人联合会、全国老年基金会、老区促进会，以及经民政部门批准成立的其他非营利性的公益性组织。

(3) 房地产出租。房地产的出租是指房产的所有权人、依照法律规定取得土地使用权的土地使用人，将房产、土地使用权租赁给承租人使用，由承租人向出租人支付租金的行为。房地产出租，出租人取得了收入，但没有发生房地产产权的转让，不属于土地增值税的征税范围。

(4) 合作建房。对于一方出地，一方出资金，双方合作建房，建成后分房自用的暂免征收土地增值税，但是，建成后转让的，属于土地增值税的征税范围。

(5) 企业兼并转让房地产。在企业兼并中，对被兼并企业将房地产转让到兼并企业中的，暂免征收土地增值税。

(6) 交换房地产。这种情况是指一方以房地产与另一方的房地产进行交换的行为。由于交换房地产行为既发生了房产产权、土地使用权的转移，交换双方又取得了实物形态的收入，按照规定属于土地增值税的征税范围，但对个人之间互换自有居住用房地产的，经当地税务机关核实，可以免征土地增值税。

(7) 房地产抵押。房地产的抵押是指房产的所有权人、依照法律规定取得土地使用权的土地使用人，将房产、土地使用权作为债务人或第三人向债权人提供不动产作为清偿债务的担保而不转移权属的法律行为。这种情况由于房产的产权、土地使用权在抵押期间并没有发生权属的变更，房产的产权所有人、土地使用权人仍能对房地产行驶占有、使用、受益等权利，房产的产权所有人、土地使用权人虽然在抵押期间取得了一定的抵押贷款，但实际上这些贷款在抵押期满后是要连本带利偿还给债权人的。因此，对房地产的抵押，在抵押期间不征收土地增值税。待抵押期满后，视该房地产是否转移产权来确定是否征收土地增值税。以房地产抵债而发生房地产产权转让的，属于土地增值税的征税范围。

(8) 房地产的代建房行为。这种情况是指房地产开发公司代客户进行房地产的开发，开发完成后向客户收取代建收入的行为。对于房地产开发公司而言，虽然取得了收入，但没有发生房地产权属的转移，其收入属于劳务收入性质，故不属于土地增值税的征税范围。

(9) 房地产评估增值。房地产评估增值，没有发生房地产权属的转让，不属于土地增值税的征税范围。

二、土地增值税的纳税人

《土地增值税暂行条例》规定，土地增值税的纳税人是转让国有土地使用权及地上建筑物及其附着物产权，并取得收入的单位和个人，包括机关、团体、部队、企业事业单位、个体工商业户及国内其他单位和个人，还包括外商投资企业、外国企业及外国机构、华侨及外国公民等。

三、土地增值税的税率

土地增值税以转让房地产取得的增值额为累进依据，实行四级超率累进税率：增值额未超过扣除项目金额50%的部分，税率为30%；增值额超过扣除项目金额50%、未超过扣除项目金额100%的部分，税率为40%；增值额超过扣除项目金额100%、未超过扣除项目金额200%的部分，税率为50%；增值额超过扣除项目金额200%的部分，税率为60%。土地增值税四级超率累进税率如表8-1所示。

表8-1　土地增值税四级超率累进税率

级数	增值额与扣除项目金额的比率	税率/%	速算扣除系数/%
1	不超过 50%的部分	30	0
2	超过 50%至 100%的部分	40	5

(续表)

级数	增值额与扣除项目金额的比率	税率/%	速算扣除系数/%
3	超过 100%至 200%的部分	50	15
4	超过 200%的部分	60	35

第三节　土地增值税的计税依据和应纳税额的计算

一、土地增值税的计税依据

土地增值税的计税依据是纳税人转让房地产所取得的增值额。转让房地产的增值额，是纳税人转让房地产的收入减除税法规定的扣除项目金额后的余额。土地增值额的大小，取决于转让房地产的收入额和扣除项目金额两个因素。对这两个因素的内涵、范围和确定方法等，税法做了较为明确的规定。

(一) 转让收入的确定

纳税人转让房地产所得的收入是指转让房地产所取得的各种收入，包括货币收入、实物收入和其他收入在内的全部价款及有关的经济利益。

对取得的实物收入，要按收入时的市场价格折算成货币收入；对取得的无形资产收入，要进行专门的评估，在确定其价值后折算成货币收入。

土地增值税以人民币为计算单位。转让房地产所取得的收入为外国货币的，以取得收入当天或当月 1 日国家公布的市场汇价折合成人民币，据以计算土地增值税税额。

(二) 扣除项目及其金额

在确定房地产转让的增值额和计算应纳土地增值税时，允许从房地产转让收入总额中扣除的项目及其金额，如果根据征税对象或税基划分，大致可以分为 3 类：一是土地使用权人将未建建筑物或其他附着物的土地使用权出售给买受人时，允许从收入中扣除的项目及其金额；二是纳税人取得土地使用权后，建造商品房，并将建造的商品房连同使用范围内的土地使用权出售给买受人，允许扣除的项目及其金额；三是纳税人出售上述两种情况之外的其他房地产，如出售旧房及建筑物，允许扣除的项目及其金额。

以上 3 类扣除项目依据具体内容不同，又可分为以下几类。

1. 取得土地使用权所支付的金额

取得土地使用权所支付的金额具体包括以下两方面的内容。

(1) 纳税人为取得土地使用权支付的地价款。如果是以出让方式取得土地使用权的，为支付的土地出让金；如果是以行政划拨方式取得土地使用权的，为转让土地使用权时按规定补缴的出让金；如果是以转让方式取得土地使用权的，则为支付的地价款。

(2) 纳税人按国家统一规定缴纳的有关费用。其是指纳税人在取得土地使用权过程中为办理有关手续，按国家统一规定缴纳的有关登记、过户手续费和契税。

2. 开发土地和新建房及配套设施的成本(简称房地产开发成本)

房地产开发成本指纳税人开发房地产项目实际发生的成本，这些成本允许按实际发生数扣除，主要包括土地征用及拆迁补偿费、前期工程费、建筑安装工程费、基础设施费、公共配套设施费、开发间接费用。

(1) 土地征用及拆迁补偿费，包括土地征用费、耕地占用费、劳动力安置费及有关地上或地下附着物拆迁补偿的净支出、安置动迁用房支出等。

(2) 前期工程费，包括规划、设计、项目可行性研究和水文、地质、勘察、测绘、“三通一平”等支出。

(3) 建筑安装工程费，是指以出包方式支付给承包单位的建筑安装工程费，以自营方式发生的建筑工程安装费。

(4) 基础设施费，包括开发小区的道路、供水、供电、供气、排污、排洪、通信、照明、环卫、绿化等工程发生的支出。

(5) 公共配套设施费，包括不能有偿转让的开发小区内公共配套设施发生的支出。

(6) 开发间接费用，是指直接组织、管理开发项目所发生的费用，包括工资、职工福利费、折旧费、修理费、办公费、水电费、劳动保护费、周转房摊销等。

3. 开发土地和新建房及配套设施的费用(简称房地产开发费用)

房地产开发费用是指与房地产开发项目有关的销售费用、管理费用、财务费用。根据现行财务会计制度的规定，这 3 项费用作为期间费用，直接计入当年损益，不按成本核算对象进行分摊。故作为土地增值税扣除项目的房地产开发费用，不按纳税人房地产开发项目实际发生的费用进行扣除，而按《土地增值税暂行条例实施细则》的标准进行扣除。为了便于计算操作，《土地增值税暂行条例实施细则》对财务费用的利息支出做了较为详细的规定。

(1) 凡能按转让房地产项目计算分摊利息并提供金融机构证明的，允许据实扣除，但最高不能超过按商业银行同理同期贷款利率计算的金额。其他房地产开发费用，按取得土地使用权支付的金额及房地产开发成本之和的 5%以内予以扣除。

(2) 凡不能按转让房地产项目计算分摊利息支出或不能提供金融机构证明的，利息支出不得单独计算，而应并入房地产开发费用中一并计算扣除。在这种情况下，房地产开发费用的计算方法是，按取得土地使用权支付的金额和房地产开发成本金额之和，在 10%以内计算扣除。计算扣除的具体比例，由省、自治区、直辖市人民政府规定。

此外，财政部、国家税务总局还对扣除项目金额中利息支出的计算问题做了两条专门规定：一是利息的上浮幅度按国家的有关规定执行，超过上浮幅度的部分不允许扣除；二是对于超过贷款期限的部分和加罚的利息不允许扣除。

4. 转让房地产有关的税金

转让房地产有关的税金指在转让房地产时缴纳的印花税、城市维护建设税，教育费附加也可视同税金予以扣除。

允许扣除的印花税，是指在转让房地产时缴纳的印花税。房地产开发企业按照《施工、房地产开发企业财务制度》的有关规定，其缴纳的印花税列入管理费用，印花税不再单独扣除。房地产开发企业以外的其他纳税人在计算土地增值税时，允许扣除在转让房地产环节缴纳的印花税。

对于个人购入房地产再转让的，其在购入环节缴纳的契税，由于已经包含在旧房建筑物的评估价格之中，因此，计征土地增值税时，不另作为与转让房地产有关的税金予以扣除。

5. 财政部确定的其他扣除项目

为保证从事房地产开发的纳税人取得基本的投资回报，以调动其从事房地产开发的积极性。《土地增值税暂行条例实施细则》规定，对从事房地产开发的纳税人允许按取得土地使用权时所支付的金额和房地产开发成本之和，加计 20%扣除。

但是，对取得土地使用权后，未进行开发即转让的，在计算应纳土地增值税时，只允许扣除取得土地使用权时支付的地价款、缴纳的有关费用，以及在转让环节缴纳的税金，不得加计扣除。这样规定的目的，主要是抑制炒买炒卖地皮的投机行为。

6. 旧房及建筑物的评估价格

税法规定，纳税人转让旧房的，应按房屋及建筑物的评估价格、取得土地使用权时支付的地价款或出让金和按国家统一规定缴纳的有关费用，以及在转让环节缴纳的税金作为扣除项目金额计征土地增值税。对取得土地使用权时未支付地价款或不能提供已支付的地价款凭据的，在计征土地增值税时不允许扣除。

旧房及建筑物的评估价格是指在转让已使用过的房屋及建筑物时，由政府批准设立的房地产评估机构评定的重置成本价乘以成新度折扣率后的价格。评估价格须经当地税务机关确认。重置成本价的含义是：对旧房及建筑物按转让时的建筑建材价格及人工费用计算，建造相同面积、同样层次、同样结构、同样建设标准的新房及建筑物所需要花费的成本费用。成新度折扣率的含义是：按旧房的新旧程度做一定比例的折扣。例如，一栋房屋已使用了15年，建造时的造价为1 500万元，按转让时的建材及人工费计算，建同样的房子需要花5 500万元，假定该房有六成新，则该房屋的评估价格为5 500×60%＝3 300(万元)。

纳税人转让旧房及建筑物，凡不能取得评估价格，但能提供购房发票的，经当地税务部门确认，扣除项目的金额，可按发票所载金额并从购买年度起至转让年度止每年加计 5%计算。计算扣除项目时“每年”是指按购房发票所载日起至售房发票开具之日止，每满 12 个月计一年；超过一年，未满 12 个月但超过 6 个月的，可以视同为一年。

对纳税人购房时缴纳的契税，凡能提供契税完税凭证的，准予作为“与转让房地产有关的税金”予以扣除，但不作为加计 5%的基数。

对于转让旧房及建筑物，既没有评估价格，又不能提供购房发票的，地方税务机关可以根据《中华人民共和国税收征收管理法》第三十五条的规定，实行核定征收。

综上所述，增值额是纳税人计征土地增值税的实质内容，土地增值税纳税人转让房地产所取得的收入减除法定的扣除项目金额后的余额为增值额。另外，由于土地增值税按增值额与扣除项目的累进程度实行超率累进税率。增值额越大，适用税率越高，缴纳的税额就越多。因此，准确核算增值额是关键。但在实践中，出现了一些纳税人通过缩小计税依据来逃避纳税的状况。因此，为了防止纳税人偷逃税收，税法规定，纳税人有下列情形之一的，按照房地产评估价格计征土地增值税：

(1) 隐瞒、虚报房地产成交价格的；

(2) 提供扣除项目金额不实的；

(3) 转让房地产的成交价格低于房地产评估价格，又无正当理由的。

其中，“房地产评估价格”是指由政府批准设立的房地产评估机构对相同地段、同类房地产进行综合评定得到的价格；“隐瞒、虚报房地产成交价格的”是指纳税人不报或有意低报转让土地使用权、地上建筑物及其附着物价款的行为，即少申报；“提供扣除项目金额不实的”是指纳税人在纳税申报时不据实提供扣除项目金额的行为；“转让房地产的成交价格低于房地产评估价格，又无正当理由的”是指纳税人申报的转让房地产成交价低于房地产评估机构评定的交易价，纳税人又不能提供有效凭据或无正当理由的行为。

对于出现的上述情形，由税务机关依照以下规定进行处理。

(1) 对隐瞒、虚报房地产成交价格的，应由评估机构参照同类房地产的市场交易价格进行评估。税务机关根据评估价格确定转让房地产的收入。

(2) 对于纳税人申报扣除项目金额不实的，应由评估机构对该房屋按照评估出的房屋重置成本价，乘以房屋的成新度折扣率计算的房屋成本价和取得土地使用权时的基准地价进行评估。税务机关根据评估价格确定扣除项目金额。

(3) 对转让房地产的成交价格低于房地产评估价格且无正当理由的，由税务机关参照房地产评估价格确定房地产的收入。

二、土地增值税应纳税额的计算

土地增值税按照纳税人转让房地产所取得的增值额和规定的税率计算征收。其计算公式为

应纳税额＝∑(每级距的增值额×适用税率)

但在实际工作中，分步计算比较麻烦，一般采用速算扣除系数计算，即计算土地增值税税额，可按增值额乘以适用的税率减去扣除项目金额乘以速算扣除系数的简便方法计算，其计算公式为

应纳税额＝增值额×适用税率－扣除项目金额×本级速算扣除系数

具体计算公式如下。

(1) 增值额未超过扣除项目金额 50%，则

应纳税额＝增值额×30%

(2) 增值额超过扣除项目金额 50%，未超过 100%，则

应纳税额＝增值额×40%－扣除项目金额×5%

(3) 增值额超过扣除项目金额 100%，未超过 200%，则

应纳税额＝增值额×50%－扣除项目金额×15%

(4) 增值额未超过扣除项目金额 200%，则

应纳税额＝增值额×60%－扣除项目金额×35%

【例 8-1】某房地产开发公司出售一幢写字楼，收入总额为 1 亿元。开发该写字楼有关支出为：支付地价款及各种费用 1 000 万元；房地产开发成本 3 000 万元；财务费用中的利息支出为 500 万元(可按转让项目计算分摊并提供金融机构证明)，但其中有 50 万元属加罚

的利息；转让环节缴纳的有关税费共计 555 万元；该单位所在地政府规定的其他房地产开发费用计算扣除比例为 5%。试计算该房地产开发公司应纳的土地增值税。

(1) 取得土地使用权时支付的地价款及有关费用为 1 000 万元

(2) 房地产开发成本为 3 000 万元

(3) 房地产开发费用＝500－50＋(1 000＋3 000)×5%＝650(万元)

(4) 允许扣除的税费为 555 万元

(5) 从事房地产开发的纳税人加计扣除 20%，加计扣除额＝(1 000＋3 000)×20%＝800(万元)

(6) 允许扣除的项目金额合计＝1 000＋3 000＋650＋555＋800＝6 005(万元)

(7) 增值额＝10 000－6 005＝3 995(万元)

(8) 增值率＝3 995÷6 005×100%＝66.53%

(9) 应纳税额＝3 995×40%－6 005×5%＝1 297.75(万元)

【例 8-2】某工业企业转让一幢 20 世纪 90 年代建造的厂房，当时造价 100 万元，无偿取得土地使用权。如果按现行市场价的材料、人工费计算，建造同样的房子需 600 万元，该房子为七成新，按 500 万元出售，支付有关税费共计 27.5 万元。试计算企业转让旧房应缴纳的土地增值税。

(1) 评估价格＝600×70%＝420(万元)

(2) 允许扣除的税金为 27.5 万元

(3) 扣除项目金额合计为 420＋27.5＝447.5(万元)

(4) 增值额＝500－447.5＝52.5(万元)

(5) 增值率＝52.5÷447.5×100%＝11.73%

(6) 应纳税额＝52.5×30%＝15.75(万元)

第四节　土地增值税的税收优惠和征收管理

一、土地增值税的税收优惠

对房地产转让征收土地增值税，涉及面广，政策性强。为了促进房地产开发结构的调整，改善城镇居民的居住条件，并有利于城市改造规划的实施，《中华人民共和国土地增值税暂行条例》及其他有关法规规定了相应的优惠政策。

(一) 建造普通标准住宅的税收优惠

纳税人建造普通住宅出售，增值额未超过扣除项目金额之和 20%的，免征土地增值税。增值额超过扣除项目金额 20%的，应就其全部增值额按规定计税。

这里所称“普通标准住宅”，是指按所在地一般民用住宅标准建造的居住用住宅。高级公寓、别墅、小洋楼、度假村，以及超面积、超标准豪华装修的住宅，均不属于普通标准住宅。普通标准住宅与其他住宅的具体界限，2005 年 5 月 31 日前由省级人民政府规定。2005 年 6 月 1 日起，普通标准住宅应同时满足：住宅小区建筑容积率在 1.0 以上，单套建筑面积在 120 平方米以下，实际成交价格低于同级别土地上住房平均交易价格 1.2 倍以下。各省、自治区、直辖市要根据实际情况，制定本地区享受优惠政策普通住房具体标准。允许单套建筑面积和价格标准适当浮动，但向上浮动的比例不得超过上述标准的 20%。

对纳税人既建普通标准住宅，又搞其他房地产开发的，应分别核算增值额；不分别核算增值额或不能准确核算增值额的，其建造的普通标准住宅不适用该免税规定。

(二) 国家征用、收回的房地产的税收优惠

因国家建设需要依法征用、收回的房地产，免征土地增值税。这里所说的“因国家建设需要依法征用、收回的房地产”，是指因城市实施规划、国家建设的需要而被政府批准征用的房产或收回的土地使用权。

(三) 因城市规划、国家建设需要而搬迁，由纳税人自行转让原房地产的税收优惠

因城市规划、国家建设需要而搬迁，由纳税人自行转让原房地产的，免征土地增值税。因“城市规划”而搬迁，是指因旧城改造或因企业污染、扰民(指过量生产废气、废水、废渣和噪声，使城市居民生活受到一定伤害)，而由政府或政府有关部门根据已审批通过的城市规划确定进行搬迁的情况。因“国家建设需要”而搬迁，是指因实施国务院、省级人民政府、国务院有关部委批准的建设项目而进行搬迁的情况。

(四) 对企事业单位、社会团体以及其他组织转让旧房作为公共租赁房源的税收优惠

对企事业单位、社会团体以及其他组织转让旧房作为公共租赁房源的且增值额未超过扣除项目金额 20%的，免征土地增值税。享受上述税收优惠政策的公共租赁住房是指符合省、自治区、直辖市、计划单列市人民政府及新疆建设兵团批准的公共租赁住房发展规划和年度计划，并按照《关于加快发展公共租赁住房的指导意见》(建保〔2007〕87 号)和市、县人民政府制定的具体办法进行管理的公共租赁住房。

二、土地增值税的征收管理

(一) 申报纳税

根据《土地增值税暂行条例》的规定，纳税人应在转让房地产合同签订之日起 7 日内，向房地产所在地的主管税务机关办理纳税申报，同时向税务机关提交房屋及建筑物产权、土地使用权证书，土地转让合同，房产买卖合同，房地产评估报告及其他与转让房地产有关的资料。

纳税人因经常发生转让房地产行为而难以在每次转让后申报的，经税务机关审核同意后，可以定期进行纳税申报，具体期限由税务机关根据情况确定。纳税人按照税务机关核定的税额及规定的期限缴纳土地增值税。

纳税人因经常发生房地产转让而难以在每次转让后申报，是指房地产开发企业开发建造的房地产，因分次转让频繁发生纳税义务，难以在每次转让后申报纳税的情况，土地增值税可按月或按各省、自治区、直辖市和计划单列市税务局规定的期限申报纳税。纳税人选择定期申报方式的，应向纳税所在地税务机关备案。定期申报方式确定后，一年之内不得变更。

(二) 纳税地点

土地增值税的纳税人应向房地产所在地的主管税务机关办理纳税申报。这里所说的“房地产所在地”，是指房地产的坐落地。不论纳税人的机构所在地、经营所在地、居住所在地设在何处，均应在转让的房地产所在地申报纳税。在实际工作中，纳税地点的确定又有以下两种情况。

(1) 纳税人是法人的。当纳税人转让的房地产的坐落地与其机构所在地或经营所在地同在一地时，可在办理税务登记的原管辖税务机关申报纳税；如果转让的房地产的坐落地与其机构所在地或经营所在地不在一地，则应在房地产坐落地的主管税务机关申报纳税。纳税人转让的房地产坐落在两个或两个以上地区的，应按房地产所在地分别申报纳税。

(2) 纳税人是自然人的。当纳税人转让的房地产的坐落地与其居住地一致时，可在其居住所在地税务机关申报纳税；如果转让的房地产的坐落地与其居住所在地不一致时，则在办理过户手续所在地的税务机关申报纳税。

地方税务机关征税时，土地管理部门、房产管理部门应当向税务机关提供有关资料，并协助税务机关依法征收土地增值税。纳税人未按照法律规定缴纳土地增值税的，土地管理部门不得办理有关的权属变更手续。

课后习题

一、单项选择题

1. 下列房地产转让行为应征收土地增值税的是(　　)。
   A. 个人之间互换自有居住用房
   B. 无偿将房屋赠与直系亲属
   C. 被兼并企业将房屋并入兼并企业中
   D. 合作建房有偿转让的
2. 下列房地产转让行为，不征收土地增值税的是(　　)。
   A. 以房产抵偿债务
   B. 无偿将房产直接赠给某足球俱乐部
   C. 农民因外出打工转让其在农村的房产
   D. 破产清算转让的房产
3. 下列项目中，不属于房地产开发成本的是(　　)。
   A. 土地出让金　　B. 耕地占用税　　C. 前期工程费　　D. 开发间接费用
4. 旧房及建筑物的转让中，其重置成本价由(　　)评定。
   A. 税务机关　　B. 房管部门　　C. 土地管理局　　D. 房地产评估机构
5. 土地增值税由(　　)税务机关负责征收。
   A. 房地产所在地　　B. 房地产合同签订地
   C. 产权人居住地　　D. 产权人户口所在地

二、多项选择题

1. 下列房地产转让行为中，须缴纳土地增值税的有(　　)。
   A. 企业双方出让房地产使用权
   B. 国家机关将房产无偿划拨给下属事业单位
   C. 税务机关拍卖扣押的欠税单位的房产
   D. 某国有企业与一外国企业合作建房后出售
2. 转让旧房地产及建筑物的扣除项目包括(　　)。
   A. 旧房及建筑物的评估价格　　B. 旧房及建筑物的重置成本价
   C. 支付的评估费用　　D. 转让环节缴纳的税款
3. 下列各项中，属于土地增值税免税范围的有(　　)。
   A. 建造普通标准住宅出售，增值额未超过扣除项目金额之和20%的
   B. 因国家建设需要而被政府征用、收回的房地产
   C. 个人之间互换自有居住用房地产并经当地税务机关核实的
   D. 个人因改善居住条件而转让居住满5年的自用住房
4. 某工业企业转让自用的房产，计算土地增值税的增值额时，允许直接扣除的税费有(　　)。
   A. 转让房产时缴纳的印花税　　B. 契税
   C. 土地增值税　　D. 房产税
5. 房地产开发公司支付的下列相关税费中，可列入加计 20%扣除范围的有(　　)。
   A. 支付建筑人员的工资福利费　　B. 占用耕地缴纳的耕地占用税
   C. 销售过程中发生的销售费用　　D. 开发小区内的道路建设费用

三、计算题

某县城的某工厂为增值税一般纳税人，2018 年全年发生如下业务。

(1) 1 月，从当地政府取得一块大小为 20 亩的土地的土地使用权，价值 1 600 万元，支付登记费和过户手续费 2 万元。

(2) 当月，该企业将 4 月底建造完毕，支付开发成本 800 万元；房地产开发费用 200 万元(不含贷款利息支出)。

(3) 该企业于向 A 银行贷款 1 000 万元，贷款利率 5%，这笔贷款都是用于新办公楼的建设。

(4) 2019 年 12 月，由于该企业无法归还到期的另一笔 4 000 万元的贷款，将办公楼顶账给银行；该工厂对该业务选择简易计税办法。

要求：

(1) 计算新办公楼土地增值税税前可扣除的土地使用权支付金额；

(2) 计算新办公楼土地增值税税前可扣除的开发费用；

(3) 计算新办公楼转让的有关税金；

(4) 计算新办公楼土地增值税税前可扣除项目合计；

(5) 计算新办公楼土地增值税税额。

第九章

城镇土地使用税法和耕地占用税法

【学习要点】

本章主要介绍城镇土地使用税法和耕地占用税法的基本法律内容。通过学习，要求了解城镇土地使用税法和耕地占用税法的概念、特点及征收管理；掌握城镇土地使用税法和耕地占用税法的法律规定；能够正确计算城镇土地使用税和耕地占用税的应纳税额。

第一节　城镇土地使用税法

城镇土地使用税是以城镇土地为征税对象，对拥有土地使用权的单位和个人，按其实际占用的土地面积定额征收的一种税。

征收城镇土地使用税是国家运用经济手段加强城镇土地管理的一项重要措施。通过征税，可以限制用地单位和个人多占少用、早占晚用、占而不用等严重浪费土地资源的现象。同时对占地多且位置好的要多征税；占地少且位置差的则可以少征税。这样有利于促进土地的合理使用，调节土地级差收入，也有利于筹集地方财政资金。

现行城镇土地使用税法的基本规范，是 2006 年 12 月 31 日国务院修改并颁布的《中华人民共和国城镇土地使用税暂行条例》(以下简称《城镇土地使用税暂行条例》)，2013 年 12 月 4 日国务院第 32 次常务会议做了部分修改(2013 年 12 月 7 日起实施)。

城镇土地使用税有以下特点。

(1) 征税范围有所限定。现行城镇土地使用税的征税范围限定在城市、县城、建制镇和工矿区内国家所有和集体所有的土地，坐落在农村地区的房地产不属于征税范围。

(2) 以国有土地为征税对象，对占有土地的行为征税。我国城镇土地归国家所有，单位和个人只有占有权或使用权，而无所有权。国家征收城镇土地使用税，实质上是运用国家政治权力，以国有土地为征税对象，将纳税人获取的本应属于国家的土地收益集中到国家，促进合理、节约使用土地，提高土地使用效益。

(3) 实行分级幅度税额。国家对城镇土地使用税实行分级幅度税额，不同城镇及同一城镇的不同地段，适用不同的税额。土地位置好、级差收入多的，多征税；土地位置差、级差收入少的，少征税。这样，有利于调节不同地区、不同地段之间的土地级差收入，理顺国家和土地使用者的分配关系，为企业之间的平等竞争创造有利条件。

一、城镇土地使用税的纳税义务人与征税范围

(一) 城镇土地使用税的纳税义务人

城镇土地使用税的纳税人是在城市、县城、建制镇、工矿区范围内使用土地的单位和个人。凡在土地使用税开征范围内使用土地的单位和个人，无论是出让方式还是转让方式取得的土地使用权，都应依法缴纳土地使用税。

上述所称单位，包括国有企业、集体企业、私营企业、股份制企业、外商投资企业、外国企业以及其他企业和事业单位、社会团体、国家机关、军队以及其他单位；所称个人，包括个体工商户以及其他个人。

城镇土地使用税的纳税人通常包括以下几类。

(1) 拥有土地使用权的单位和个人。

(2) 拥有土地使用权的单位和个人不在土地所在地的，其土地的实际使用人和代管人为纳税人。

(3) 土地使用权未确定或权属纠纷未解决的，其实际使用人为纳税人。

(4) 土地使用权共有的，共有各方都是纳税人，由共有各方分别纳税。

几个人或几个单位共同拥有一块土地的使用权，这块土地的城镇土地使用税的纳税人应是对这块土地拥有使用权的每一个人或每一个单位。他们应以其实际使用的土地面积占总面积的比例，分别计算缴纳土地使用税。例如，某城市的甲与乙共同拥有一块土地的使用权，这块土地面积为1 500平方米，甲实际使用1/3，乙实际使用2/3，则甲应是其所占的500平方米(1 500×1/3)土地的城镇土地使用税的纳税人，乙是其所占的1 000平方米(1 500×2/3)土地的城镇土地使用税的纳税人。

(二) 城镇土地使用税的征税范围

城镇土地使用税的征税范围，包括在城市、县城、建制镇和工矿区内的国家所有和集体所有的土地。

上述城市、县城、建制镇和工矿区分别按以下标准确认。

(1) 城市是指经国务院批准设立的市。

(2) 县城是指县人民政府所在地。

(3) 建制镇是指经省、自治区、直辖市人民政府批准设立的建制镇。

(4) 工矿区是指工商业比较发达，人口比较集中，符合国务院规定的建制镇标准，但尚未设立建制镇的大中型工矿企业所在地，工矿区须经省、自治区、直辖市人民政府批准。

二、城镇土地使用税的税率、计税依据和应纳税额的计算

(一) 城镇土地使用税的税率

城镇土地使用税采用定额税率，即采用有幅度的差别税额，按大、中、小城市和县城、建制镇、工矿区分别规定每平方米土地使用税年应纳税额，具体标准如下：

(1) 大城市 1.5～30 元/平方米；

(2) 中等城市 1.2～24 元/平方米；

(3) 小城市 0.9～18 元/平方米；

(4) 县城、建制镇、工矿区 0.6～12 元/平方米。

大、中、小城市以公安部门登记在册的非农业正式户口人数为依据，按照国务院颁布的《城市规划条例》中规定的标准划分。人口在 50 万人以上者为大城市；人口在 20 万～50 万人之间者为中等城市；人口在 20 万人以下者为小城市。城镇土地使用税税率如表 9-1 所示。

表9-1　城镇土地使用税税率

级别	人口/人	税额/元/平方米
大城市	50 万以上	1.5～30
中等城市	20 万～50 万	1.2～24
小城市	20 万以下	0.9～18
县城、建制镇、工矿区		0.6～12

各省、自治区、直辖市人民政府可根据市政建设情况和经济繁荣程度在规定税额幅度内，确定所辖地区的适用税额幅度。经济落后地区，城镇土地使用税的适用税额标准可适当降低，但降低额不得超过上述规定最低税额的30%。经济发达地区的适用税额标准可以适当提高，但须报财政部批准。

(二) 城镇土地使用税的计税依据

城镇土地使用税以纳税人实际占用的土地面积为计税依据，土地面积计量标准为每平方米，即税务机关根据纳税人实际占用的土地面积，按照规定的税额计算应纳税额，向纳税人征收土地使用税。

纳税人实际占用的土地面积按下列办法确定。

(1) 由省、自治区、直辖市人民政府确定的单位组织测定土地面积的，以测定的面积为准。

(2) 尚未组织测量，但纳税人持有政府部门核发的土地使用证书的，以证书确认的土地面积为准。

(3) 尚未核发土地使用证书的，应由纳税人申报土地面积，据以纳税，待核发土地使用证以后再做调整。

(4) 对在城镇土地使用税征税范围内单独建造的地下建筑用地，按规定征收城镇土地使用税。其中，已取得地下土地使用权证的，按土地使用权证确认的土地面积计算应征税款；未取得地下土地使用权证或地下土地使用权证上未标明土地面积的，按地下建筑垂直投影面积计算应征税款。地下建筑用地暂按应征税款的 50%征收城镇土地使用税。

(三) 城镇土地使用税的应纳税额的计算

城镇土地使用税的应纳税额依据纳税人实际占用的土地面积和适用单位税额计算。其计

算公式为

应纳税额＝实际占用应税土地面积(平方米)×适用税额

【例 9-1】设在某城市的一家企业使用的土地面积为 10 000 平方米，经税务机关核定，该土地为应税土地，每平方米年税额为 5 元。请计算其全年应纳的土地使用税税额。

全年应纳税额＝10 000×5＝50 000 (元)

三、城镇土地使用税的税收优惠

(一) 法定的免税项目

(1) 国家机关、人民团体、军队自用的土地。这部分土地是指这些单位本身的办公用地和公务用地，如国家机关、人民团体的办公楼用地，军队的训练场用地等。

(2) 由国家财政部门拨付事业经费的单位自用的土地。这部分土地是指这些单位本身的业务用地，如学校的教学楼、操场、食堂等占用的土地。

(3) 宗教寺庙、公园、名胜古迹自用的土地。宗教寺庙自用的土地，是指举行宗教仪式等的用地和寺庙内宗教人员的生活用地；公园、名胜古迹自用的土地，是指供公共参观游览的用地及其管理单位的办公用地。以上单位的生产、经营用地和其他用地，不属于免税范围，应按规定缴纳土地使用税，如公园、名胜古迹中附设的营业单位如影剧院、饮食部、茶社、照相馆等使用的土地。

(4) 市政街道、广场、绿化地带等公共用地。

(5) 直接用于农、林、牧、渔业的生产用地。这部分土地是指直接从事种植、养殖、饲养的专业用地，不包括农副产品加工场地和生活办公用地。

(6) 经批准开山填海整治的土地和改造的废弃土地，从使用的月份起免缴土地使用税 5～10 年。

(7) 对非营利性医疗机构、疾病控制机构和妇幼保健机构等卫生机构自用的土地，免征城镇土地使用税。

(8) 企业办的学校、医院、托儿所、幼儿园，其用地能与企业其他用地明确区分的，免征城镇土地使用税。

(9) 由财政部另行规定免税的能源、交通、水利设施用地和其他用地。

(10) 对行使国家行政管理职能的中国人民银行(含国家外汇管理局)所属分支机构自用的土地，免征城镇土地使用税。

(二) 由省、自治区、直辖市地方税务局确定减免土地使用税的项目

(1) 个人所有的居住房屋及院落用地。

(2) 房产管理部门在房租调整改革前经租的居民住房用地。

(3) 免税单位职工家属的宿舍用地。

(4) 集体和个人办的各类学校、医院、托儿所、幼儿园用地。

四、城镇土地使用税的征收管理

(一) 纳税期限

城镇土地使用税实行按年计算、分期缴纳的征收方法，具体纳税期限由省、自治区、直辖市人民政府确定。

(二) 纳税义务发生时间

(1) 纳税人购置新建商品房，自房屋交付使用之次月起，缴纳城镇土地使用税。

(2) 纳税人购置存量房，自办理房屋权属转移、变更登记手续，房地产权属登记机关签发房屋权属证书之次月起，缴纳城镇土地使用税。

(3) 纳税人出租、出借房产，自交付出租、出借房产之次月起，缴纳城镇土地使用税。

(4) 房地产开发企业自用、出租、出借本企业建造的商品房，自房屋使用或交付之次月起计征城镇土地使用税。

(5) 纳税人新征用的耕地，自批准征用之日起满 1 年时开始缴纳土地使用税。

(6) 纳税人新征用的非耕地，自批准征用次月起缴纳土地使用税。

(7) 自 2009 年 1 月 1 日起，纳税人因土地的权利发生变化而依法终止城镇土地使用税纳税义务的，其应纳税款的计算应截止到土地权利发生变化的当月末。

(三) 纳税地点和征收机构

城镇土地使用税在土地所在地缴纳。

纳税人使用的土地不属于同一省、自治区、直辖市管辖的，由纳税人分别向土地所在地的税务机关缴纳土地使用税；在同一省、自治区、直辖市管辖范围内，纳税人跨地区使用的土地，其纳税地点由各省、自治区、直辖市地方税务局确定。

土地使用税由土地所在地的地方税务机关征收，其收入纳入地方财政预算管理。土地管理机关应当向土地所在地的税务机关提供土地使用权资料。

第二节　耕地占用税法

耕地占用税是对占用耕地建房或从事其他非农业建设的单位和个人，就其实际占用的耕地面积征收的一种税，它属于对特定土地资源占用课税。

开征耕地占用税是针对我国存在的城乡非农业建设滥占耕地的现状，通过对耕地占用征税，加强土地管理，保护耕地。

现行耕地占用税法是 2007 年 12 月 1 日国务院最新颁布的《中华人民共和国耕地占用税暂行条例》(以下简称《耕地占用税暂行条例》)。

耕地占用税有如下特点。

(1) 税收负担的一次性。耕地占用税以单位和个人实际占用的耕地面积计税，按照规定的税额标准一次性征收。

(2) 征税对象的特定性。耕地占用税是对特定的行为征税，即只对占用耕地建房或从事其他非农业生产建设的单位和个人征税。

(3) 税收用途的补偿性。国家将征收的耕地占用税全部用于开发农用耕地资源，而不得用于其他方面。

(4) 征收标准的灵活性。国家只规定每平方米的最高和最低限额，各地可根据本地人均占地面积和经济发展水平，确定当地的具体适用税额标准。

一、耕地占用税的纳税义务人与征税范围

(一) 耕地占用税的纳税义务人

耕地占用税的纳税义务人，是占用耕地建房或从事非农业建设的单位和个人。所称单位，包括国有企业、集体企业、私营企业、股份制企业、外商投资企业、外国企业以及其他企业和事业单位、社会团体、国家机关、军队以及其他单位。所称个人，包括个体工商户以及其他个人。

(二) 耕地占用税的征税范围

耕地占用税的征税范围包括纳税人为建房或从事其他非农业建设而占用的国家所有和集体所有的耕地。必须同时具备两个条件：一是占用耕地；二是建房或从事非农业建设，才能判定其属于耕地占用税的征税范围。

耕地指种植农业作物的土地，包括田地、菜地、园地、鱼塘及其他农用土地。对于占用林地、牧草地、农田水利用地、养殖水面以及渔业水域滩涂等其他农业用地建房或从事非农业建设的，也应征收耕地占用税。

二、耕地占用税的税率、计税依据和应纳税额的计算

(一) 耕地占用税的税率

由于在我国的不同地区之间人口和耕地资源的分布极不均衡，有些地区人口稠密、耕地资源相对匮乏；而有些地区则人烟稀少，耕地资源比较丰富。考虑我国各地区之间的经济发展水平的差异、不同地区之间客观条件的差别以及与此相关的税收调节力度和纳税人负担能力方面的差别，耕地占用税在税率设计上采用了地区差别定额税率。耕地占用税税额如表 9-2 所示。各省、自治区、直辖市耕地占用税平均税额如表 9-3 所示。

表9-2　耕地占用税税额

级次	地区(以县级为单位)	税额/元/平方米
1	人均耕地在 1 亩(含 1 亩)以下的	10～50
2	人均耕地在 1～2 亩(含 2 亩)的	8～40
3	人均耕地在 2～3 亩(含 3 亩)的	6～30
4	人均耕地超过 3 亩的	5～25

表9-3　各省、自治区、直辖市耕地占用税平均税额

地区	每平方米平均税额(税额标准：元/平方米)
上海	45.0
北京	40.0
天津	35.0
江苏、浙江、福建、广东	30.0
辽宁、湖北、湖南	25.0
河北、安徽、江西、山东、河南、重庆、四川	22.5
广西、海南、贵州、云南、陕西	20.0
山西、吉林、黑龙江	17.5
内蒙古、西藏、甘肃、青海、宁夏、新疆	12.5

经济特区、经济技术开发区和经济发达、人均耕地特别少的地区，适用税额可以适当提高，但最多不得超过当地适用税额的50%(见表9-3)。

(二) 耕地占用税的计税依据

耕地占用税以纳税人占用耕地面积为计税依据，以每平方米为计量单位。

(三) 耕地占用税税额的计算

耕地占用税以纳税人实际占用的耕地面积为计税依据，以每平方米土地为计税单位，按适用的定额税率计税。其计算公式为

应纳税额＝实际占用耕地面积(平方米)×适用定额税率

【例9-2】假设某市一家企业新占用20 000平方米耕地用于工业建设，所占耕地适用的定额税率为20元/平方米。请计算该企业应纳的耕地占用税。

应纳税额＝20 000×20＝400 000 (元)

三、耕地占用税的税收优惠和征收管理

(一) 耕地占用税的税收优惠

根据《耕地占用税暂行条例》的规定，下列情形免征、减征耕地占用税。

(1) 军事设施占用耕地。

(2) 学校、幼儿园、养老院、医院占用耕地。

(3) 铁路线路、公路线路、飞机场跑道、停机坪、港口、航道占用耕地，减按每平方米2元的税额征收耕地占用税。

(4) 建设直接为农业生产服务的生产设施占用规定的农用地的，不征收耕地占用税。

(5) 农村烈士家属、残疾军人、鳏寡孤独，以及革命老根据地、少数民族聚居区和边远贫困山区生活困难的农村居民，在规定用地标准以内新建住宅缴纳耕地占用税确有困难的，

经所在地乡(镇)人民政府审核，报经县级人民政府批准后，可以免征或者减征耕地占用税。

免征或者减征耕地占用税后，纳税人改变原占地用途，不再属于免征或者减征耕地占用税情形的，应当按照当地适用税额补缴耕地占用税。

(二) 耕地占用税的征收管理

经批准占用耕地的，耕地占用纳税义务发生时间为纳税人收到土地管理部门办理占用农用地手续通知的当天。未经批准占用耕地的，耕地占用纳税义务发生时间为实际占用耕地的当天。

土地管理部门在通知单位或者个人办理占用耕地手续时，应当同时通知耕地所在地同级地方税务机关。获准占用耕地的单位或者个人应当在收到土地管理部门的通知之日起 30 日内缴纳耕地占用税。土地管理部门凭耕地占用税完税凭证或者免税凭证和其他有关文件发放建设用地批准书。

耕地占用税由地方税务机关负责征收。

课后习题

一、单项选择题

1. 城市土地使用税的计税依据是(　　)。

A. 建筑面积　　B. 实际占用土地面积

C. 使用面积　　D. 居住面积

2. 按照城镇土地使用税的有关规定，下列表述正确的是(　　)。

A. 城镇土地使用税由拥有土地所有权的单位和个人缴纳

B. 土地使用权未确定或权属纠纷未解决的暂不缴纳税款

C. 土地使用权共有的，由共有各方分别按其使用面积纳税

D. 外商投资企业和外国企业不按实际使用面积纳税

3. 耕地占用税由(　　)负责征收。

A. 国家税务总局　　B. 省级税务机关

C. 地方税务机关　　D. 地方人民政府

4. 下列占用土地的行为，应征收城镇土地使用税的是(　　)。

A. 国家机关自用的土地　　B. 公园自用的土地

C. 军队办公占用的土地　　D. 企业内绿化占用的土地

5. 获准占用耕地的单位和个人应当在收到土地管理部门的通知之日起(　　)日内缴纳耕地占用税。

A. 7　　B. 15　　C. 30　　D. 60

二、多项选择题

1. 下列房地产在现行城镇土地使用税征税范围内的是(　　)。

A. 镇政府所在地的房地产　　B. 农村建设的小产权的住宅

C. 位于城市郊区的住宅　　D. 位于工矿区的经营性住房

2. 下列单位和个人，属于城镇土地使用税纳税人的有(　　)。

A. 占有并使用国有土地的外商企业

B. 拥有并使用国有土地的国有企业

C. 拥有并使用国有土地的私营企业

D. 所有拥有国有土地使用权的单位和个人

3. 下列城镇土地使用纳税义务发生时间描述正确的有(　　)。

A. 购置新建商品房，自房屋交付使用之次月起计征城镇土地使用税

B. 购置存量房，自办理房屋权属转移、变更登记手续，房地产权属登记机关签发房屋权属证书之次月起计征城镇土地使用税

C. 出租、出借房产，自交付出租、出借房产之次月起计征城镇土地使用税

D. 房地产开发企业自用、出租、出借本企业建造的商品房，自房屋使用或交付之次月起计征城镇土地使用税

4. 下列免征耕地占用税的有(　　)。

A. 军事设施占用耕地　　B. 学校、幼儿园、养老院、医院占用耕地

C. 农村居民占用耕地建设住宅　　D. 学校附设的小卖部占用耕地

5. 耕地占用税是(　　)征收的一种税。

A. 对占用耕地建房的单位和个人

B. 对占用耕地建房的单位，不包括个人

C. 对从事其他非农业建设的单位和个人

D. 对从事其他非农业建设的单位，不包括个人

第十章

房 产 税 法

【学习要点】

本章主要介绍房产税的概念、特点、纳税人、征税范围、税率、应纳税额计算，以及税收征收管理。通过学习，应了解房产税的概念与特点；掌握房产税纳税义务人、征税范围，房产税计税依据的确定和应纳税额的计算，以及房产税的征收管理。

第一节 房产税概述

一、房产税的概念

房产税是以房屋为征税对象，以房屋的计税余值或租金收入为计税依据，向房屋产权所有人征收的一种财产税。征收房产税的目的是运用税收杠杆，加强对房产的管理，控制固定资产投资规模和配合国家房产政策的调整，合理调节房产所有人和经营人的收入。此外，房产税税源稳定，易于控制管理，是地方财政收入的重要来源之一。中华人民共和国成立后，中央人民政府政务院于 1951 年颁布了《城市房地产暂行条例》，规定对城市中的房屋及占地合并征收房产税和地产税，现行房产税的主要法律依据是国务院于 1986 年 9 月 15 日颁布并于同年 10 月 1 日起实施的《中华人民共和国房产税暂行条例》和同年 9 月 25 日财政部、国家税务总局印发的《关于房产税若干具体问题的解释和暂行规定》。

二、房产税的特点

现行房产税是在原计划经济体制和原房地产政策下恢复征收的，一方面继承了过去城市房地产税的传统做法，同时又考虑了我国新旧体制转换过程中的某些特殊情况，因此，具有自身的特点。

(一) 房产税属于财产税中的个别财产税

按征收对象的范围不同，财产税可以分为一般财产税与个别财产税。一般财产税也称“综合财产税”，是对纳税人拥有的各类财产实行综合课征的税收。个别财产税也称“单项财产税”，是对纳税人拥有的土地、房屋、资本和其他财产分别课征的税收。房产税属于个别财产税，其征税对象只是房屋。

(二) 限于征税范围内的经营性房屋

房产税在城市、县城、建制镇和工矿区范围内征收，不涉及农村。农村的房屋，大部分是农民居住用房，为了不增加农民负担，没有将坐落在农村的房屋纳入征税范围。另外，对某些拥有房屋，但自身没有纳税能力的单位，如国家拨付行政经费、事业经费和国防经费的单位自用的房屋、居民个人居住用房屋，税法也通过免税的方式将这类房屋排除在征税范围之外。

(三) 区别房屋的经营使用方式，规定不同的计税依据

拥有房屋的单位和个人，既可以将房屋用于经营自用，又可以把房屋用于出租。房产税根据纳税人经营形式的不同，对前一类房屋按房产计税余值征税，对后一类房屋按租金收入计税。

第二节　房产税的纳税义务人和征税范围

一、房产税的纳税义务人

房产税是以房屋为征税对象，按照房屋的计税余值或租金收入，向产权所有人征收的一种财产税。房产税以在征税范围内的房屋产权所有人为纳税人。

(1) 产权属国家所有的，由经营管理单位纳税；产权属集体和个人所有的，由集体单位和个人纳税。

所称单位，包括国有企业、集体企业、私营企业、股份制企业、外商投资企业、外国企业以及其他企业和事业单位、社会团体、国家机关、军队以及其他单位；这里的个人，包括个体工商户以及其他个人。

(2) 产权出典的，由承典人纳税。

所谓产权出典，是指产权人将房屋、生产资料等的产权，在一定时期内典当给他人使用，而取得资金的一种融资业务。承典人向出典人交付一定的典价之后，在质典期内即获得抵押物品的支配权，并可转典。出典人在规定期间内须归还典价的本金和利息，方可赎回出典房屋等的产权。由于在房屋出典期间，产权人已无权支配房屋，因此，税法规定对房屋具有支配权的承典人为纳税人。

(3) 产权所有人、承典人不在房屋所在地的，或者产权未确定及租典纠纷未解决的，由房产代管人或者使用人纳税。

所谓租典纠纷，是指产权人在房屋出典和租赁关系上，与承典人、租赁人发生各种争议。对租典纠纷尚未解决的房产，规定代管人或使用人为纳税人，主要目的在于加强征收管理，保证房产税及时缴纳，进而及时入库。

(4) 纳税单位和个人无租使用房产管理部门、免税单位及纳税单位的房产，应由使用人

代为缴纳房产税。

自 2009 年 1 月 1 日起，外商投资企业、外国企业和组织以及外籍个人，依照《中华人民共和国房产税暂行条例》缴纳房产税。

二、房产税的征税范围

房产税以房产为征税对象。所谓房产，是指有屋面和围护结构(有墙或两边有柱)，能够遮风避雨，可供人们在其中生产、工作、学习、娱乐、居住或储藏物资的场所。房地产开发企业建造的商品房，在出售前，不征收房产税；但在出售前房地产开发企业已使用或出租、出借的商品房应按规定征收房产税。

房产税的征税范围为城市、县城、建制镇和工矿区，其中：城市是指经国务院批准设立的市，其征税范围为市区、郊区和市辖县县城，不包括农村；县城是指县人民政府所在地的地区；建制镇是指经省、自治区、直辖市人民政府批准设立的建制镇；工矿区是指工商业比较发达、人口比较集中，符合国务院规定的建制镇标准，但尚未设立镇建制的大中型工矿企业所在地。开征房产税的工矿区须经省级人民政府批准。

第三节 房产税的税率、计税依据和应纳税额的计算

一、税率

现行的房产税采用的是比例税率。由于房产税的计税依据为从价计征和从租计征两种形式，所以房产税的税率也有两种：一种是依据房产计税余值计税的，税率为1.2%；另一种是依据房产租金收入计税的，税率为12%。从2001年1月1日起，对个人居住用房出租仍用于居住的，其应缴纳的房产税暂减按4%的税率征收；2008年3月1日起，对个人出租住房，不区分实际用途，均按4%的税率征收房产税，对企事业单位、社会团体以及其他组织按市场价格向个人出租用于居住的住房，减按4%的税率征收房产税。

二、房产税的计税依据

房产税以房产的计税余值或房产租金收入为计税依据。按房产计税余值征税的，称为从价计征；按房产租金收入征税的，称为从租计征。

(一) 从价计征

从价计征的房产税，是以房产的计税余值作为计税依据。所谓计税余值，是指依照税法规定按房产原值一次减除 10%～30%的损耗价值以后的余额。具体扣除比例由省、自治区、直辖市人民政府确定。在确定房产原值时，应当注意下列问题。

(1) 房产原值应根据国家有关会计制度规定进行核算。纳税人未按照国家会计制度核算并记载的，应按规定予以调整或重新评估。对依照房产原值计税的房产，不论是否记载在会计账簿“固定资产”科目中，均应按照规定计算缴纳房产税。

(2) 房产原值应包括与房屋不可分割的各种附属设备或一般不单独计算价值的配套设施，主要有：暖气、卫生、通风、照明、煤气等设备；各种管线，如蒸汽、压缩空气、石油、给水排水等管线及电力、电讯、电缆导线；电梯、升降机、过道、晒台等。凡以房屋为载体，不可随意移动的附属设备和配套设施，如给排水、采暖、消防、中央空调、电气及智能化楼宇设备等，无论在会计核算中是否单独记账与核算，都应计入房产原值，计征房产税。

(3) 纳税人对原有房屋进行改建、扩建的，要相应增加房屋的原值。对更换房屋附属设备和配套设施的，在将其价值计入房产原值时，可扣减原来相应设备和设施的价值；对附属设备和配套设施中易损坏，需要经常更换的零配件，更新后不再计入房产原值。

(4) 对按照房产原值计税的房产，无论会计上如何核算，房产原值均应包含地价，包括为取得土地使用权支付的价款、开发土地发生的成本费用等。容积率低于 0.5 的，按房产建筑面积的 2 倍计算土地面积并据此确定计入房产原值的地价。

(二) 从租计征

从租计征的房产税，是以房屋的租金收入作为计税依据。房屋的租金收入，是房屋产权所有人出租房屋使用权所取得的报酬，包括货币收入和实物收入。对以劳务或其他形式作为报酬抵付房租收入的，应根据当地同类房屋的租金水平，确定租金标准，依率征收。

对房屋出租人不申报租金收入或申报的租金收入与同一地段同类房屋的租金收入相比明显不合理的，税务部门可以按照《税收征收征管法》的有关规定，采取科学合理的方法核定其应纳税款。

出租的地下建筑，按照出租地上房屋建筑的有关规定计算征收房产税。

(三) 确定计税依据应注意的问题

(1) 对投资联营的房产，在计征房产税时应予以区别对待。对于以房产投资联营，投资者参与投资利润分红，共担风险的，依照房产余值计征房产税；对以房产投资，收取固定收入，不承担联营风险，实际上是以联营名义取得房产租金的，由出租方依照租金收入计算缴纳房产税。

(2) 对融资租赁的房产，由承租人自融资租赁合同约定开始日的次月起依照房产余值缴纳房产税。合同未约定开始日的，由承租人自合同签订的次月起依照房产余值缴纳房产税。

(3) 对居民住宅区内业主共有的经营性房产，由实际经营(包括自营和出租)的代管人或使用人缴纳房产税。其中自营的，依照房产原值减除 10%～30%后的余值计征，没有房产原值或不能将共有住房划分开的，由房产所在地地方税务机关参照同类房产核定房产原值；出租的，依照租金计征。

(4) 产权出典的房产，由承典人依照房产余值计征房产税。

(5) 无租使用其他单位房产的应税单位和个人，依照房产余值代缴房产税。

(6) 纳税人出租房产，租赁双方签订的租赁合同约定有免收租金期限的，免收租金期间由产权所有人依照房产余值计算缴纳房产税。

三、应纳税额的计算

房产税的计税依据有两种，与之相适应的应纳税额计算也分为两种：一种是从价计征的计算；另一种是从租计征的计算。

(一) 从价计征的计算

从价计征是按照房产的原值减除一定比例后的余值计征，其计算公式为

应纳税额＝应税房产原值×(1－扣除比例)×1.2%

其中，地上建筑物的房产原值是“固定资产”科目中记载的房屋原价；工业用途的地下建筑物，以房屋原价的50%～60%作为应税房产原值；商业和其他用途房产，以房屋原价的70%～80%作为应税房产原值。扣除比例是省、自治区、直辖市人民政府规定的10%～30%的减除比例。具体比例由各省、自治区、直辖市和计划单列市财政和地方税务部门在上述幅度内自行确定。

【例10-1】某公司从6月1日起开始对办公楼进行改扩建。办公楼账面原值为500万元，为改造支付费用100万元，加装中央空调等支付费用80万元，该中央空调单独作为固定资产入账，6月底改扩建完成，交付使用。房产所在地规定计算房产余值的扣除比例为25%。请计算该公司当年的房产税。

应纳房产税＝500×(1－25%)×1.2%×6/12＋(500＋100＋80)×
(1－25%)×1.2%×6/12
＝5.31(万元)

(二) 从租计征的计算

从租计征是按房产的租金收入计征，其计算公式为

应纳税额＝租金收入×12%(或 4%)

【例10-2】某企业2019年度自有房屋8栋，其中6栋用于经营生产，房产原值1 600万元；两栋房屋租给某公司做经营用房，年租金收入150万元。试计算该企业当年应纳的房产税。已知当地政府规定的扣除比例为25%。

自用房产应纳税额＝1 600×(1－25%)×1.2%＝14.4(万元)
租金收入应纳税额＝150×12%＝18(万元)
全年应纳房产税＝14.4＋18＝32.8(万元)

第四节 房产税的税收优惠

一、免征房产税的房产

依据《中华人民共和国房产税暂行条例》及有关规定，下列房产免征房产税。

(1) 国家机关、人民团体、军队自用的房产免征房产税，但上述免税单位的出租房产及

非自身业务适用的生产、营业用房，不属于免税范围。其中的“自用房产”是指这些单位本身的办公用房和公务用房。

(2) 由国家财政部门拨付事业经费的单位(如学校、医疗卫生单位、托儿所、幼儿园、敬老院以及文化、体育、艺术这些实行全额或差额预算管理的事业单位)所有的、本身业务范围内使用的房产免征房产税。

(3) 宗教寺庙、公园、名胜古迹自用的房产免征房产税。宗教寺庙自用的房产，是指举行宗教仪式等的房屋和宗教人员使用的生活用房屋。公园、名胜古迹自用的房产，是指供公共参观游览的房屋及其管理单位的办公用房屋，但宗教寺庙、公园、名胜古迹中附设的营业单位，如影剧院、饮食部、茶社、照相馆等所使用的房屋及出租的房产，应征收房产税。

(4) 个人拥有的非营业用的房产免征房产税。个人所有的非营业用房主要是指居民住房，不分面积多少，一律免征房产税。个人拥有的营业用房或者出租的房产，不属于免税房产，应正常纳税。

二、经财政部批准免税的其他房产

(1) 对非营利性医疗机构、疾病控制机构和妇幼保健机构等卫生机构自用的房产，免征房产税。

(2) 从 2001 年 1 月 1 日起，对按政府规定价格出租的共有住房和廉租住房，包括企业和自收自支事业单位向职工出租的单位自有住房，房管部门向居民出租的公有住房，落实私房政策中带户发还产权并以政府规定租金标准向居民出租的私有住房等，暂免征收房产税。

(3) 经营公租房的租金收入，免征房产税。公共租赁住房经营管理单位应单独核算公共租赁住房的租金收入，未单独核算的，不得享受免征房产税的优惠政策。

第五节　房产税的征收管理

一、纳税义务发生时间

(1) 将原有房产用于生产经营的，从生产经营之月起，计征房产税。

(2) 自建的房屋用于生产经营的，自建成之日的次月起，计征房产税。

(3) 委托施工企业建设的房屋，从办理验收手续之日的次月起，计征房产税。对于在办理验收手续前已使用或出租、出借的新建房屋，应从使用或出租、出借的当月起按规定计征房产税。

(4) 购置新建商品房，自房屋交付使用之次月起计征房产税。

(5) 购置存量房，自办理房屋权属转移、变更登记手续，房地产权属登记机关签发房屋权属证书之次月起计征房产税。

(6) 出租、出借房产，自交付出租、出借房产之次月起计征房产税。

(7) 房地产开发企业自用、出租、出借本企业建造的商品房，自房屋使用或交付之次月起计征房产税。

(8) 纳税人因房产的实物或权利状态发生变化而依法终止房产税纳税义务的，其应纳税款的计算应截止到房产的实物或权利状态发生变化的当月。

二、纳税期限

房产税实行按年征收，分期缴纳。纳税期限由省、自治区、直辖市人民政府规定。各地一般按季或半年征收。

三、纳税地点

房产税在房产所在地缴纳。房产不在同一地方的纳税人，应按房产的坐落地点分别向房产所在地的税务机关缴纳税款。

课后习题

一、单项选择题

1. 纳税人经营自用的房屋缴纳房产税的计税依据是(　　)。

A. 房屋原值　　B. 房屋净值　　C. 市场价格　　D. 计税余值

2. 下列有关房产税纳税人的表述中，不正确的是(　　)。

A. 房屋产权出典的由承典人纳税

B. 房屋出租的由承租人纳税

C. 房屋产权未确定的由代管人或使用人纳税

D. 产权人不在房屋所在地的由房屋代管人或使用人纳税

3. 下列免征房产税的是(　　)。

A. 外商投资企业拥有的位于市区的办公楼

B. 个人所有非营业用的房产

C. 中外合资企业用房

D. 政府机关所属的招待所使用的房产

4. 房产税纳税义务发生时间，表述正确的是(　　)。

A. 原有房屋用于生产经营的，从生产经营之次月起

B. 纳税人自建房屋用于经营的，从建成之次月起

C. 委托施工企业建设的房屋，从办理验收手续之月起

D. 委托施工企业建设的房屋，从建成之次月起

5. 某公司办公大楼原值 30 000 万元，2019 年 2 月 28 日将其中部分闲置房间出租，租期两年。出租部分房产原值 5 000 万元，租金每年 1 000 万元，当地规定房产税原值减除比例为 20%，2019 年该公司应缴纳的房产税为(　　)万元。

A. 288　　B. 340　　C. 348　　D. 360

二、多项选择题

1. 下列各项关于房产税计税依据的表述中，正确的有(　　)。
   A. 经营租赁的房产，以租金收入为计税依据缴纳房产税
   B. 经营租赁的房产，以房产余值为计税依据缴纳房产税
   C. 融资租赁的房产，以租金收入为计税依据缴纳房产税
   D. 融资租赁的房产，以房产余值为计税依据缴纳房产税
2. 以下关于房产税纳税人的表述中，正确的有(　　)。
   A. 外籍个人不缴纳房产税
   B. 房屋产权出典的，承典人为纳税人
   C. 房屋产权属于集体所有的，集体单位为纳税人
   D. 房屋产权未确定及租典纠纷未解决的，代管人或使用人为纳税人
3. 下列各项中，应当征收房产税的有(　　)。
   A. 城市居民出租的房产　　B. 城市居民投资联营的房产
   C. 城市居民所有的自住用房　　D. 城市居民拥有的营业用房
4. 下列情形中，应由房产代管人或者使用人缴纳房产税的有(　　)。
   A. 房屋产权未确定的　　B. 房屋租典纠纷未解决的
   C. 房屋承典人不在房屋所在地的　　D. 房屋产权所有人不在房屋所在地的
5. 下列各项中，符合房产税纳税义务发生时间规定的有(　　)。
   A. 纳税人购置新建商品房，自房屋交付使用之次月起缴纳房产税
   B. 纳税人委托施工企业建设的房屋，自建成之次月起缴纳房产税
   C. 纳税人将原有房产用于生产经营，自生产经营之次月起缴纳房产税
   D. 纳税人购置存量房，自房地产权属登记机关签发房屋权属证书之次月起缴纳房产税

三、计算题

甲公司 2019 年年初房产原值为 8 000 万元，3 月与乙公司签订租赁合同，约定自 2019 年 4 月起将原值为 500 万元的房产租赁给乙公司，租期 3 年，月租金 2 万元，2019 年 4 至 6 月为免租使用期间。甲公司所在地规定房产余值减除比例为 30%。请计算甲公司 2019 年度应缴纳的房产税。

第十一章

车船税法和契税法

【学习要点】

本章主要介绍车船税法和契税法的基本法律内容。通过学习，要求了解车船税法和契税法的概念、特点及征收管理；掌握车船税法和契税法的法律规定；能够正确计算车船税和契税的应纳税额。

第一节 车 船 税 法

车船税是以中华人民共和国境内的车辆、船舶为征税对象，向车辆、船舶的所有人或管理人征收的一种税。征收车船税有利于为地方政府筹集财政资金，有利于车船的管理和合理配置，也有利于调节财富差异。现行车船税法是2011年2月25日，由中华人民共和国第十一届全国人民代表大会常务委员会第十九次会议通过的《中华人民共和国车船税法》(以下简称《车船税法》)，该法自2012年1月1日起施行。2019年4月23日第十三届全国人民代表大会常务委员会第十次会议通过对《车船税法》的修改，自2019年4月23日起施行。

车船税有以下特点。

(1) 兼有财产税和行为税的特点。车船税纳税人是车船的所有人或管理人，即在我国境内拥有车船的单位和个人。

(2) 具有个别财产税的特点。从财产税的角度看，车船税属于个别财产税。不仅征税对象仅限于车辆、船舶两类运输工具，而且对不同的车辆、不同的船舶还规定了不同的征税标准。

(3) 实行分类、分级(项)定额税率。车船税首先划分车辆与船舶，规定它们各自的定额税率。车辆采用分类、分项幅度税额，即对不同类别和不同项目的车辆规定了最高税额和最低税额，以适应我国各地经济发展不平衡，车辆种类繁多、大小不同的实际情况。船舶实行分类、分级固定税额，即对不同类别、不同吨位的船舶，规定全国统一的固定税额。

一、车船税的纳税义务人与征税范围

(一) 车船税的纳税义务人

车船税的纳税义务人，是指在中华人民共和国境内，车辆、船舶(以下简称“车船”)的

所有人或者管理人。管理人是指对车船具有管理权或使用权，不具有所有权的单位。车船的所有人或管理人未缴纳车船税的，使用人应当代为缴纳车船税。

(二) 车船税的征税范围

车船税的征税范围是指在中华人民共和国境内属于《车船税法》所附《车船税税目税额表》规定的车辆、船舶。车辆、船舶是指：

(1) 依法应当在车船管理部门登记的机动车辆和船舶；

(2) 依法不需要在车船管理部门登记、在单位内部场所行驶或者作业的机动车辆和船舶。

前款所称车船管理部门，是指公安、交通运输、农业、渔业、军队、武装警察部队等依法具有车船登记管理职能的部门；单位，是指依照中国法律、行政法规规定，在中国境内成立的行政机关、企业、事业单位、社会团体以及其他组织。

二、车船税的税目与税率

车船税实行定额税率。定额税率，也称固定税额，是税率的一种特殊形式。定额税率计算简便，适合从量计征的税种。车船税的适用税额，依照《车船税法》所附的《车船税税目税额表》执行。

车辆的具体适用税额由省、自治区、直辖市人民政府依照《车船税法》所附《车船税税目税额表》规定的税额幅度和国务院的规定确定。

船舶的具体适用税额由国务院在《车船税法》所附《车船税税目税额表》规定的税额幅度内确定。

车船税采用定额税率，即对征税的车船规定单位固定税额。车船税确定税额总的原则是：非机动车船的税负轻于机动车船；人力车的税负轻于畜力车；小吨位船舶的税负轻于大船舶。由于车辆与船舶的行驶情况不同，车船税的税额也有所不同(见表 11-1)。

表11-1　车船税税目税额表

税目		计税单位	年基准税额/元	备注
乘用车(按发动机汽缸容量(排气量)分档)	1.0 升(含)以下的	每辆	60～360	核定载客人数 9 人(含)以下
	1.0 升以上至 1.6 升(含)的		300～540	
	1.6 升以上至 2.0 升(含)的		360～660	
	2.0 升以上至 2.5 升(含)的		660～1200	
	2.5 升以上至 3.0 升(含)的		1 200～2 400	
	3.0 升以上至 4.0 升(含)的		2 400～3 600	
	4.0 升以上的		3 600～5 400	
商用车	客车	每辆	480～1 440	核定载客人数 9 人以上(包括电车)
	货车	整备质量每吨	16～120	包括半挂牵引车、三轮汽车和低速载货汽车等
其他车辆	专业作业车	整备质量每吨	16～120	不包括拖拉机
	轮式专用机械车	整备质量每吨	16～120	

(续表)

税目		计税单位	年基准税额/元	备注
摩托车		每辆	36～180	
机动船舶	净吨位≤200 吨	净吨位每吨	3	拖船、非机动驳船分别按照机动船舶税额的50%计算；拖船按照发动机功率每 1 千瓦折合净吨位 0.67 吨计算
	200 吨＜净吨位≤2 000 吨		4	
	2 000 吨＜净吨位＜10 000 吨		5	
	净吨位＞10 000 吨		6	
游艇	艇身长度≤10 米	艇身长度每米	600	辅助动力帆船按 600 元/米计算
	10＜艇身长度≤18 米		900	
	18 米＜艇身长度≤30 米		1 300	
	艇身长度＞30 米		2 000	

对于车船税额的确定，还要注意以下规定。

(1) 《车船税法》及其实施条例涉及的整备质量、净吨位、艇身长度等计税单位，有尾数的一律按照含尾数的计税单位据实计算车船税应纳税额。计算得出的应纳税额小数点后超过两位的可四舍五入保留两位小数。

(2) 拖船按照发动机功率每 2 马力折合净吨位 1 吨计算征收车船税。

(3) 挂车整备质量每吨按照车船税额的 50%计算。

(4) 《车船税法》及其实施条例所涉及的排气量、整备质量、核定载客人数、净吨位、功率(千瓦或马力)、艇身长度，以车船登记管理部门核发的车船登记证书或者行驶证相应项目所载数据为准。依法不需要办理登记、依法应当登记而未办理登记或者不能提供车船登记证书、行驶证的，以车船出厂合格证明或者进口凭证相应项目标注的技术参数、所载数据为准；不能提供车船出厂合格证明或者进口凭证的，由主管税务机关参照国家相关标准核定，没有国家相关标准的参照同类车船核定。

三、车船税应纳税额的计算与代收代缴

纳税人按照纳税地点所在的省、自治区、直辖市人民政府确定的具体适用税额缴纳车船税。车船税由地方税务机关负责征收。

(1) 购置的新车船，购置当年的应纳税额自纳税义务发生的当月起按月计算，计算公式为

$$应纳税额＝(年应纳税额÷12)×应纳税月份数$$
$$应纳税月份数＝12－纳税义务发生时间(取月份)＋1$$

(2) 在一个纳税年度内，已完税的车船被盗抢、报废、灭失的，纳税人可以凭有关管理机关出具的证明和完税证明，向纳税所在地的主管税务机关申请退还自被盗抢、报废、灭失月份起至该纳税年度终了期间的税款。

(3) 已办理退税的被盗抢车船，失而复得的，纳税人应当从公安机关出具相关证明的当月起计算缴纳车船税。

(4) 在一个纳税年度内，纳税人在非车辆登记地由保险机构代收代缴机动车车船税，且

能够提供合法有效完税证明的，纳税人不再向车辆登记地的地方税务机关缴纳车船税。

(5) 已缴纳车船税的车船在同一纳税年度内办理转让过户的，不另纳税，也不退税。

【例 11-1】某运输公司拥有载货汽车 15 辆 (货车整备质量合计为 10 吨)；乘人大客车 20 辆；小客车 10 辆。试计算该公司应纳车船税(注：载货汽车每吨年税额 80 元，乘人大客车每辆年税额 800 元，小客车每辆年税额 700 元)。

(1) 载货汽车应纳税额＝15×10×80＝12 000 (元)

(2) 乘人汽车应纳税额＝20×800＋10×700＝23 000 (元)

全年应纳车船税税额＝12 000＋23 000＝35 000 (元)

四、车船税的税收优惠

(一) 法定减免

(1) 捕捞、养殖渔船，是指在渔业船舶登记管理部门登记为捕捞船或者养殖船的船舶。

(2) 军队、武装警察部队专用的车船，是指按照规定在军队、武装警察部队车船管理部门登记，并领取军队、武警牌照的车船。

(3) 警用车船，是指公安机关、国家安全机关、监狱、劳动教养管理机关和人民法院、人民检察院领取警用牌照的车辆和执行警务的专用船舶。

(4) 依照法律规定应当予以免税的外国驻华使领馆、国际组织驻华代表机构及其有关人员的车船。

(5) 自 2012 年 1 月 1 日起，对节约能源的车辆，减半征收车船税；对使用新能源的车辆，免征车船税；对受严重自然灾害影响纳税困难以及有其他特殊原因确需减税、免税的，可以减征或者免征车船税。

使用新能源的车辆包括纯电动汽车、燃料电池汽车和混合动力汽车。纯电动汽车、燃料电池汽车不属于车船税征收范围，其他混合动力汽车按照同类车辆适用税额减半征税。

(6) 省、自治区、直辖市人民政府根据当地实际情况，可以对公共交通车船，农村居民拥有并主要在农村地区使用的摩托车、三轮汽车和低速载货汽车定期减征或者免征车船税。

(二) 特定减免

(1) 经批准临时入境的外国车船和中国香港特别行政区、中国澳门特别行政区、中国台湾地区的车船，不征收车船税。

(2) 按照规定缴纳船舶吨税的机动船舶，自《车船税法》实施之日起 5 年内免征车船税。

(3) 依法不需要在车船登记管理部门登记的机场、港口、铁路站场内部行驶或作业的车船，自《车船税法》实施之日起 5 年内免征车船税。

五、车船税的征收管理

(一) 车船税纳税义务发生时间

车船税纳税义务发生时间为取得车船所有权或者管理权的当月。纳税人未按照规定到车船管理部门办理应税车船登记手续的，以车船购置发票所载开具时间的当月作为车船税的纳税义务发生时间。对未办理车船登记手续且无法提供车船购置发票的，由主管税务机关核定纳税义务发生时间。

(二) 车船税纳税地点

车船税的纳税地点为车船的登记地或者车船税扣缴义务人所在地。依法不需要办理登记的车船，车船税的纳税地点为车船的所有人或者管理人所在地。

扣缴义务人代收代缴车船税的，纳税地点为扣缴义务人所在地。纳税人自行申报缴纳车船税的，纳税地点为车船登记地的主管税务机关所在地。依法不需要办理登记的车船，纳税地点为车船所有人或者管理人主管税务机关所在地。

第二节　契　税　法

契税是以在中华人民共和国境内所有权发生转移的土地、房屋权属为征税对象，向产权承受人征收的一种财产税。

契税是我国一个很古老的税种，最早起源于东晋。中华人民共和国成立后，政务院于1950 年发布了《契税暂行条例》，规定对土地、房屋的买卖、典当、赠与和交换征收契税。目前执行的契税是 1997 年 7 月 7 日由国务院发布的，于同年 10 月 1 日开始实施的《中华人民共和国契税暂行条例》(以下简称《契税暂行条例》)。为落实税收法定原则，《中华人民共和国契税法》(以下简称《契税法》)已由中华人民共和国第十三届全国人民代表大会常务委员会第二十一次会议于 2020 年 8 月 11 日通过，自 2021 年 9 月 1 日起施行。

契税作为财产税有其自身特点，具体如下。

(1) 契税属于财产转移税。契税以所有权发生转移的不动产，即土地和房屋为征税对象，具有财产转移课税性质。契税是在转让环节征收，每转让一次就征收一次。

(2) 契税由财产承受人缴纳。契税由取得土地、房屋权属的一方缴纳，即买方纳税。

一、契税纳税人

契税的纳税义务人是在境内转移土地、房屋权属，承受的单位和个人。境内是指中华人民共和国实际税收行政管辖范围内。土地、房屋权属是指土地使用权和房屋所有权。单位是指企业单位、事业单位、国家机关、军事单位和社会团体以及其他组织。个人是指个体经营者及其他个人，包括中国公民和外籍人员。

二、契税征税对象和税率

(一) 征税对象及征税范围

契税的征税对象是发生土地使用权和房屋所有权权属转移的土地和房屋。契税的征税范围是在境内发生使用权转移的土地和发生所有权转移的房屋，具体包括以下情况。

1. 土地使用权出让

土地使用权出让是指土地使用者向国家交付土地使用权出让费用，国家将国有土地使用权在一定年限内让与土地使用者的行为。土地公开出让方式包括招标、拍卖和挂牌。

2. 土地使用权的转让

土地使用权的转让是指土地使用者以出售、赠与、互换等方式将土地使用权转移给其他单位和个人的行为。土地使用权的转让不包括农村集体土地承包经营权的转移。

3. 房屋买卖、赠与、互换

1) 房屋买卖

房屋买卖，即以货币为媒介，出卖者向购买者让渡房产所有权的交易行为。

2) 房屋赠与

房屋赠与是指房屋产权所有人将房屋无偿转让给他人所有的行为。房屋赠与的前提必须是产权无纠纷，赠与人和受赠人双方自愿。

法定继承人(包括配偶、父母、子女、兄弟姐妹、祖父母、外祖父母)继承土地、房屋权属的，不征收契税。非法定继承人根据遗嘱承受死者生前的土地、房屋权属，属于赠与行为，应征收契税。

3) 房屋互换

房屋互换是指房屋所有者之间互相交换房屋的行为。互换双方应订立交换协议，办理房屋产权变更手续和契税手续。

4. 以作价投资(入股)、偿还债务、划转、奖励等方式转移土地、房屋权属

以作价投资(入股)、偿还债务、划转、奖励等方式转移土地、房屋权属的，应当依照《契税法》的规定征收契税。

(二) 税率

契税实行3%～5%的幅度税率。契税的具体适用税率，由省、自治区、直辖市人民政府在规定的税率幅度内提出，报同级人民代表大会常务委员会决定，并报全国人民代表大会常务委员会和国务院备案。

省、自治区、直辖市可以依照规定的程序对不同主体、不同地区、不同类型的住房的权属转移确定差别税率。

三、契税的计税依据和应纳税额的计算

(一) 契税的计税依据

契税的计税依据为不动产的价格。由于土地、房屋权属转移方式不同，定价方法不同，因而具体计税依据视不同情况而定。

(1) 土地使用权出让、土地使用权出售、房屋买卖，以成交价格为计税依据。成交价格是指土地、房屋权属转移合同确定的价格，包括承受者应交付的货币、实物、其他经济利益。

(2) 土地使用权赠与、房屋赠与以及其他没有价格的转移土地、房屋权属的行为的计税

依据，由征收机关参照土地使用权出售、房屋买卖的市场价格依法核定。

(3) 土地使用权互换、房屋互换的计税依据，为所交换的土地使用权、房屋的价格差额，也就是说，交换价格相等时，免征契税；交换价格不等时，由多交付货币、实物、其他经济利益的一方缴纳契税。

为了避免偷、逃税款，《契税法》第四条还规定，纳税人申报的成交价格、互换价格差额明显偏低且无正当理由的，由税务机关依照《中华人民共和国税收征收管理法》的规定核定。

(二) 应纳税额的计算方法

契税采用比例税率。契税应纳税额的计算公式为

$$应纳税额=计税依据\times税率$$

【例11-2】居民甲有两套住房，将一套出售给居民乙，成交价格为200 000元；将另一套两室住房与居民丙交换成两处一室住房，并支付给丙换房差价款60 000元。试计算甲、乙、丙相关行为应缴纳的契税(假定税率为4%)。

(1) 甲应缴纳的契税＝60 000×4%＝2 400(元)

(2) 乙应缴纳的契税＝200 000×4%＝8 000(元)

(3) 丙不缴纳契税。

四、契税的税收优惠

(一) 契税优惠的一般规定

根据《契税法》第六条规定，有下列情形之一的，免征契税。

(1) 国家机关、事业单位、社会团体、军事单位承受土地、房屋用于办公、教学、医疗、科研和军事设施的，免征契税。

(2) 非营利性的学校、医疗机构、社会福利机构承受土地、房屋权属用于办公、教学、医疗、科研、养老、救助。

(3) 承受荒山、荒地、荒滩土地使用权用于农、林、牧、渔业生产。

(4) 婚姻关系存续期间夫妻之间变更土地、房屋权属。

(5) 法定继承人通过继承承受土地、房屋权属。

(6) 依照法律规定应当予以免税的外国驻华使馆、领事馆和国际组织驻华代表机构承受土地、房屋权属。

根据国民经济和社会发展的需要，国务院对居民住房需求保障、企业改制重组、灾后重建等情形可以规定免征或者减征契税，报全国人民代表大会常务委员会备案。

(二) 契税优惠的特殊规定

《契税法》第七条规定，省、自治区、直辖市可以决定下列情形免征或者减征契税。

(1) 因土地、房屋被县级以上人民政府征收、征用，重新承受土地房屋权属。

(2) 因不可抗力灭失住房，重新承受住房权属。

本条规定的免征或者减征契税的具体办法，由省、自治区、直辖市人民政府提出，报同级人民代表大会常务委员会决定，并报全国代表大会常务委员会和国务院备案。

纳税人改变有关土地、房屋的用途，或者有其他不再属于《契税法》第六条规定的免征、减征契税情形的，应当缴纳已经免征、减征的税款。

五、契税的征收管理

1. 契税纳税义务发生时间

契税的纳税义务发生时间是纳税人签订土地、房屋权属转移合同的当天，或者纳税人取得其他具有土地、房屋权属转移合同性质凭证的当日。

2. 契税纳税期限

纳税人应当在依法办理土地、房屋权属登记手续前申报缴纳契税。

在依法办理土地、房屋权属登记前，权属转移合同、权属转移合同性质凭证不生效、无效、被撤销或者被解除的，纳税人可以向税务机关申请退还已缴纳的税款，税务机关应当依法办理。

3. 契税的纳税地点

契税由土地、房屋所在地的税务机关依照《契税法》和《中华人民共和国税收征收管理法》的规定征收管理。

4. 契税的征收管理

纳税人办理纳税事宜后，征收机关应向纳税人开具契税完税凭证。纳税人办理土地、房屋权属登记，不动产登记机构应当查验契税完税、减免税凭证或者有关信息。未按照规定缴纳契税的，不动产机构不予办理土地、房屋权属登记。

除此之外，《契税法》还增加追责条款，即纳税人、税务机关及其工作人员违反《契税法》规定的，依照《中华人民共和国税收征收管理法》和有关法律法规的规定追究法律责任。

课后习题

一、单项选择题

1. 下列选项中是契税纳税地点的是(　　)。

   A. 土地、房屋的转让人所在地　　B. 承受土地、房屋的一方所在地

   C. 土地、房屋的所在地　　D. 合同签订地

2. 下列各项中，契税计税依据可由征收机关核定的是(　　)。

   A. 土地使用权出售　　B. 土地使用权出让

   C. 土地使用权赠与　　D. 以划拨方式取得土地使用权

3. 下列情形中，免予缴纳契税的是(　　)。
A. 买房拆料
B. 交换价格相等的房屋
C. 受赠房产
D. 承受国有土地使用权所应支付的土地出让金
4. 根据契税法律制度的规定，下列各项中，应缴纳契税的是(　　)。
A. 承包者获得农村集体土地承包经营权
B. 个人承租居民住房
C. 企业将厂房抵押给银行
D. 企业受让土地使用权
5. 下列各项中，符合契税纳税义务发生时间规定的是(　　)。
A. 纳税人签订土地、房屋权属转移合同的当天
B. 纳税人办妥土地、房屋权属变更登记手续的当天
C. 纳税人办理土地、房屋权属变更登记手续的10日内
D. 房屋、土地移交的当天

二、多项选择题

1. 下列项目中，以“辆”为计税依据计算车船税的有(　　)。
A. 船舶　B. 摩托车　C. 客车　D. 货车
2. 下列车船属于法定免税的有(　　)。
A. 专项作业车　B. 警用车船　C. 非机动驳船　D. 捕捞、养殖渔船
3. 下列关于契税的表述，正确的有(　　)。
A. 契税的纳税人是我国境内土地、房屋权属的承受者
B. 契税的征税对象是我国境内产权转移的不动产
C. 契税实行差别比例税率
D. 契税纳税人不包括在我国境内承受土地权属的外国个人
4. 下列关于契税计税依据的表述，正确的有(　　)。
A. 国有土地使用权出让以纳税人缴纳的土地出让金为计税依据
B. 土地使用权和房屋出售以成交价格为计税依据
C. 土地使用权和房屋的赠与以征收机关核定的市场价格为计税依据
D. 土地使用权、房屋的交换以交换的土地使用权、房屋的价格差额为计税依据
5. 居民甲有 3 套住房，将一套住房出售给居民乙，成交价格为 60 000 元；将一套住房与居民丙交换，得到另一套住房和对方支付的换房差价款 4 000 元；将第三套住房无偿赠送给亲戚丁，该住房市场价格为 80 000 元。当地政府规定的契税税率为 4%，则下列关于所缴契税的说法，正确的有(　　)。
A. 甲不缴纳契税
B. 丁应缴纳契税3 200元
C. 乙应缴纳契税2 400元
D. 丙应缴纳契税160元

三、计算题

甲企业 2019 年 6 月有关房地产业务情况如下。

(1) 取得土地使用权，向政府有关部门支付土地使用权出让费 300 万元。

(2) 协作单位乙企业因无力偿还甲企业债务 280 万元，经双方协商，乙企业以自有房产折价 280 万元(不含税)抵偿甲企业债务，房产原值为 320 万元。

(3) 因生产经营需要，甲企业以一幢价值 300 万元的房产与丙企业一幢价值 360 万元的房屋交换，支付不含税差价 60 万元。

(4) 本月购买房屋一幢，不含税成交价格为 800 万元。

(5) 接受某国有企业以房产投资入股，该房产经国有资产管理部门评估核定的价格为 550 万元(不含税)。

要求：计算甲企业本月应纳的契税(契税税率 4%)。

第十二章

印花税法和车辆购置税法

【学习要点】

本章主要介绍印花税法和车辆购置税法的基本法律内容。通过学习，要求了解印花税和车辆购置税的概念、特点及征收管理；掌握印花税法和车辆购置税法的法律规定；能够正确计算印花税和车辆购置税的应纳税额。

第一节　印 花 税 法

印花税是对经济活动和经济交往中书立、使用、领受应税经济凭证的行为征收的一种税。印花税是一种具有行为性质的凭证税，凡发生书立、使用、领受应税凭证的行为，就必须依法履行纳税义务。印花税因其采用在应税凭证上粘贴印花税票作为完税的标志而得名。

印花税是世界各国普遍征收的一种税，1624 年印花税首先在荷兰开征，随后很多国家开始效仿实行，现已有近百个国家和地区开征此税。

中华人民共和国成立以后，政务院于 1950 年发布了《印花税暂行条例》，在全国范围内开征印花税，1958 年简化税制，经全国人民代表大会常务委员会通过，将印花税并入工商统一税。改革开放后，我国的商品经济得到迅速发展。为适应商品经济发展的要求，国家先后颁布了经济合同法、商标法等一系列经济法规。在经济活动中依法书立、领受各种经济凭证已成为普遍现象，重新开征印花税不仅是必要的，而且也具备了一定的条件。因此国务院于 1988 年 8 月 6 日颁布了《中华人民共和国印花税暂行条例》，并于同年 10 月 1 日实施。

印花税不管是在性质上，还是在征税方法上，都有不同于其他税种的特点。

(1) 具有凭证税和行为税性质。印花税是对单位和个人书立、领受的应税凭证征收的一种税，具有凭证税的性质。由于任何一种应税经济凭证反映的都是某种特定的经济行为。因此，对凭证征税，实质上是对经济行为课税。

(2) 征税范围广。印花税的应税凭证涉及实际经济活动的各个方面，凡税法列举的合同或具有合同性质的凭证、产权转移书据、营业账簿及权利、许可证照等，都必须依法纳税。

(3) 税率低、税负轻。印花税最高税率为千分之一，最低税率为万分之零点五，按定额税率征收的，每件 5 元。

(4) 自行贴花完税。在纳税义务发生时，根据应税凭证所载计税金额和适用税率，自行计算应纳税额；纳税人自行购买印花税票，并一次足额粘贴在应税凭证上，最后由纳税人按规定对已粘贴的印花税票自行注销或画销。

一、印花税的纳税义务人

印花税的纳税义务人，是在中国境内书立、使用、领受印花税法所列举的凭证并应依法履行纳税义务的单位和个人。

其中“单位和个人”是指国内各类企业、事业、机关、团体、部队以及中外合资企业、合作企业、外资企业、外国公司和其他经济组织及其在华机构等单位和个人。

按照书立、使用、领受应税凭证的不同，印花税的纳税人可以分别确定如下。

1. 立合同人

立合同人是指合同的当事人，即对凭证有直接权利与义务关系的单位和个人，但不包括合同的担保人、证人、鉴定人，例如，某贸易公司和银行签订了借款合同，甲企业和银行签订了担保合同，则某贸易公司和银行都是印花税的纳税人，而甲企业作为某贸易公司的担保人则不属于印花税的纳税人。

2. 立据人

立据人是指书立产权转移书据的单位和个人，例如，甲企业将属于自己企业的一项专利权转让给乙企业并订立专利转让协议，则甲企业和乙企业作为立据人都是印花税的纳税人。

3. 立账簿人

立账簿人是指设立并使用营业账簿的单位和个人，例如，企业单位因产生、经营需要，设立了营业账簿，该企业即为纳税人。

4. 领受人

领受人是指领取或接受并持有权利、许可证照的单位和个人，例如，某人因其发明创造，经申请依法取得国家专利机关颁发的专利证书，该人即为领受人。

5. 使用人

使用人是指在国外书立、领受，但在国内使用应税凭证的单位和个人。

6. 各类电子应税凭证的签订人

各类电子应税凭证的签订人即以电子形式签订的各类应税凭证的当事人。

值得注意的是，对应税凭证，凡由两方或两方以上当事人共同书立的，其当事人各方都是印花税的纳税人，应各自就其所持凭证的计税金额履行纳税义务。

二、印花税的税目与税率

(一) 税目

印花税的税目，指印花税法明确规定的应当纳税的项目，它具体规定了印花税的征税范围。一般来说，列入税目的就要征税，未列入税目的就不征税。印花税共有 13 个税目。

1. 购销合同

购销合同包括供应、预购、采购、购销结合及协作、调剂、补偿、贸易等合同，还包括出版单位与发行单位之间订立的图书、报纸、期刊和音像制品的应税凭证，例如订购单、订书单等，还包括发电厂与电网之间、电网与电网之间(国家电网公司系统、南方电网公司系统内部各级电网互供电量除外)签订的购售电合同，但是电网与用户之间签订的供用电合同不属于印花税列举征税的凭证，不征收印花税。

2. 加工承揽合同

加工承揽合同包括加工、定做、修缮、修理、印刷、广告、测绘、测试等合同。

3. 建设工程勘察设计合同

建设工程勘察设计合同包括勘察、设计合同的总合同、分包合同和转包合同。

4. 建筑安装工程承包合同

建筑安装工程承包合同包括建筑、安装工程承包合同的总包合同、分包合同和转包合同。

5. 财产租赁合同

财产租赁合同包括租赁房屋、船舶、飞机、机动车辆、机械、器具、设备等合同，还包括企业、个人出租门店、柜台等签订的合同，但企业与主管部门等签订的租赁承包经营合同，不属于财产租赁合同，不应征税。

6. 货物运输合同

货物运输合同包括民用航空、铁路运输、海上运输、公路运输和联运合同，以及作为合同使用的单据。

7. 仓储保管合同

仓储保管合同包括仓储、保管合同，以及作为合同使用的仓单、栈单等(入库单)。

8. 借款合同

借款合同是指银行及其他金融组织与借款人(不包括银行同业拆借)所签订的借款合同。银行及其他金融机构经营的融资租赁业务，是一种以融物方式达到融资目的的业务，实际上是分期偿还的固定资金借款，因此融资租赁合同也属于借款合同。

自 2018 年 1 月 1 日至 2020 年 12 月 31 日，对金融机构与小型企业、微型企业签订的借款合同免征印花税。

9. 财产保险合同

财产保险合同包括财产、责任、保证、信用等保险合同。财产保险合同，分为企业财产保险、机动车辆保险、货物运输保险、家庭财产保险和农牧业保险五大类。“家庭财产两全保险”属于家庭财产保险性质，其合同在财产保险合同之列，应照章纳税。

10. 技术合同

技术合同包括技术开发、转让、咨询、服务等合同，以及作为合同使用的单据。

(1) 技术转让合同包括专利申请权转让和非专利技术转让。

(2) 技术咨询合同是合同当事人就有关项目的分析、论证、预测和调查订立的技术合同，但一般的法律、会计、审计等方面的咨询不属于技术咨询，其所立合同不征印花税。

(3) 技术服务合同是当事人一方委托另一方就解决有关特定技术问题，如为改进产品结构、改良工艺流程、提高产品质量、降低产品成本、保护资源环境、实现安全操作、提高经济效益等提出实施方案，所订立的技术合同，包括技术服务合同、技术培训合同和技术中介合同。

11. 产权转移书据

产权转移书据，是指单位和个人产权的买卖、继承、赠与、交换、分割等所立的书据，包括财产所有权和版权、商标专用权、专利权、专有技术使用权等转移书据，专利实施许可合同和土地使用权出让合同、土地使用权转让合同、商品房销售合同等权利转移合同。其中财产所有权转移书据的征税范围，是指经政府管理机关登记注册的动产、不动产的所有权转移所立的书据，以及企业股权转让所立的书据，并包括个人无偿赠送不动产所签订的“个人无偿赠与不动产登记表”。当纳税人完税后，税务机关(或其他征收机关)应在纳税人印花税完税凭证上加盖“个人无偿赠与”印章。

12. 营业账簿

营业账簿是指单位或者个人记载生产经营活动的财务会计核算账簿。营业账簿按其反映内容的不同，可分为记载资金的账簿和其他账簿。记载资金的账簿，是指反映生产经营单位资本金数额增减变化的账簿。其他账簿，是指除上述账簿以外的有关其他生产经营活动内容的账簿，包括日记账簿和各明细分类账簿。

但是，对金融系统营业账簿，要结合金融系统财务会计核算的实际情况进行具体分析。凡银行用以反映资金存贷经营活动、记载经营资金增减变化、核算经营成果的账簿，如各种日记账、明细账和总账都属于营业账簿，应按照规定缴纳印花税；银行根据业务管理需要设置的各种登记簿，如空白重要凭证登记簿、有价单证登记簿、现金收付登记簿等，其记载的内容与资金活动无关，仅用于内部备查，属于非营业账簿，均不征收印花税。

根据财税〔2018〕50号文件规定，自2018年5月1日起，对按照万分之五税率贴花的资金账簿减半征收印花税，对按件贴花五元的其他账簿免征印花税。

13. 权利、许可证照

权利、许可证照是政府授予单位、个人某种法定权利和准予从事特定经济活动的各种证照的统称，包括政府部门发给的房屋产权证、工商营业执照、商标注册证、专利证、土地使用证等。

(二) 税率

印花税的税率有两种形式，即比例税率和定额税率。

1. 比例税率

在印花税的 13 个税目中，各类合同以及具有合同性质的凭证(含以电子形式签订的各类应税凭证)、产权转移书据、营业账簿中记载资金的账簿，适用比例税率。

印花税的比例税率分为 4 个档次，分别是 0.05‰、0.3‰、0.5‰、1‰。

(1) 适用 0.05‰税率的为“借款合同”。

(2) 适用 0.3‰税率的为“购销合同”“建筑安装工程承包合同”“技术合同”。

(3) 适用 0.5‰税率的为“加工承揽合同”“建筑工程勘察设计合同”“货物运输合同”“产权转移书据”“营业账簿”税目中记载资金的账簿。其中，自 2018 年 5 月 1 日起，“营业账簿”税目中记载资金的账簿，按实收资本和资本公积合计金额，减半贴花。

(4) 适用 1‰税率的为“财产租赁合同”“仓储保管合同”“财产保险合同”。

2. 定额税率

在印花税的13个税目中，“权利、许可证照”和“营业账簿”税目中的其他账簿，适用定额税率，均为按件贴花，税额为5元。其中，“营业账簿”税目中的其他账簿，自2018年5月1日起免征。这些应税凭证无法计算金额或虽记载金额，但不宜作为计税依据，因而采用定额税率，便于纳税人缴纳，便于税务机关征管。印花税税目税率表如表12-1所示。

表12-1 印花税税目、税率表

税目	范围	税率	纳税人	说明
1. 购销合同	包括供应、预购、采购、购销结合及协作、调剂、补偿、易货等合同	按购销金额 0.3‰贴花	立合同人	
2. 加工承揽合同	包括加工、定做、修缮、修理、印刷广告、测绘、测试等合同	按加工或承揽收入 0.5‰贴花	立合同人	
3. 建设工程勘察设计合同	包括勘察、设计合同	按收取费用 0.5‰贴花	立合同人	
4. 建筑安装工程承包合同	包括建筑、安装工程承包合同	按承包金额 0.3‰贴花	立合同人	
5. 财产租赁合同	包括租赁房屋、船舶、飞机、机动车辆、机械、器具、设备等合同	按租赁金额 1‰贴花。税额不足 1 元，按 1 元贴花	立合同人	
6. 货物运输合同	包括民用航空运输、铁路运输、海上运输、内河运输、公路运输和联运合同	按运输费用 0.5‰贴花	立合同人	单据作为合同使用的，按合同贴花
7. 仓储保管合同	包括仓储、保管合同	按仓储保管费用 1‰贴花	立合同人	仓单或栈单作为合同使用的，按合同贴花
8. 借款合同	银行及其他金融组织和借款人(不包括银行同业拆借)所签订的借款合同	按借款金额 0.05‰贴花	立合同人	单据作为合同使用的，按合同贴花
9. 财产保险合同	包括财产、责任、保证、信用等保险合同	按收取保险费 1‰贴花	立合同人	单据作为合同使用的，按合同贴花
10. 技术合同	包括技术开发、转让、咨询、服务等合同	按所记载金额 0.3‰贴花	立合同人	
11. 产权转移书据	包括财产所有权和版权、商标专用权、专利权、专有技术使用权等转移书据和土地使用权出让合同、土地使用权转让合同、商品房销售合同	按所记载金额 0.5‰贴花	立据人	
12. 营业账簿	生产、经营用账册	记载资金的账簿，按实收资本和资本公积的合计金额 0.5‰贴花。其他账簿按件贴花 5 元	立账簿人	
13. 权利、许可证照	包括政府部门发给的房屋产权证、工商营业执照、商标注册证、专利证、土地使用证	按件贴花 5 元	领受人	

三、印花税的计税依据和应纳税额的计算

(一) 计税依据

1. 计税依据的一般规定

印花税的计税依据为各种应税凭证上所记载的计税金额，具体规定如下。

(1) 购销合同的计税依据为合同记载的购销金额。

(2) 加工承揽合同的计税依据是加工或承揽收入的金额，具体规定如下。

① 对于由受托方提供原材料的加工、定做合同，凡在合同中分别记载加工费金额和原材料金额的，应分别按“加工承揽合同”“购销合同”计税，两项税额相加数，即为合同应贴印花；若合同中未分别记载，则应就全部金额依照加工承揽合同计税贴花。

② 对于由委托方提供主要材料或原料，受托方只提供辅助材料的加工合同，无论加工费和辅助材料金额是否分别记载，均以辅助材料与加工费的合计数，依照加工承揽合同计税贴花。对委托方提供的主要材料或原料金额不计税贴花。

(3) 建设工程勘察设计合同的计税依据为收取的费用。

(4) 建筑安装工程承包合同的计税依据为承包金额。

(5) 财产租赁合同的计税依据为租赁金额。

(6) 货物运输合同的计税依据为取得的运输费金额(即运费收入)，不包括所运货物的金额、装卸费和保险费等。

(7) 仓储保管合同的计税依据为收取的仓储保管费用。

(8) 借款合同的计税依据为借款金额。针对实际借贷活动中不同的借款形式，税法规定了不同的计税方法。

① 凡是一项信贷业务既签订借款合同，又一次或分次填开借据的，只以借款合同所载金额为计税依据计税贴花；凡是只填开借据并作为合同使用的，应以借据所载金额为计税依据计税贴花。

② 借贷双方签订的流动资金周转性借款合同，应按合同规定的最高借款额计税贴花。以后只要在限额内随借随还，不再签订新合同的，不再另贴印花。

③ 对借款方以财产做抵押，从贷款方取得一定数量抵押贷款的合同，应按借款合同贴花；在借款方因无力偿还借款而将抵押财产转移给贷款方时，应再就双方书立的产权书据，按产权转移书据的有关规定计税贴花。

④ 银行及其他金融组织的融资租赁业务签订的融资租赁合同，应按合同所载租金总额，暂按借款合同计税贴花。

(9) 财产保险合同的计税依据为支付(收取)的保险费，不包括所保财产的金额。

(10) 技术合同的计税依据为合同所载的价款、报酬或使用费。

(11) 产权转移书据的计税依据为所载金额。

(12) 营业账簿税目中记载资金的账簿的计税依据为“实收资本”与“资本公积”两项的合计金额。实收资本，包括现金、实物、无形资产和材料物资；资本公积，包括接受捐赠、法定财产重估增值、资本折算差额、资本溢价等。如果是实物捐赠，则按同类资产的市场价格或有关凭据确定。其他账簿的计税依据为应税凭证件数。

(13) 权利、许可证照的计税依据为应税凭证件数。

2. 计税依据的特殊规定

(1) 应税凭证以“金额”“收入”“费用”作为计税依据的，应当全额计税，不得做任何扣除。

(2) 同一凭证，因载有两个或两个以上经济事项而适用不同税目税率，如分别记载金额的，应分别计算应纳税额，相加后按合计税额贴花；如未分别记载金额的，按税率高的计税贴花。

(3) 按金额比例贴花的应税凭证，未标明金额的，应按照凭证所记载数量及国家牌价计算金额；没有国家牌价的，按市场价格计算金额，然后按规定税率计算应纳税额。

(4) 应税凭证所载金额为外国货币的，应按照凭证书立当日国家外汇管理局公布的外汇牌价折合成人民币，然后计算应纳税额。

(5) 应纳税额不足 1 角的，免纳印花税；1 角以上的，其税额尾数不满 5 分的不计，满 5 分的按 1 角计算缴纳。

(6) 有些合同，在签订时无法确定计税金额，如技术转让合同中的转让收入，是按销售收入的一定比例收取或是按实现利润分成的；财产租赁合同，只是规定了月(天)租金标准而无租赁期限。对这类合同，可在签订时先按定额 5 元贴花，以后结算时再按实际金额计税并补贴印花。

(7) 应税合同在签订时纳税义务即已产生，应计算应纳税额并贴花。所以，不论合同是否兑现或是否按期兑现，均应贴花；对已履行并贴花的合同，所载金额与合同履行后实际结算金额不一致的，只要双方未修改合同金额，一般不再办理完税手续。

(8) 对有经营收入的事业单位，凡属由国家财政拨付事业经费，实行差额预算管理的单位，其记载经营业务的账簿按其他账簿定额贴花，不记载经营业务的账簿不贴花；凡属经费来源实行自收自支的单位，其营业账簿，应对记载资金的账簿和其他账簿分别按规定贴花。

(9) 商品购销活动中，采用以货换货方式进行商品交易签订的合同，是反映既购又销双重经济行为的合同。对此，应按合同所载的购、销合计金额计税贴花。合同未列明金额的，应按合同所载购、销数量依照国家牌价或者市场价格计算应纳税额。

(10) 施工单位将自己承包的建设项目，分包或者转包给其他施工单位所签订的分包合同或者转包合同，应按新的分包合同或转包合同所载金额计算应纳税额。这是因为印花税是一种具有行为税性质的凭证税，尽管总承包合同已依法计税贴花，但新的分包或转包合同是一种新的凭证，又发生了新的纳税义务。

(11) 股份制试点企业向社会公开发行的股票，因购买、继承、赠与所书立的股权转让书据，均依书立时证券市场当日实际成交价格计算的金额，由立据双方当事人分别按 1‰的税率缴纳印花税。

(12) 对国内各种形式的货物联运，凡在起运地统一结算全程运费的，应以全程运费作为计税依据，由起运地运费结算双方缴纳印花税；凡分程结算运费的，应以分程的运费作为计税依据，分别由办理运费结算的各方缴纳印花税。

(13) 对国际货运，凡由我国运输企业运输的，不论在我国境内、境外起运或中转分程运输，我国运输企业所持的一份运费结算凭证，均按本程运费计算应纳税额；托运方所持的一份运费结算凭证，按全程运费计算应纳税额。由外国运输企业运输进出口货物的，外国运输企业所持的一份运费结算凭证免纳印花税；托运方所持的一份运费结算凭证应缴纳印花税。国际货运运费结算凭证在国外办理的，应在凭证转回我国境内时按规定缴纳印花税。

必须明确的是，印花税票为有价证券，其票面金额以人民币为单位，分为 1 角、2 角、5 角、1 元、2 元、5 元、10 元、50 元、100 元 9 种。

(二) 应纳税额的计算方法

纳税人的应纳税额，根据应纳税凭证的性质，分别按比例税率或者定额税率计算，其计算公式如下。

(1) 按比例税率计算税额的计算公式为

应纳税额＝应税凭证计税金额×适用税率

(2) 按定额税率计算税额的计算公式为

应纳税额＝应税凭证件数×适用税率

【例 12-1】某企业 2019 年 2 月开业，当年发生以下有关业务事项：领受房屋产权证、工商营业执照、土地使用证各 1 件；与其他企业订立转移专用技术使用权书据 1 份，所载金额 100 万元；订立产品购销合同 1 份，所载金额为 200 万元；订立借款合同 1 份，所载金额为 400 万元；企业记载资金的账簿，“实收资本”“资本公积”为 800 万元；其他营业账簿 8 本。试计算该企业当年应缴纳的印花税税额。

(1) 企业领受权利、许可证照应纳税额＝3×5＝15(元)

(2) 企业订立产权转移书据应纳税额＝1 000 000×0.5‰＝500(元)

(3) 企业订立购销合同应纳税额＝2 000 000×0.3‰＝600(元)

(4) 企业订立借款合同应纳税额＝4 000 000×0.05‰＝200(元)

(5) 企业记载资金的账簿应纳税额＝8 000 000×0.5‰×50%＝2 000(元)

(6) 企业其他营业账簿应纳税额＝8×5＝40(元)(免征印花税)

(7) 当年企业应纳印花税税额＝15＋500＋600＋200＋4 000＋40＝5 355(元)

四、印花税的税收优惠

(1) 对已缴纳印花税凭证的副本或者抄本免税。凭证的正式签署本已按规定缴纳了印花税，其副本或者抄本对外不发生权利与义务关系，只是留存备查，但以副本或者抄本视同正式本使用的，则应另贴印花。

(2) 对财产所有人将财产赠给政府、社会福利单位、学校所立的书据免税。

(3) 对国家指定的收购部门与村民委员会、农民个人书立的农副产品收购合同免税。

(4) 对无息、贴息贷款合同免税。

(5) 对外国政府或者国际金融组织向我国政府及国家金融机构提供优惠贷款所书立的合同免税。

(6) 对房地产管理部门与个人签订的用于生活居住的租赁合同免税。

(7) 对农牧业保险合同免税。

(8) 对特殊货运凭证免税。这类凭证包括军事物资运输凭证、抢险救灾物资运输凭证、新建铁路的工程临管线运输凭证。

(9) 企业改制前签订但尚未履行完的各类应税合同，改制后需要变更执行主体的，对仅改变执行主体、其余条款未做变动且改制前已贴花的，不再贴花；企业因改制签订的产权转移书据免于贴花。

(10) 对与高校学生签订的高校学生公寓租赁合同，免征印花税。这里所称高校学生公寓，是指为高校学生提供住宿服务，按照国家规定的收费标准收取住宿费的学生公寓。

(11) 对社保基金会、社保基金投资管理人管理的社保基金转让非上市公司股权，免征社保基金会、社保基金投资管理人应缴纳的印花税。

五、印花税的征收管理

(一) 纳税方法

印花税的纳税方法与其他税种比较有其独特之处，一般情况下由纳税人在书立、领受、使用应税凭证时，自行计算应纳税额，自行购买印花税票，自行贴花和注销，自行完成纳税义务。同时，对特殊情形采取特定的纳税贴花方法。

1. 自行贴花办法

这种办法，一般适用于应税凭证较少或者贴花次数较少的纳税人。纳税人书立、领受或者使用印花税法列举的应税凭证的同时，纳税义务即已产生，应当根据应纳税凭证的性质和适用的税目税率自行计算应纳税额，自行购买印花税票，自行一次贴足印花税票并加以注销或画销，纳税义务才算全部履行完毕。

对已贴花的凭证，修改后所载金额增加的，其增加部分应当补贴印花税票。凡多贴印花税票者，不得申请退税或者抵用。

2. 汇贴或汇缴办法

这种办法，一般适用于应纳税额较大或者贴花次数频繁的纳税人。

(1) 一份凭证应纳税额超过 500 元的，应向当地税务机关申请填写缴款书或者完税证，将其中一联粘贴在凭证上或者由税务机关在凭证上加注完税标记代替贴花，这就是通常所说的“汇贴”办法。

(2) 同一种类应纳税凭证需频繁贴花的，纳税人可以根据实际情况自行决定是否采用按期汇总缴纳印花税的方式。汇总缴纳的期限为 1 个月。采用按期汇总缴纳方式的纳税人应事先告知主管税务机关。缴纳方式一经选定，1 年内不得改变。

(3) 凡汇总缴纳印花税的凭证，应加注税务机关指定的汇缴戳记，编号并装订成册后，将已贴印花或者缴款书的一联黏附册后，盖章注销，保存备查。

3. 委托代征方法

税务机关可以委托有关发放或者办理应纳税凭证的单位代为征收印花税税款。税务机关应与代征单位签订代征委托书，并按规定支付手续费，如税务机关委托工商行政管理机关代售印花税票，按代售金额 5%的比例支付代售手续费。同时，发放或者办理应纳税凭证的单位也负有监督纳税人依法纳税的义务，即对应税凭证是否已粘贴印花，粘贴的印花是否足额，粘贴的印花是否按规定注销的相关事项进行监督。对未完成以上纳税手续的，应督促纳税人当场完成。

(二) 纳税环节

印花税应当在书立或者领受时贴花，具体是指在合同签订时、书据书立时、账簿启用时和证照领受时贴花。如果合同是在国外签订，并且不便在国外贴花的，应在将合同带入境时办理贴花纳税手续。

(三) 纳税地点

印花税一般实行就地纳税。对于全国性商品物资订货会(包括展销会、交易会等)上所签订合同应缴纳的印花税，由纳税人回其所在地后及时办理贴花完税手续；对地方主办、不涉及省际关系的订货会、展销会上所签合同的印花税，其纳税地点由各省、自治区、直辖市人民政府自行确定。

(四) 违章处罚

印花税纳税人有下列行为之一的，由税务机关根据情节轻重予以处罚。

(1) 在应纳税凭证上未贴或者少贴印花税票的或者已粘贴在应税凭证上的印花税票未注销或者未画销的，由税务机关追缴其不缴或少缴的税款、滞纳金，并处不缴或少缴的税款50%以上、5 倍以下的罚款。

(2) 已贴用的印花税票揭下重用造成未缴或少缴印花税的，由税务机关追缴其不缴或少缴的税款、滞纳金，并处不缴或少缴的税款 50%以上、5 倍以下的罚款；构成犯罪的，依法追究刑事责任。

(3) 伪造印花税票的，由税务机关责令改正，处以 2 000 元以上、10 000 元以下的罚款；情节严重的，处以 10 000 元以上、50 000 元以下的罚款；构成犯罪的，依法追究刑事责任。

(4) 按期汇总缴纳印花税的纳税人，超过税务机关核定的纳税期限，未缴或少缴印花税款的，由税务机关追缴其不缴或少缴的税款、滞纳金，并处不缴或少缴的税款50%以上、5 倍以下的罚款。情节严重的，同时撤销其汇缴许可证；构成犯罪的，依法追究刑事责任。

(5) 纳税人违反以下规定的，由税务机关责令限期改正，可处以2 000元以下的罚款；情节严重的，处以2 000元以上、10 000元以下的罚款。

① 凡汇总缴纳印花税的凭证，应加注税务机关指定的汇缴戳记，编号并装订成册后，将已贴印花或者缴款书的一联黏附册后，盖章注销，保存备查。

② 纳税人对纳税凭证应妥善保存。凭证的保存期限，凡国家已有明确规定的，按规定保存；没有明确规定的其余凭证均应在履行完毕后保存 1 年。

(6) 代售户对取得的税款逾期不缴或者挪作他用，或者违反合同将所领印花税票托转他人代售或者转至其他地区销售，或者未按规定详细提供领、售印花税票情况的，税务机关可视其情节轻重，给予警告或者取消其代售资格的处罚。

第二节　车辆购置税法

车辆购置税是以在中国境内购置的规定的车辆为课税对象，在特定的环节向车辆购置者征收的一种税。征收车辆购置税有利于合理筹集财政资金，规范政府行为，调节收入差距，也有利于配合打击车辆走私和维护国家权益。

2018年12月29日，第十三届全国人民代表大会常务委员会第七次会议通过《中华人民共和国车辆购置税法》(以下简称《车辆购置税法》)，自2019年7月1日起施行。

车辆购置税具有如下特点。

(1) 征税范围单一。车辆购置税是以购置的特定车辆为课税对象，而不是对所有的财产或消费财产征税，是一种特种财产税。

(2) 征收环节单一。车辆购置税实行一次课征制，它不是在生产、经营和销售的每一环节实行道道征收，而只是在退出流通进入消费领域的特定环节征收。

(3) 税率单一。车辆购置税只确定一个统一比例税率征收，税率具有不随课税对象数额变动的特点。

(4) 征税方法单一。车辆购置税根据纳税人购置应税车辆的计税价格实行从价计征，以价格为计税标准，课税与价值有直接关系。

(5) 税款用途单一。车辆购置税取之于应税车辆，专门用于交通建设，税款用途单一，作为中央税，由中央财政根据国家交通建设投资计划，统筹安排。

(6) 税负主体单一。作为一种价外税，车辆购置税的计税依据中不包含车辆购置税，车辆购置税额是附加在价格之外的。价外征收的方式，使得纳税人的税负不易发生转嫁，税负主体单一，税款的缴纳者即为最终的税收负担者。

一、车辆购置税的纳税义务人与征税范围

(一) 纳税义务人

车辆购置税的纳税义务人是指在中华人民共和国境内购置汽车、有轨电车、汽车挂车、排气量超过一百五十毫升的摩托车(以下统称为应税车辆)的单位和个人。其中，购置是指以购买、进口、自产、受赠、获奖或者其他方式取得并自用应税车辆的行为。

(二) 征税范围

车辆购置税的征税范围是《车辆购置税法》规定的各种应税车辆，以列举的车辆作为征税对象，未列举的车辆不纳税。其征税范围包括汽车、摩托车、电车、挂车、农用运输车等，具体规定如下。

(1) 汽车，包括各种汽车。

(2) 摩托车，包括轻便摩托车、两轮摩托车、三轮摩托车。

(3) 电车，包括无轨电车和有轨电车。

(4) 挂车，包括全挂车和半挂车。

(5) 农用运输车，包括三轮农用运输车和四轮农用运输车。

(6) 地铁、轻轨等城市轨道交通车辆，装载机、平地机、挖掘机、推土机等轮式专用机械，以及起重机(吊车)、叉车、电动摩托车，不属于应税车辆。

(7) 纳税人进口自用应税车辆，是指纳税人直接从境外进口或委托代理进口自用的应税车辆，不包括在境内购买的进口车辆。

为了体现税法的统一性、固定性、强制性和法律的严肃性特征，车辆购置税征收范围的调整由国务院决定，其他任何部门、单位和个人无权擅自扩大或缩小车辆购置税的征收范围。

二、车辆购置税的税率与计税依据

(一) 税率

车辆购置税实行统一比例税率，税率为10%。

(二) 计税依据

车辆购置税实行从价定率征收，它的计税依据是车辆的计税价格。根据《车辆购置税法》的规定，车辆购置税的计税价格根据不同情况按照下列规定确定。

(1) 购买自用应税车辆计税依据的确定。纳税人购买自用的应税车辆，计税价格为纳税人购买应税车辆而支付给销售者的全部价款和价外费用，不包含增值税税款。

购买自用应税车辆包括购买自用的国产应税车辆和购买自用的进口应税车辆，如从国内汽车市场、汽车贸易公司购买自用的进口应税车辆。

价外费用是指销售方向购买方收取的基金、集资费、违约金(延期付款利息)和手续费、包装费、储存费、优质费、运输装卸费、报关费以及其他各种性质的价外收费，但不包括销售方因代办保险等而向购买方收取的保险费，以及向购买方收取的代购买方缴纳的车辆购置税、车辆拍照费。

值得注意的是，计税价格中不得包含增值税税款，因而如果纳税人购车发票的价格未扣除增值税税款，或者因不得开具机动车销售统一发票(或开具普通发票)而发生价款与增值税税款合并收取的，在确定车辆购置税计税依据时，应将其换算为不含增值税的销售价格。其换算公式为

计税价格＝含增值税的销售价格÷(1＋增值税税率或征收率)

(2) 进口自用应税车辆计税依据的确定。纳税人进口自用的应税车辆以组成计税价格为计税依据，组成计税价格的计算公式为

组成计税价格＝关税完税价格＋关税＋消费税

进口自用的应税车辆是指纳税人直接从境外进口或委托代理进口自用的应税车辆，即以非贸易方式进口自用的应税车辆，不包括在境内购买的进口车辆。进口自用的应税车辆的计税依据，应根据纳税人提供的、经海关审查确认的有关完税证明资料确定。

纳税人购买自用或者进口自用应税车辆，申报的计税价格低于同类型应税车辆的最低计税价格，又无正当理由的，计税价格为国家税务总局核定的最低计税价格。

(3) 其他自用应税车辆计税依据的确定。纳税人自产、受赠、获奖或者以其他方式取得并自用的应税车辆的计税价格，由主管税务机关依照国家税务总局核定的、相应类型的应税车辆的最低计税价格核定。因此，纳税人自产、受赠、获奖或以其他方式取得并自用的应税车辆一般以国家税务总局核定的最低计税价格为计税依据。

(4) 以最低计税价格作为计税依据的确定。现行车辆购置税条例规定："纳税人购买自用或者进口自用应税车辆，申报的计税价格低于同类型应税车辆的最低计税价格，又无正当理由的，按照最低计税价格征收车辆购置税。"也就是说，纳税人购买和进口自用的应税车辆，首先应分别按前述计税价格、组成计税价格来确定计税依据。实际工作中，通常是当纳税人申报的计税价格等于或高于最低计税价格时，按申报的价格计税；当纳税人申报的计税价格低于最低计税价格时，按最低计税价格计税。

最低计税价格是指国家税务总局依据机动车生产企业或者经销商提供的车辆价格信息，参照市场平均交易价格核定的车辆购置税计税价格。根据纳税人购置应税车辆的不同情况，国家税务总局对以下几种特殊情况应税车辆的最低计税价格规定如下。

(1) 底盘发生更换的车辆，其最低计税价格按同类型新车最低计税价格的 70%计算。

(2) 免税条件消失的车辆，自初次办理纳税申报之日起，使用年限未满 10 年的，计税依据为最新核发的同类型车辆最低计税价格按每满 1 年减扣 10%；未满 1 年的计税依据为最新核发的同类车辆最低计税价格；使用年限满 10 年(含)的，计税依据为 0。

(3) 非贸易渠道进口车辆的最低计税价格，为同类型新车最低计税价格。

车辆购置税的计税依据和应纳税额应使用统一货币单位计算。纳税人以外币结算应税车辆价款的，按照申报纳税之日中国人民银行公布的人民币基准外汇价，折合成人民币计算应纳税额。

三、应纳税额的计算

车辆购置税实行从价定率的方法计算应纳税额，计算公式为

$$应纳税额＝计税价格×税率$$

由于应税车辆的来源、应税行为的发生以及计税依据组成不同，车辆购置税应纳税额的计算方法也有区别。

(一) 购买自用应税车辆应纳税额的计算

在购买自用应税车辆应纳税额的计算中，应注意以下费用的计税规定。

(1) 购买者随购买车辆支付的工具件和零部件价款应作为购车价款的一部分，并入计税依据中征收车辆购置税。

(2) 支付的车辆装饰费应作为价外费用并入计税依据中计税。

(3) 代收款项应区别征税。凡使用代收单位(受托方)票据收取的款项，应视作代收单位价外收费，购买者支付的价款，应并入计税依据中一并征税；凡使用委托方票据收取，受托方只履行代收义务和收取代收手续费的款项，应按其他税收政策规定征税。

(4) 销售单位开给购买者的各种发票的金额中包含增值税税款，因此，计算车辆购置税时，应换算为不含增值税的计税价格。

(5) 购买者支付的控购费，是政府部门的行政性收费，不属于销售者的价外费用范围，不应并入计税价格计税。

(6) 销售单位开展优质销售活动所开票收取的有关费用，应属于经营性收入，企业在代理过程中按规定支付给有关部门的费用，企业已做经营性支出列支核算，其收取的各项费用

并在一张发票上难以划分的，应作为价外收入计算征税。

【例 12-2】王先生 2015 年 12 月份从某汽车有限公司购买一辆小汽车供自己使用，支付了含增值税税款在内的款项 234 000 元，支付购买工具件和零配件的价款 3 510 元，车辆装饰费 1 170 元，所支付的款项均由该汽车有限公司开具“机动车销售统一发票”和有关票据。请计算王先生应缴纳的车辆购置税。

(1) 计税依据=(234 000+3 510+1 170)÷(1+17%)=204 000 (元)

(2) 应纳税额=204 000×10%=20 400 (元)

(二) 进口自用应税车辆应纳税额的计算

进口自用应税车辆应纳税额的计算公式为

应纳税额=(关税完税价格+关税+消费税)×税率

【例12-3】某外贸进出口公司 2015 年 12 月份从国外进口 10 辆小轿车。该公司报关进口这批小轿车时，经报关地海关对有关报关资料的审查，确定关税完税价格为每辆 185 000 元，海关按关税政策规定每辆征收了关税 203 500 元，并按消费税、增值税的有关规定分别代征了每辆小轿车的进口消费税 11 655 元和增值税 66 045 元。由于业务需要，该公司将一辆小轿车留在本单位使用。根据以上资料，计算应缴纳的车辆购置税。

(1) 计税依据=185 000+203 500+11 655=400 155 (元)

(2) 应纳税额=400 155×10%=40 015.5 (元)

(三) 其他自用应税车辆应纳税额的计算

纳税人自产自用、受赠使用、获奖使用和以其他方式取得并自用应税车辆的，凡不能取得该类型车辆的购置价格，或者低于最低计税价格的，以国家税务总局核定的最低计税价格作为计税依据计算征收车辆购置税。其计算公式为

应纳税额=最低计税价格×税率

【例 12-4】某客车制造厂将自产的一辆某型号的客车用于本厂后勤服务，该厂在办理车辆上牌落籍前，出具该车的发票，注明金额 75 000 元，并按此金额向主管税务机关申报纳税。经审核，国家税务总局对该车同类型车辆核定的最低计税价格为 80 000 元。试计算该车应缴纳的车辆购置税。

应纳税额=80 000×10%=8 000(元)

(四) 特殊情形下自用应税车辆应纳税额的计算

1. 减税、免税条件消失车辆应纳税额的计算

对减税、免税条件消失的车辆，纳税人应按现行规定，在办理车辆过户手续前或者办理变更车辆登记注册手续前向税务机关缴纳车辆购置税。其计算公式为

应纳税额=同类型新车最低计税价格×[1－(已使用年限÷规定使用年限)]×100%×税率

2. 未按规定纳税车辆应补税额的计算

纳税人未按规定纳税的，应按现行政策规定的计税价格，区分情况征税。不能提供购车发票和有关购车证明资料的，检查地税务机关应按同类型应税车辆的最低计税价格征税；如果纳税人回落籍地后提供的购车发票金额与支付的价外费用之和高于核定的最低计税价格的，落籍地主管税务机关还应对其差额计算补税。其计算公式为

应纳税额＝最低计税价格×税率

四、税收优惠

(一) 车辆购置税减免税规定

我国车辆购置税实行法定减免，减免税范围的具体规定如下：

(1) 外国驻华使馆、领事馆和国际组织驻华机构及其外交人员自用车辆免税；

(2) 中国人民解放军和中国人民武装警察部队列入军队武器装备订货计划的车辆免税；

(3) 悬挂应急救援专用号牌的国家综合性消防救援车辆免税；

(4) 设有固定装置的非运输(专用作业)车辆免税；

(5) 城市公交企业购置的公共汽电车辆免税；

(6) 有国务院规定予以免税或者减税的其他情形的，按照规定免税或减税。

根据现行政策规定，上述其他情形的车辆，目前主要有以下几种：

(1) 防汛部门和森林消防部门用于指挥、检查、调度、报汛(警)、联络的设有固定装置的指定型号的车辆；

(2) 在外留学人员回国服务的，购买的 1 辆自用国产小汽车(在中国香港地区、中国澳门地区就学的人员参照办理)；

(3) 长期来华定居专家进口的 1 辆自用小汽车；

(4) 纳税人购置的农用三轮车。

根据国民经济和社会发展的需要，国务院可以规定减征或者其他免征车辆购置税的情形，报全国人民代表大会常务委员会备案。

为支持新能源汽车产业发展，促进汽车消费，财政部公告2020年第21号文件规定，自2021年1月1日至2022年12月31日，对购置的新能源汽车免征车辆购置税。免征车辆购置税的新能源汽车是指纯电动汽车、插电式混合动力(含增程式)汽车、燃料电池汽车。免征车辆购置税的新能源汽车，参见工业和信息化部、税务总局发布《免征车辆购置税的新能源汽车车型目录》(以下简称为《目录》)实施管理。自《目录》发布之日起，购置列入《目录》的新能源汽车免征车辆购置税；购置时间为机动车销售统一发票(或有效凭证)上注明的日期。

为促进甩挂运输发展，提高物流效率和降低物流成本，2018 年 7 月 1 日至 2021 年 6 月 30 日，对购置挂车减半征收车辆购置税。购置日期按照机动车销售统一发票、《海关关税专用缴款书》或者其他有效凭证的开具日期确定。这里所称挂车，是指由汽车牵引才能正常使用且用于载运货物的无动力车辆。对挂车产品通过标注减征车辆购置税标识进行管理，具体要求可参见财政部公告 2018 年第 69 号。

（二）车辆购置税的退税

纳税人已经缴纳车辆购置税但在办理车辆登记手续前，因下列原因需要办理退还车辆购置税的，由纳税人申请，原代征机构审查后办理退还车辆购置税手续。

(1) 公安机关车辆管理机构不予办理车辆登记注册手续的，凭公安机关车辆管理机构出具的证明办理退税手续。

(2) 因质量等原因发生退回所购车辆的，凭经销商的退货证明办理退税手续。

已经办理了车辆登记注册手续的车辆，不论出于何种原因，均不得退还已缴纳的车辆购置税。

五、征收管理

车辆购置税由税务机关负责征收。车辆购置税的征收规定如下。

（一）纳税期限

纳税人购买自用的应税车辆，自购买之日起 60 日内申报纳税；进口自用的应税车辆，应当自进口之日起 60 日内申报纳税；自产、受赠、获奖和以其他方式取得并自用的应税车辆，应当自取得之日起 60 日内申报纳税。车辆购置税税款应当一次缴清。

上述的“购买之日”是指纳税人购车发票上注明的销售日期；“进口之日”是指纳税人报关进口的当天。

（二）纳税地点

纳税人购置应税车辆，应当向车辆登记注册地的主管税务机关申报纳税；购置不需办理车辆登记注册手续的应税车辆，应当向纳税人所在地主管税务机关申报纳税。车辆登记注册地是指车辆的上牌落籍地或落户地。

纳税人应当持主管税务机关出具的完税凭证或免税证明，向公安机关车辆管理机构办理车辆登记手续，没有完税证明或免税证明的，公安机关车辆管理机构不得办理车辆登记手续。

（三）纳税环节

车辆购置税的征税环节为使用环节，即最终消费环节。具体而言，纳税人应当在向公安机关车辆管理机构办理车辆登记注册手续前，缴纳车辆购置税。购买二手车时，购买者应当向原车主索要《车辆购置税完税证明》。购买已经办理车辆购置税免税手续的二手车，购买者应当到税务机关重新办理申报缴税或免税手续。未按规定办理的，按《征管法》的规定处理。

课后习题

一、单项选择题

1. 同一应税凭证需频繁贴花的，纳税人可以根据实际情况选择纳税方式，缴纳方式一经选定(　　)内不能改变。

A. 3个月　　B. 6个月　　C. 1年　　D. 2年

2. 甲乙欲签订一份商品购销合同，甲要求乙提供商品的鉴定，丙愿意为该种商品提供鉴定，丁为甲的业务代理人，并代表甲与乙签订了经济合同。这一事项中，应承担印花税纳税义务的为(　　)。

A. 甲、乙　　B. 甲、乙、丁　　C. 乙、丁　　D. 甲、乙、丙、丁

3. 下列合同中，免征印花税的是(　　)。

A. 违约合同　　B. 无息、贴息贷款合同

C. 技术转让合同　　D. 分包和转包合同

4. 车辆购置税的纳税义务人不包括(　　)。

A. 购买者　　B. 获奖者　　C. 馈赠人　　D. 受赠人

5. 李某2015年7月从上海大众汽车销售公司购买1辆轿车，支付含增值税的价款221 000(213 000)元，另支付购置工具和零配件的价款4 000元，车辆豪华装修费8 000元，销售公司代收的保险费等1 000元，支付的各项价款均由销售公司开具统一发票。李某应缴纳的车辆购置税为(　　)元。

A. 20 000　　B. 18 694　　C. 22 100　　D. 19 083

二、多项选择题

1. 下列合同中，应征收印花税的有(　　)。

A. 未按期兑现的合同

B. 电网与用户签订的供用电合同

C. 发电厂与电网之间签订的购售电合同

D. 国家指定的收购部门与农民个人签订的农产品收购合同

2. 下列项目符合印花税相关规定的有(　　)。

A. 加工承揽合同的计税依据为加工收入的金额

B. 财产租赁合同的计税依据为租赁设备的金额

C. 货物运输合同的计税依据为取得的运输费金额

D. 仓储保管合同的计税依据为保管货物的金额

3. 下列合同中，应按“产权转移书据”税目征收印花税的有(　　)。

A. 商品房销售合同　　B. 非专利技术转让合同

C. 专利申请权转让合同　　D. 土地使用权出让合同

4. 车辆购置税的应税行为包括(　　)。

A. 购买使用行为　　B. 受赠行为

C. 获奖使用行为　　D. 经销商销售应税车辆

5. 下列车辆免征车辆购置税的有(　　)。

A. 农用三轮车　　B. 防汛专用车

C. 森林消防专用车　　D. 设有固定装置的运输车辆

三、计算题

1. A 公司 2019 年发生如下业务：

(1) 与甲企业签订一份以货易货合同，合同约定用 50 万元的原材料换取 50 万元的产成品；

(2) 接受乙企业委托加工产品，合同载明，原料及主要材料由 A 公司提供，价值 30 万元，另收加工费 10 万元，价款合计 40 万元；

(3) 与丙企业签订借款合同 1 份，金额 100 万元，同一天与某金融机构签订无息贷款合同 1 份，金额 40 万元；

(4) 与戊企业约定租赁其仓库使用 3 个月，货物总价值 150 万元，仓储保管费 10 万元，未签订正式合同，取得物流公司出具的仓单；

(5) 与某办公用品公司签订一份复印机租赁合同，合同金额 900 元；

(6) 与 B 公司签订技术转让合同一份，合同注明在 1 年内 A 公司需要提供有偿的技术咨询服务，一共需要支付 20 万元。

要求：根据上述资料，请计算 A 公司 2019 年度应缴纳的印花税税额。

第十三章

城市维护建设税法与教育费附加

【学习要点】

本章主要介绍城市维护建设税的概念、特点、纳税人、税率、应纳税额的计算以及税收征收管理。通过学习，应了解城市维护建设税的概念与特点；熟悉城市维护建设税的纳税人、税率；掌握城市维护建设税计税依据的确定和应纳税额的计算，以及城市维护建设税的征收管理。

第一节　城市维护建设税法

城市维护建设税(以下简称为“城建税”)是对从事工商经营，缴纳增值税、消费税的单位和个人征收的一种税。

城市维护建设税法，是指国家制定的用以调整城市维护建设税征收与缴纳权利及义务关系的法律规范。现行城市维护建设税基本规范，是1985年2月8日由国务院发布并于同年实施的《中华人民共和国城市维护建设税暂行条例》。为落实税收法定原则，《中华人民共和国城市维护建设税法》(以下简称《城建税法》)已由中华人民共和国第十三届全国人民代表大会常务委员会第二十一次会议于2020年8月11日通过，自2021年9月1日起施行。

城市维护建设税有以下特点。

(1) 征税范围广。增值税、消费税是我国税制的主体税种，其征税范围基本上包括了我国境内所有具有经营行为的单位和个人。城建税以增值税、消费税税额为税基，意味着对所有纳税人都要征收城建税。因此，城建税的征税范围比其他任何税种的征税范围都要广。

(2) 具有附加税性质。城市维护建设税与其他税种不同，没有独立的征税对象或税基，而是以增值税、消费税“两税”实际缴纳的税额之和为计税依据。

(3) 根据城镇规模设计税率。城市维护建设税的税负水平，不是依据纳税人获取的利润水平或经营特点，而是根据纳税人所在城镇的规模及其资金需要设计的。城镇规模大的，税率高一些；反之，就要低一些。同时城建税的这种税率设计方法还体现了受益原则，即凡是设在城市的企业享受的政府市政公共设施要多于县城和建制镇，而不在城市、县城和建制镇的企业则享受市政公共设施较少，所以税率依次递减。

一、城市维护建设税的纳税义务人

城市维护建设税是对从事工商经营，并缴纳增值税、消费税的单位和个人征收的一种税。在中华人民共和国境内缴纳增值税、消费税的单位和个人，为城市维护建设税的纳税人，应当依照《城建税法》规定缴纳城市维护建设税，包括国有企业、集体企业、私营企业、股份制企业、其他企业和行政单位、事业单位、军事单位、社会团体、其他单位，以及个体工商户及其他个人。自2010年12月1日起，对外商投资企业和外国企业及外籍个人开始征收城市维护建设税。

城市维护建设税的扣缴义务人为负有增值税、消费税扣缴义务的单位和个人，在扣缴增值税、消费税的同时扣缴城市维护建设税。

二、城市维护建设税的税率

城市维护建设税的税率，是指纳税人应缴纳的城市维护建设税税额与纳税人实际缴纳的“两税”税额之间的比率。城市维护建设税实行地区差别比例税率。按照纳税人所在地的不同，税率分别规定为7%、5%、1%几个档次。纳税人所在地为市区的，税率为7%；纳税人所在地为县城、镇的，税率为5%；纳税人所在地不在市区、县城或者镇的，税率为1%。

这里所称纳税人所在地，是指纳税人住所地或者与纳税人生产经营活动相关的其他地点，具体地点由省、自治区、直辖市确定。

三、城市维护建设税的计税依据

城市维护建设税以纳税人依法实际缴纳的增值税、消费税税额为计税依据。城市维护建设税的计税依据应当按照规定扣除期末留抵退税退还的增值税税额。

城市维护建设税计税依据的具体确定办法，由国务院依据《城建税法》和有关税收法律、行政法规规定，报全国人民代表大会常务委员会备案。

对进口货物或者境外单位和个人向境内销售劳务、服务、无形资产缴纳的增值税、消费税税额，不征收城市维护建设税。

根据国民经济和社会发展的需要，国务院对重大公共基础设施建设、特殊产业和群体以及重大突发事件应对等情形可以规定减征或者免征城市维护建设税，报全国人民代表大会常务委员会备案。

四、城市维护建设税应纳税额的计算

城建税纳税人的应纳税额的大小是由纳税人实际缴纳的“两税”税额决定的，其计算公式为

应纳税额＝(实际缴纳的增值税税额＋实际缴纳的消费税税额)×适用税率

【例 13-1】某市区一企业 2019 年 12 月份缴纳增值税 300 000 元，缴纳消费税 400 000 元，被查补消费税 10 000 元、增值税 6 800 元，处以罚款 8 000 元，加收滞纳金 500 元。本月还缴纳了城镇土地使用税 126 000 元，房产税 108 000 元，请计算该企业应纳的城市维护建设税税额。

应纳的城市维护建设税＝(300 000＋400 000＋10 000＋6 800)×7%
＝716 800×7%
＝50 176(元)

五、城市维护建设税的征收管理

城市维护建设税的纳税义务发生时间与增值税、消费税的纳税义务发生时间一致，分别与增值税、消费税同时缴纳。城市维护建设税的扣缴义务人为负有增值税、消费税扣缴义务的单位和个人，在扣缴增值税、消费税的同时扣缴城市维护建设税。

城市维护建设税由税务机关依照《城建税法》和《中华人民共和国税收征收管理法》的规定征收管理。纳税人、税务机关及其工作人员违反《城建税法》规定的，依照《中华人民共和国税收征收管理法》和有关法律法规的规定追究法律责任。

第二节 教育费附加

教育费附加是国家对负有缴纳增值税、消费税(简称“两税”)的单位和个人以其实际缴纳的“两税”税额为计税依据而征收的一种附加费。它和城市维护建设税一样，没有独立的征税对象，依附于“两税”而存在。教育费附加是专门为加快地方教育事业，扩大地方教育经费而征收的一项专用基金。现行的教育费附加的基本规范是由国务院于1986年4月28日颁布的《征收教育费附加的暂行规定》。同年7月1日开始在全国范围内征收教育费附加。

一、教育费附加征收范围

教育费附加对缴纳增值税、消费税的单位和个人征收，以其实际缴纳的增值税、消费税为计税依据，分别与增值税、消费税同时缴纳。自2010年12月1日起，对外商投资企业、外国企业及外籍个人开始征收教育费附加。

二、教育费附加计征比例

教育费附加征收比例几经变化。1986年开征时，教育费附加的征收比例为1%；1990年5月《国务院关于修改〈征收教育费附加的暂行规定〉的决定》中规定教育费附加的征收比例为2%；按照1994年2月7日国务院《关于教育费附加征收问题的紧急通知》的规定，我国教育费附加征收比例为3%。

三、教育费附加的计征依据

与城市维护建设税相同，教育费附加的计征依据是纳税人实际缴纳的“两税”税额。纳税人违反“两税”有关规定而加收的滞纳金和罚款，不作为教育费附加的计征依据，但是纳税人在被查补“两税”和被处以罚款时，应同时对其偷漏的教育费附加进行补征、征收滞纳金和罚款。

四、教育费附加的计算

教育费附加的计算公式为

应纳教育费附加=(实际缴纳的增值税税额+实际缴纳的消费税税额)×征收比例

五、教育费附加的减免规定

(1) 对海关进口产品征收的增值税、消费税，不征收教育费附加。

(2) 对由于减免增值税、消费税而发生退税的，可以同时退还已征收的教育费附加，但对出口产品退还增值税、消费税的，不退还已征的教育费附加。

(3) 对国家重大水利工程建设基金免征教育费附加。

(4) 对“两税”实行先征后返、先征后退、即征即退办法的，除另有规定外，对随“两税”附征的教育费附加，一律不予返还。

(5) 对从事生产卷烟和经营烟叶的单位，减半征收教育费附加。

课后习题

一、单项选择题

1. 纳税人所在地为县城、建制镇的，城市维护建设税的税率为(　　)。

A. 7%　　B. 5%　　C. 3%　　D. 1%

2. 城市维护建设税的计税依据为(　　)。

A. 应缴纳的消费税和增值税税额之和

B. 发生的销售额和增值额之和

C. 实际缴纳的消费税和增值税税额之和

D. 实际缴纳的消费税增值税税额与加收的滞纳金之和

3. 甲生产企业地处市区，2018 年 5 月缴纳增值税 28 万元，当月委托位于县城的乙企业加工应税消费品，乙企业代收代缴消费税 22 万元，则甲企业应缴纳的城市维护建设税为(　　)万元。

A. 3.06　　B. 0.75　　C. 2.71　　D. 1.31

4. 现行教育费附加的征收率为(　　)。

A. 1%　　B. 2%　　C. 3%　　D. 5%

5. 某城市一卷烟厂委托县城一卷烟厂加工一批雪茄烟，委托方提供原材料 40 000 元，支付加工费 5 000 元(不含增值税)，雪茄烟消费税税率为 36%，该雪茄烟无同类产品市场价格，受托方代收代缴消费税时，应代收代缴的城市维护建设税及教育费附加为(　　)元。

A. 750　　B. 1 200　　C. 1 275　　D. 2 025

二、多项选择题

1. 依据城市维护建设税的有关规定，下列说法正确的有(　　)。
   A. 适用的税率均按纳税人所在地的税率执行
   B. 计税依据是实际缴纳的“两税”的税额，不包括加收的滞纳金
   C. 海关对进口产品代征增值税、消费税，不代征城市维护建设税
   D. 对出口产品退还增值税、消费税，同时退还已缴纳的城市维护建设税
2. 城市维护建设税的征税范围包括(　　)。
   A. 城市　　B. 县城　　C. 建制镇　　D. 农村
3. 关于城市维护建设税的计算和征收，下列表述正确的是(　　)。
   A. 以“两税”实际缴纳税额为计税依据
   B. 以“两税”应纳税额为计税依据
   C. 城市维护建设税的计税依据包括加收的“两税”滞纳金
   D. 对纳税人减免“两税”，相应减免城市维护建设税
4. 下列各项中，符合城市维护建设税计税依据规定的有(　　)。
   A. 偷逃消费税而被查补的税款　　B. 偷逃消费税而加收的滞纳金
   C. 出口货物免抵的增值税税额　　D. 出口产品征收的消费税税额
5. 城市维护建设税的纳税人包括(　　)。
   A. 缴纳增值税的国有企业　　B. 缴纳消费税的中外合资企业
   C. 缴纳增值税的个体工商户　　D. 缴纳消费税的私营企业

三、计算题

位于某市的甲地板厂为外商投资企业，其 2019 年 8 月份进购一批木材，取得的增值税发票注明不含税价格为 800 000 元，当月委托位于县城的乙工厂将木材加工成实木地板，支付不含税加工费 150 000 元。乙工厂 11 月份交付 50%的实木地板，12 月份交付剩余部分。已知实木地板消费税税率为 5%，请计算乙工厂 12 月应代收代缴的城市维护建设税。

第十四章

税收征收管理法

【学习要点】

本章主要介绍税收征收管理法的基本规定。通过学习，应了解税收征收管理、税务检查以及法律责任；理解税收征收管理的特点、适用范围、税务检查范围；掌握税收征管制度的内容、税务检查的内容，以及税收法律责任的内容。

第一节　税收征收管理法概述

一、税收征收管理法的概念和适用范围

(一) 税收征收管理法的概念

税收征收管理法是指调整在税收征纳及管理过程中发生的社会关系的法律规范的总称，包括税收征收管理法及税收征收管理的有关法律、法规和规章。

《中华人民共和国税收征收管理法》于 1992 年 9 月 4 日第七届全国人民代表大会常务委员会第二十七次会议通过，自 1993 年 1 月 1 起实施。此法的颁布，标志着我国税收征收管理工作已经真正走上了系统化、规范化、法制化的轨道。1995 年 2 月 28 日，第八届全国人民代表大会常务委员会第十二次会议对该法进行了第一次修订。随着我国客观形势的发展变化，2001 年 4 月 28 日，第九届全国人民代表大会常务委员会第二十一次会议又对该法进行了第二次修订，修订后的《中华人民共和国税收征收管理法》(以下简称《征管法》)于 2001 年 5 月 1 日起实施。在《征管法》修订之后，国务院又适时修订了《中华人民共和国税收征收管理法实施细则》(以下简称《实施细则》)。

(二) 税收征收管理法的适用范围

《征管法》第二条规定，凡依法由税务机关征收的各种税收的征收管理，均适用本法。这就明确界定了《征管法》的适用范围。

我国税收的征收机关有税务、海关、财政等部门，税务机关征收各种工商税，海关征收关税。《征管法》只适用于税务机关征收的各种税收的征收管理。

海关征收的关税及代征的增值税、消费税适用于其他法律、法规的规定。

另外，目前还有一部分费用由税务机关征收，如教育费附加，这些费用的征收同样不适用于《征管法》，不能采取《征管法》规定的措施，其具体管理办法由各种费用的条例和规章决定。

二、税收征收管理法的主体及其权利与义务的设定

(一) 税务行政主体的权利及义务

税务机关是国家进行税收征收管理的执法机关，即税务行政主体，它是指享有税收行政职权，能以自己的名义行使国家行政职能，做出影响行政相对人权利与义务的行政行为，并能由其本身对外承担行政法律责任的组织。国务院税务主管部门主管全国税收征收管理工作。各地国家税务局和地方税务局应当按照国务院规定的税收征收管理范围分别进行征收管理。

1. 税务机关的主要权利

(1) 负责税收的征收管理工作。

(2) 税务机关依法执行职务，任何单位和个人不得阻挠。

2. 税务机关的主要义务

(1) 税务机关应当广泛宣传税收法律、行政法规，普及纳税知识，无偿地为纳税人提供纳税咨询服务。

(2) 税务机关应当加强队伍建设，提高税务人员的政治业务素质。

(3) 税务机关、税务人员必须秉公执法、忠于职守、清正廉洁、礼貌待人、文明服务，尊重和保护纳税人、扣缴义务人的权利，依法接受监督。

(4) 税务人员不得索贿受贿、徇私舞弊、玩忽职守，不征或少征应征税款；不得滥用职权多征税款，或者故意刁难纳税人和扣缴义务人。

(5) 各级税务机关应当建立健全的内部制约和监督管理制度。

(6) 上级税务机关应当对下级税务机关的执法活动依法进行监督。

(7) 各级税务机关应当对其工作人员执行法律、行政法规和廉洁自律准则的情况进行监督检查。

(8) 税务机关负责征收、管理、稽查、行政复议的人员的职责应当明确，并相互分离、相互制约。

(9) 税务机关应为检举人保密，并按照规定给予奖励。

(10) 税务人员征收税款和查处税收违法事件，与纳税人、扣缴义务人或者税收违法案件有利害关系的，应当回避。

(二) 税务管理相对人的权利及义务

纳税人是税务管理相对人，也就是《征管法》及其《实施细则》重要的遵守主体，是征纳关系或征纳对立统一体中的一方。税收征收管理就是税务机关将纳税人应纳或解缴的税款纳入国库的过程。因此，纳税人的确定既是保证税收法律、法规落实到位的需要，也是税收征收管理有的放矢的保证。

1. 纳税人、扣缴义务人的主要权利

(1) 纳税人、扣缴义务人有权向税务机关了解国家税收法律、行政法规的规定及与纳税程序有关的情况。

(2) 纳税人、扣缴义务人有权要求税务机关为纳税人的情况保密。税务机关应当为纳税人的情况保密。

(3) 纳税人依法享有申请减税、免税、退税的权利。

(4) 纳税人、扣缴义务人对税务机关所做出的决定，享有陈述权、申辩权；依法享有申请行政复议、提起行政诉讼、请求国家赔偿等权利。

(5) 纳税人、扣缴义务人有权控告和检举税务机关、税务人员的违法违纪行为。

2. 纳税人、扣缴义务人的主要义务

(1) 纳税人、扣缴义务人必须依照法律、行政法规的规定缴纳税款，代扣代缴、代收代缴税款。

(2) 纳税人、扣缴义务人和其他有关单位应当按照国家有关规定如实向税务机关提供与纳税和代扣代缴、代收代缴税款有关的信息。

(3) 纳税人、扣缴义务人应当接受税务机关依法进行的税务检查。

第二节 税务管理

税务管理是税收征收管理机关为了贯彻执行国家的税收法律制度，加强税收工作，协调征税关系而开展的一系列有目的的活动。它是税收征收管理的基础环节，具体包括税务登记管理，账簿、凭证管理和纳税申报管理等内容。

一、税务登记管理

税务登记是税务机关对纳税人的生产、经营活动进行登记并据此对纳税人实施管理的一种法定制度。税务登记又称纳税登记，它是对纳税人实施税收管理的首要环节和基础工作，税务登记标志着征税双方税收法律关系的产生，纳税人必须依法履行自己的纳税义务。

根据《征管法》和国家税务总局印发的《税务登记管理办法》，我国的税务登记制度大致包括以下内容。

(一) 开业税务登记

1. 开业登记的对象

根据有关规定，开业税务登记的纳税人分为以下两类。

1) 领取营业执照，从事生产、经营的纳税人

(1) 企业，即从事生产经营的单位或组织，包括国有、集体、私营企业，中外合资合作企业、外商投资企业，以及各种联营、联合、股份制企业等。

(2) 企业在外地设立的分支机构和从事生产、经营的场所。

(3) 个体户和从事生产经营的事业单位。

2) 其他纳税人

根据有关法规规定，不从事生产、经营，但依照法律、法规的规定负有纳税义务的单位和个人，除临时取得应税收入或发生应税行为以及只缴纳个人所得税、车船税的以外，都应按规定向税务机关办理税务登记。

2. 开业税务登记的时间和地点

(1) 从事生产、经营的纳税人，应当自领取工商营业执照之日起 30 日内，向生产、经营地或者纳税义务发生地的主管税务机关申报办理税务登记，如实填写税务登记表并按照税务机关的要求提供有关证件、资料。

(2) 从事生产、经营的纳税人未办理工商营业执照但经有关部门批准设立的，应当自有关部门批准设立之日起 30 日内申报办理税务登记，由税务机关发放税务登记证及副本。

(3) 从事生产、经营的纳税人未办理工商营业执照也未经有关部门批准设立的，应当自纳税义务发生之日起 30 日内申报办理税务登记，由税务机关发放临时税务登记证及副本。

(4) 有独立的生产经营权、在财务上独立核算并定期向发包人或者出租人上交承包费或租金的承包承租人，应当自承包承租合同签订之日起 30 日内，向其承包承租业务发生地税务机关申报办理税务登记，由税务机关发放临时的税务登记证及副本。

(5) 境外企业在中国境内承包建筑、安装、装配、勘探工程和提供劳务的，应当自项目合同或协议签订之日起 30 日内，向项目所在地税务机关申报办理税务登记，由税务机关发放临时税务登记证及副本。

(6) 其他纳税人，除国家机关、个人和无固定生产、经营场所的流动性农村小商贩外，均应当自纳税义务发生之日起 30 日内，向纳税义务发生所在地税务机关申报办理税务登记，由税务机关发放税务登记证及副本。

3. 设立税务登记的内容

(1) 单位名称、法定代表或者业主姓名及其居民身份证、护照或者其他合法证件的号码。

(2) 住所、经营地点。

(3) 登记注册类型及所属主管单位。

(4) 核算方式。

(5) 行业、经营范围、经营方式。

(6) 注册资金(资本)、投资总额、开户银行及账号。

(7) 经营期限、从业人数、营业执照号码。

(8) 财务负责人、办税人员。

(9) 其他有关事项。

4. 设立税务登记的程序

(1) 税务登记的申请。纳税人在申报办理税务登记时，应当根据不同情况向税务机关如实提供以下证件和资料：

① 工商营业执照或者其他核准执业证件；

② 有关合同、章程、协议书；

③ 组织机构代码证；

④ 法定代表人或负责人或业主的居民身份证、护照或者其他合法证件；

⑤ 其他需要提供的有关证件、资料。

(2) 填写税务登记表。纳税人在申报办理税务登记时，应当如实填写税务登记表。

(3) 税务登记表的受理、审核。纳税人提交的证件和资料齐全且税务登记表的填写内容符合规定的，税务机关应当日办理并发放税务登记证件。纳税人提交的证件和资料不齐全或税务登记表的填写内容不符合规定的，税务机关应当场通知其补正或重新填报。

(二) 变更税务登记

纳税人税务登记内容发生重要变化的，应当向原税务登记机关申报办理变更税务登记手续。

1. 变更税务登记的范围及时间要求

(1) 适用范围。纳税人办理税务登记后，如发生下列情形之一，应当办理变更税务登记：发生改变名称、改变法定代表人、改变经济性质或经济类型、改变住所和经营地点、改变生产经营或经营方式、增减注册资金(资本)、改变隶属关系、改变生产经营期限、改变或增减银行账号、改变生产经营权属以及改变其他税务登记内容的。

(2) 时间要求。纳税人税务登记内容发生变化的，应当自工商行政管理机关办理变更登记之日起 30 日内，持有关证件向原税务登记机关申报办理变更税务登记。

纳税人税务登记内容发生变化，不需要到工商行政管理机关或者其他机关办理变更登记的，应当自税务登记内容实际发生变化之日起 30 日内，或者自有关机关批准或者宣布变更之日起 30 日内，持有关证件向原税务机关申报办理变更税务登记。

2. 变更税务登记的程序

(1) 税务变更登记的申请。纳税人申请办理变更税务登记时，应当向主管税务机关提供税务机关要求的相关证件、资料，领取《税务登记变更表》。

(2) 填写《税务登记变更表》。《税务登记变更表》的内容主要包括纳税人名称、变更项目、变更前内容、变更后内容、上缴的证件情况。

(3) 税务变更登记的受理。税务机关应当于受理当日办理变更税务登记。纳税人税务登记表和税务登记证中的内容都发生变更的，税务机关按变更后的内容重新核发税务登记证件；纳税人税务登记表的内容发生变更而税务登记证中的内容未发生变更的，税务机关不重新核发税务登记证件。

(三) 停业、复业登记

1. 停业登记

实行定期定额征收方式的个体户需要停业的，应当在停业前向税务机关申报办理停业登记。纳税人的停业期限不得超过 1 年。

纳税人在申报办理停业登记时，应当如实填写停业申请登记表，说明停业理由、停业期限、停业前的纳税情况和发票的领、用、存情况，并结清应纳税款、滞纳金、罚款。税务机关应收存其税务登记证件及副本、发票领购簿、未使用完的发票和其他税务证件。

纳税人在停业期间发生纳税义务的，应当按照税收法律、行政法规的规定申报缴纳税款。

2. 复业登记

纳税人应当于恢复生产经营之前，向纳税机关申报办理复业登记，如实填写《停、复业报告书》，领回并启用税务登记证件、发票领购簿及其停业前领购的发票。

纳税人停业期满不能及时恢复生产经营的，应当在停业期满前向税务机关提出延长停业登记申请，并如实填写《停、复业报告书》。

(四) 注销登记

注销登记是指纳税人需终止履行纳税义务时向税务机关申报办理的税务登记手续。

1. 注销登记的时间和地点要求

(1) 纳税人发生解散、破产、撤销及其他情形，依法终止纳税义务的，应当在向工商行政管理机关或者其他机关办理注销登记前，持有关证件和资料向原税务登记机关申报办理注销税务登记。

(2) 按规定不需要在工商行政管理机关或者其他机关办理注销登记的，应当自有关机关批准或宣告终止之日起 15 日内，持有关证件和资料向原税务登记机关申报办理注销税务登记。

(3) 纳税人被工商行政管理机关吊销营业执照或者被其他机关予以撤销登记的，应当自营业执照被吊销或者被撤销登记之日起 15 日内，向原税务登记机关申报办理注销税务登记。

(4) 纳税人因住所、经营地点的变动而涉及改变税务登记机关的，应当在向工商行政管理机关或者其他机关申请办理变更、注销登记前，或者在住所、经营地点变动前，持有关证件和资料，向原税务登记机关申报办理注销税务登记，并自注销税务登记之日起 30 日内向迁达地税务机关申报办理税务登记。

(5) 境外企业在中国境内承包建筑、安装、装配、勘探工程和提供劳务的，应当在项目完工、离开中国前 15 日内，持有关证件和资料，向原税务登记机关申报办理注销税务登记。

2. 注销登记前的相关要求

纳税人办理注销税务登记前，应当向税务机关提交相关证明文件和资料，结清应纳税款、多退(免)税款、滞纳金和罚款，缴销发票、税务登记证件和其他税务证件，经税务机关核准后，办理注销税务登记手续。

(五) 外出经营报验登记

外出经营报验登记是指纳税人到外县(市)临时从事生产经营活动，向主管税务机关申请开具《外出经营活动税收管理证明》(以下简称《外管证》)并到经营地税务机关办理报验的税务登记手续。

1. 报验登记的程序

(1) 申请开具《外管证》。纳税人到外县(市)临时从事生产经营活动的，应当在外出生产经营以前，持税务登记证向主管税务机关申请开具《外管证》。

(2) 办理报验登记。纳税人应当在《外管证》注明地进行生产经营前向当地税务机关报验登记，并提交税务登记证副本和《外管证》。纳税人在《外管证》注明地销售货物的，除提交以上证件、资料外，还应如实填写《外出经营货物报验单》，申报查验货物。

(3) 填写《外出经营活动情况申报表》。纳税人外出经营活动结束后，应当向经营地税务机关填报《外出经营活动申报表》，并结清税款，缴销发票。

2.《外管证》的期限要求

税务机关按照一地一证原则，发放《外管证》。《外管证》的有效期限一般为 30 天，最长不超过 180 天。因此，从事生产、经营的纳税人外出经营，在同一地点累计超过 180 天的，应当在营业地办理税务登记手续。

(六) 税务登记证的使用与管理

1. 税务登记证的使用

纳税人办理下列事项时，必须持税务登记证件：

① 开立银行账户；

② 领购发票。

纳税人办理其他税务事项时，应当出示税务登记证件，经税务机关核准之后办理手续。

2. 税务登记证的管理

(1) 县以上国家税务局(分局)、地方税务局(分局)是税务登记的主管税务机关，负责税务登记的设立登记、变更登记、注销登记和税务登记证验证、换证以及非正常户处理、报验登记有关事项。

(2) 国家税务局(分局)、地方税务局(分局)执行统一纳税人识别号。纳税人识别号由省、自治区、直辖市和计划单列市国家税务局、地方税务局按照纳税人识别号代码行业标准联合编制，统一下发各地执行。

已领取组织机构代码的纳税人，其纳税人识别号共 15 位，由纳税人登记所在地 6 位行政区划码加 9 位组织机构代码组成。以业主身份证为有效身份证明的组织，即未取得组织机构代码证书的个体工商户以及持回乡证、通行证、护照办理税务登记的纳税人，其纳税人识别号由身份证件号码加 2 位顺序码组成。纳税人识别号具有唯一性。

(3) 国家税务局(分局)、地方税务局(分局)应定期相互通报税务登记情况，相互及时提供纳税人的登记信息，加强税务登记管理。

二、账簿、凭证管理

账簿是纳税人、扣缴义务人连续地记录其各种经济业务的账册或簿籍。凭证是指纳税人用来记录经济业务，明确经济责任，并据以登记账簿的书面证明。税务机关考核纳税人能否及时准确地缴纳税款，其依据就在于纳税人是否具有真实、准确、完整的账簿和凭证。因此，账簿、凭证管理是税收征管的重要环节。

(一) 账簿、凭证管理

1. 设置账簿、凭证的基本要求

(1) 从事生产、经营的纳税人应当自领取营业执照或者发生纳税义务之日起 15 日内，

按照国家有关规定设置账簿。这里的账簿，是指总账、明细账、日记账及其他辅助性账簿。总账、日记账应当采用订本式。

(2) 生产、经营规模小又确无建账能力的纳税人，可以聘请经批准从事会计代理记账业务的专业机构或者经税务机关认可的财会人员代为建账和办理账务；聘请上述机构或者人员有实际困难的，经县以上税务机关批准，可以按照税务机关的规定，建立收支凭证粘贴簿、进货销货登记簿或者使用税控装置。

(3) 扣缴义务人应当自税收法律、行政法规规定的扣缴义务发生之日起 10 日内，按照所代扣、代收的税种，分别设置代扣代缴、代收代缴税款账簿。

2. 会计核算的基本要求

(1) 纳税人、扣缴义务人应按照有关法律、行政法规和国务院财政、税务主管部门的规定设置账簿，根据合法、有效凭证记账，进行核算。

(2) 纳税人建立的会计电算化系统应当符合国家有关规定，并能正确、完整核算其收入或者所得。纳税人使用计算机记账的，应当在使用前将会计电算化系统的会计核算软件、使用说明书以及有关资料报送主管税务机关备案。

(3) 纳税人、扣缴义务人会计制度健全，能够通过计算机正确、完整计算其收入和所得或者代扣代缴、代收代缴税款情况的，其计算机输出的完整的书面会计记录，可视同会计账簿。

(4) 纳税人、扣缴义务人会计制度不健全，不能够通过计算机正确、完整计算其收入和所得或者代扣代缴、代收代缴税款情况的，应当建立总账及与纳税或者代扣代缴、代收代缴税款有关的其他账簿。

(5) 账簿、会计凭证和报表，应当使用中文。民族自治地方可以同时使用当地通用的一种民族文字。外商投资企业和外国企业可以同时使用一种外国文字。

3. 财务会计制度管理的基本要求

(1) 备案制度。从事生产、经营的纳税人应当自领取税务登记证件之日起 15 日内，将其财务、会计制度或者财务、会计处理方法报送主管税务机关备案。

(2) 税务会计与企业会计抵触的处理办法。一般而言，企业会计是税务会计的基础，但当两者发生冲突时，应以税法规定为主。鉴于此，《征管法》明确规定了纳税人、扣缴义务人的财务、会计制度或者财务、会计处理办法与国务院或者国务院财政、税务主管部门有关税收的规定抵触的，依照国务院或者国务院财政、税收主管部门有关税收的规定计算应纳税款、代扣代缴和代收代缴税款。

4. 账簿、凭证的保管

(1) 从事生产、经营的纳税人、扣缴义务人必须按照国务院财政、税务主管部门规定的保管期限保管账簿、记账凭证、完税凭证及其他有关的资料。账簿、记账凭证、完税凭证及其他有关的资料不得伪造、变造或者擅自损毁。账簿、记账凭证、报表、完税凭证、发票、出口凭证及其他有关涉税资料应当合法、真实、完整。

(2) 账簿、记账凭证、报表、完税凭证、发票、出口凭证及其他有关涉税资料应当保存 10 年，但是，法律、行政法规另有规定的除外。

(二) 发票管理

发票是指在购销商品、提供或者接受服务及从事其他经营活动中，开具、收取的收付款凭证。发票是记载相关主体经济往来的重要商事凭证，是会计核算的原始凭证，也是税务机关进行税款征收和税务稽查的重要依据。由于加强发票管理，对于控制税源、防止和杜绝税收逃避具有重要的意义，因而我国对发票的管理非常重视。

1. 发票的种类、联次和基本内容

税务机关是发票的主管机关，负责发票印刷、领购、开具、取得、保管、缴销的管理和监督。

全国统一发票监制章是税务机关管理发票的法定标志，其形状、规格、内容、印色由国家税务总局规定。发票种类的划分，由省级以上税务机关确定。

发票的基本联次为三级：第一级为存根联；第二级为发票联，收执方作为付款或收款原始凭证；第三级为记账联，开票方作为记账原始凭证。增值税专用发票的基本联次还包括抵扣联，收执方作为抵扣税款的凭证。除增值税专用发票外，县(市)以上税务机关根据需要可适当增减联次并确定其用途。

发票的基本内容包括发票的名称、字轨号码、联次及用途、客户名称、开户银行及账号、商品名称或经营项目、计量单位、数量、单价、大小写金额、开票单位(个人)名称(章)等。有代扣、代收、委托代征税款的，其发票内容应当包括代扣、代收、委托代征税种的税率和代扣、代收、委托代征税额。

2. 发票的印刷

发票由省、自治区、直辖市税务机关指定的企业印刷；增值税专用发票由国家税务总局指定的企业统一印刷。禁止私印、伪造、变造发票。发票防伪专用品由国家税务总局指定的企业生产。禁止非法制造发票防伪专用品。发票应当套印全国统一发票监制章。全国统一发票监制章的样式和发票版面印刷的要求，由国家税务总局规定。发票监制章由省、自治区、直辖市税务机关制作。禁止伪造发票监制章。发票实行不定期换版制度。

3. 发票的领购

1) 发票的领购对象

(1) 依法办理税务登记的单位和个人，在领取税务登记证件后，向主管税务机关申请领购发票。

(2) 依法无须办理税务登记的单位需要领购发票的，可以直接向税务机关申请办理。

(3) 临时到本省、自治区、直辖市行政区域以外从事经营活动的单位或者个人，应当凭所在地税务机关的证明，向经营地税务机关申请领购经营地的发票。

2) 发票的领购要求

(1) 申请领购发票的单位和个人应当提出购票申请，提供经办人身份证明、税务登记证件或者其他有关证明，以及财务印章或者发票专用章的印模，经主管税务机关审核后，发放发票领购簿。领购发票的单位和个人应凭发票领购簿核准的种类、数量及购票方式，向主管税务机关领购发票。

(2) 税务机关对外省、自治区、直辖市来本辖区从事临时经营活动的单位和个人申请领购发票的，可以要求其提供保证人或者根据所领购发票的票面金额及数量缴纳不超过 1 万元

的保证金，并限期缴销发票。按期缴销发票的，解除保证人的担保义务或者退还保证金；未按期缴销发票的，由保证人或者以保证金承担法律责任。税务机关收取保证金应当开具收据。

4. 发票的开具和保管

1) 发票开具的基本要求

销售商品、提供服务以及从事其他经营活动的单位和个人，对外发生经营业务收取款项，收款方应向付款方开具发票；特殊情况下由付款方向收款方开具发票。所有单位和从事生产、经营活动的个人在购买商品、接受服务及从事其他经营活动支付款项时，应当向收款方索取发票。索取发票时，不得要求变更品名和金额。

2) 发票开具的具体要求

(1) 开具发票应当按照规定的时限、顺序，逐栏、全部联次一次性如实开具，并加盖单位财务印章或者发票专用章。

(2) 使用电子计算机开具发票，须经主管税务机关批准，并使用税务机关统一监制的机外发票，开具后的存根联应当按照顺序号装订成册。

(3) 任何单位和个人不得转借、转让、代开发票；未经税务机关批准，不得拆本使用发票；不得自行扩大专业发票使用范围。

(4) 发票限于领购单位和个人在本省、自治区、直辖市内开具。

(5) 任何单位和个人未经批准，不得跨规定的使用区域携带、邮寄、运输空白发票。禁止携带、邮寄或者运输空白发票出入境。

3) 发票的保管

开具发票的单位和个人应当按照税务机关规定存放和保管发票，不得擅自损毁。已开具的发票存根联和发票登记簿，应当保存 5 年。保存期满，报经税务机关查验后销毁。

5. 发票的检查

印制、使用发票的单位和个人，必须接受税务机关的依法检查，如实反映情况，提供有关资料，不得拒绝、隐瞒。税务人员进行检查时，应当出示税务检查证。税务机关需要将已开具的发票调出查验时，应当向当地被查验的单位和个人开具发票换票证。发票换票证与所调出查验的发票有同等的效力。被调出查验发票的单位和个人不得拒绝接受。税务机关需要将空白发票调出查验时，应当开具收据，经查无问题时，应及时返还。

三、纳税申报管理

纳税申报管理是指纳税人、扣缴义务人按照法律、行政法规的规定，在规定的申报期限向税务机关书面申报与纳税有关的各类事项的一种法定手续。纳税申报是连接税务机关与纳税人的重要纽带，是建立征纳双方税收关系的重要环节。纳税申报管理是税务征收管理的重要内容。

(一) 纳税申报的主体

纳税申报的主体是纳税人。根据我国《征管法》及《实施细则》的规定，纳税人必须依照法律、行政法规的规定或者税务机关依照法律、行政法规的规定确定的申报期限、申报内容如实办理纳税申报，报送纳税申请表、财务会计报表及税务机关根据实际需要要求纳税人报送的其他纳税资料。值得注意的是，纳税人在纳税期内没有应纳税款的，也应当按照规定办理纳税申报。纳税人享受减税、免税待遇的，在减税、免税期间也应当按照规定办理纳税申报。另外，纳税申报的主体还包括扣缴义务人。

(二) 纳税申报的主要内容

纳税人、扣缴义务人的纳税申报或者代扣代缴、代收代缴税款报告表的主要内容包括：税种、税目，应纳税项目或者应代扣代缴、代收代缴税款项目，计税依据，扣除项目及标准，适用税率或者单位税率，应退税项目及税额，应减免项目及税额，应纳税额或者应代扣代缴、代收代缴税额，税款所属期限，延期缴纳税款，欠税，滞纳金等。

(三) 纳税申报的方式

根据《征管法》及《实施细则》的规定，纳税人、扣缴义务人可以直接到税务机关办理纳税申请或者报送代扣代缴、代收代缴税款报告表，也可以按照规定采取邮寄、数据电文或者其他方式办理上述申报、报送事项。实行定期定额缴纳税款的纳税人，可以实行简易申报、简并征期等申报纳税方式。

(四) 纳税申报的延期

纳税人、扣缴义务人按照规定的期限办理纳税申报或者报送代扣代缴、代收代缴税款报告表确有困难，需要延期的，应当在规定的期限内向税务机关提出书面延期申请，经税务机关核准，在核准的期限内办理。

另外，纳税人、扣缴义务人因不可抗力，不能按期办理纳税申报或者报送代扣代缴、代收代缴税款报告的，可以延期办理纳税申报。

第三节 税 款 征 收

税款征收是税收征收管理工作中的中心环节，是全部税收征管工作的目的和归宿，在整个税收工作中占据重要的地位。

一、税款征收的原则

根据《征管法》和《实施细则》的规定，税务机关在征税时应当遵循以下原则。

1. 税务机关是唯一的税收征收主体的原则

根据《征管法》的规定，除税务机关、税务人员及经税务机关依照法律、行政法规委托的单位和人员外，任何单位和个人不得进行税款征收活动。同时，《征管法》还规定了采取税收保全措施、强制执行措施的权力，不得由法定的税务机关以外的单位和个人行使。

2. 依法征税的原则

根据《征管法》的规定，税务机关依照法律、行政法规的规定征收税款，不得违反法律、行政法规的规定开征、停征、多征、少征、提前征收、延缓征收或者摊派税款。同时，《征管法》还规定了扣缴义务人需依照法律、行政法规的规定履行代扣、代收税款的义务。对法律、行政法规没有规定负有代扣、代收税款义务的单位和个人，税务机关不得要求其履行代扣、代收税款义务。

3. 法定程序原则

根据《实施细则》的规定，税务机关应当将各种税收的税款、滞纳金、罚款，按照国家规定的预算科目和预算级次及时缴入国库，税务机关不得占压、挪用、截留，不得缴入国库以外或者国家规定的税款账户以外的任何账户。已缴入国库的税款、滞纳金、罚款，任何单位和个人不得擅自变更预算科目和预算级次。

另外，在保障税款征收的各项措施的执行中，税务机关都必须始终坚持按照法律或者行政法规规定的审批权限和程序进行操作，否则就是违法。

4. 降低税收成本的原则

税务机关根据保证国家税款及时足额入库、方便纳税人、降低税收成本的原则，确定税款征收的方式。税务机关应当根据方便、快捷、安全的原则，积极推广使用支票、银行卡、电子结算方式缴纳税款。

5. 税款优先权的原则

随着我国社会经济的发展，税收与其他债权的矛盾日益突出，纳税人通过各种手段逃税的现象十分严重。为了保障整个国家的税收利益，目前世界上许多国家和地区都在其税法中规定了税收优先权。为此，我国的《征管法》对此也做出了明确的规定，税务机关征收税款，税收优于无担保债权，法律另有规定的除外；纳税人欠缴的税款发生在纳税人以其财产设定抵押、质押或者纳税人的财产被留置之前的，税收应当优于抵押权、质权、留置权执行。这些规定有力地保证了国家的税收利益。

二、税款征收的方式

我国原《实施细则》中曾做出明确的规定，税款征收的方式主要有查账征收、查定征收、查验征收、定期定额征收、委托征收等。但是，现行的《征管法》和《实施细则》均未对税款征收的方式做出明确的规定，但无论采取何种征税方式，在税务机关征收税款和代缴义务人代扣、代收税款时，都必须给纳税人开具完税凭证。

三、税款征收的管理制度

(一) 代扣代缴、代收代缴制度

根据《征管法》和《实施细则》的规定，代扣义务人依照法律、行政法规的规定履行代扣、代收税款的义务。对法律、行政法规没有规定负有代扣、代收税款义务的单位和个人，税务机关不得要求其履行代扣、代收税款义务。代缴义务人依法履行代扣、代收税款义务时，纳税人不得拒绝。纳税人拒绝的，扣缴义务人应当及时报告税务机关处理。税务机关按照规定付给扣缴义务人代扣、代收手续费。

(二) 延期缴纳税款制度

纳税人和扣缴义务人必须在税法规定的期限内缴纳、解缴税款，但考虑到纳税人在履行纳税义务的过程中，可能会遇到特殊困难的客观条件，为了保护纳税人的合法权益，《征管法》规定，对于纳税人因有特殊困难，不能按期缴纳税款的，经省、自治区、直辖市国家税务局、地方税务局批准，可以延期缴纳税款，但最长不得超过 3 个月。这里纳税人的特殊困难指因不可抗力，导致纳税人发生较大损失，正常生产经营活动受到较大影响的；当期货币资金在扣除应付职工工资、社会保险费之后，不足以缴纳税款的。

(三) 税收滞纳金征收制度

纳税人未按照规定期限缴纳税款的，扣缴义务人未按照规定期限解缴税款的，税务机关除责令限期缴纳外，从滞纳税款之日起，按日加收滞纳税款万分之五的滞纳金。加收滞纳金的起止时间，为法律、行政法规规定或者税务机关依照法律、行政法规的规定确定的税款缴纳期限届满次日起至纳税人、扣缴义务人实际缴纳或者解缴税款之日止。

(四) 减免税收制度

纳税人可以依照法律、行政法规的规定书面申请减税、免税。减税、免税的申请须经法律、行政法规规定的减税、免税审查批准机关审批。地方各级人民政府、各级人民政府主管部门、单位和个人违反法律、行政法规规定，擅自做出的减税、免税决定无效，税务机关不得执行，并向上级税务机关报告。

法律、行政法规规定或者经法定的审批机关批准减税、免税的纳税人，应当持有关文件到主管税务机关办理减税、免税手续。减税、免税期满，应当自期满次日起恢复纳税。

享受减税、免税优惠的纳税人，减税、免税条件发生变化的，应当自发生变化之日起 15 内向税务机关报告；不再符合减税、免税条件的，应当依法履行纳税义务；未依法纳税的，税务机关应当予以追缴。

(五) 税额核定制度

纳税人有下列情形之一的，税务机关有权核定其应纳税额。

(1) 依照法律、行政法规的规定可以不设置账簿的。

(2) 依照法律、行政法规的规定应当设置但未设置账簿的。

(3) 销毁账簿或者拒不提供纳税资料的。

(4) 虽设置账簿，但账目混乱或者成本资料、收入凭证、费用凭证残缺不全，难以查账的。

(5) 发生纳税义务，未按照规定的期限办理纳税申报，经税务机关责令限期申报，逾期仍不申报的。

(6) 纳税人申报的计税依据明显偏低，又无正当理由的。

财务机关有权采用下列任意一种方法核定其应纳税额。

(1) 按照当地同类行业或者类似行业中经营规模和收入水平相近的纳税人的税负水平核定。

(2) 按照营业收入或者成本加合理的费用和利润的方法核定。

(3) 按照耗用的原材料、燃料、动力等推算或者测算核定。

(4) 按照其他合理方法核定。

采用上述一种方法不足以正确核定应纳税额时，可以同时采用两种以上的方法核定。纳税人对纳税机关采取上述规定的方法核定的应纳税额有异议的，应当提供相关证据，经税务机关认定后，调整应纳税额。

(六) 纳税调整制度

企业或者外国企业在中国境内设立的从事生产、经营的机构、场所与其相关联企业之间的业务往来，应当按照独立企业之间的业务往来收取或者支付价款、费用；不按照独立企业之间的业务往来收取或者支付价款、费用，而减少其应纳税的收入或者所得额的，税务机关有权进行合理调整。

1. 关联企业的界定

关联企业是指有下列关系之一的公司、企业和其他经济组织。

(1) 在资金、经营、购销等方面，存在直接或者间接的拥有或者控制关系。

(2) 直接或者间接地同为第三者所拥有或者控制。

(3) 在利益上具有相关联的其他关系。

2. 关联企业转移定价

纳税人与其关联企业之间的业务往来有下列情形之一的，税务机关可以调整其应纳税额。

(1) 购销业务未按照独立企业之间的业务往来作价。

(2) 融通资金所支付或者收取的利息超过或者低于没有关联关系企业之间所能同意的数额，或者利率超过或者低于同类业务的正常利率。

(3) 提供劳务，未按照独立企业之间业务往来收取或者支付劳务费用。

(4) 转让财产、提供财产使用权等业务往来，未按照独立企业之间业务往来作价或者收取、支付费用。

(5) 未按照独立企业之间业务往来作价的其他情形。

3. 关联企业的税务调整

纳税人有上述情形之一的，税务机关可以按照下列方法调整计税收入额或者所得额。

(1) 按照独立企业之间进行的相同或者类似业务活动的价格。

(2) 按照再销售给无关联关系的第三者的价格所应取得的收入和利润水平。

(3) 按照成本加合理的费用和利润。

(4) 按照其他合理的方法。

纳税人与关联企业未按照独立企业之间的业务往来支付价款费用的，税务机关自该业务往来发生的纳税年度起 3 年内进行调整；如有特殊情况的，可以自该业务往来发生的纳税年度起 10 年内进行调整。

(七) 责令纳税制度

对未按照规定办理税务登记的从事生产、经营的纳税人以及临时从事经营的纳税人，由税务机关核定其应纳税额，责令缴纳；不缴纳的，税务机关可以扣押其价值相当于应纳税款的商品、货物。税务机关依法扣押纳税人商品、货物的，纳税人应当自扣押之日起 15 日内缴纳税款。

对扣押的鲜活、易腐烂变质或者易失效的商品、货物，税务机关根据被扣押品的保质期，可以缩短规定的扣押期限。

扣押后缴纳应纳税款的，税务机关必须立即解除扣押，并归还所扣押的商品、货物；扣押后仍不缴纳应纳税款的，经县以上税务局(分局)局长批准，依法拍卖或者变卖所扣押的商品、货物，以拍卖或者变卖所得抵缴税款。

(八) 税收保全措施

税收保全措施是指税务机关对可能由于纳税人的行为或者某种客观原因，致使以后税款的征收不能保证或难以保证的情况，采取的限制性措施。它是为了维护正常的税收秩序，预防纳税人逃避纳税义务的一种措施。

根据《征管法》和《实施细则》的规定，税务机关有根据认为从事生产、经营的纳税人有逃避纳税义务行为的，可以在规定的纳税期之前，责令限期缴纳应纳税款；在限期内发现纳税人有明显的转移、隐匿其应纳税的商品及其他财产的迹象的，税务机关可以责成纳税人提供纳税担保，如果纳税人不能提供纳税担保，经县以上税务局(分局)局长批准，税务机关可以采取下列税收保全措施：一是书面通知纳税人开户银行或其他金融机构冻结纳税人的金额相当于应纳税款的存款；二是扣押，查封纳税人的价值相当于应纳税款的商品、货物或者其他财产。其他财产包括纳税人的房地产、现金、有价证券等不动产和动产。

1. 税收保全的前提和条件

(1) 实施税收保全措施的对象是从事生产经营的纳税人。对扣缴义务人、纳税担保人及非生产经营性的纳税人，如国家机关、事业单位、社会团体等，不得实施税收保全。

(2) 纳税人有逃避纳税义务的行为。没有逃避纳税义务行为的，不得实施税收保全。

(3) 必须是在规定的纳税期限之前和责令限期缴纳应纳税款的限期内。如果纳税期限和责令缴纳应纳税款的限期届满，纳税人又没有缴纳应纳税款的，税务机关可以按规定直接采取强制执行措施。

(4) 纳税人在税务机关责令限期缴纳税款期限内或税务检查时有明显的逃避纳税义务的行为，且不能提供纳税担保的。

2. 税收保全措施

(1) 书面通知纳税人开户银行或者其他金融机构冻结纳税人的金额相当于应纳税款的存款。

(2) 扣押、查封纳税人的价值相当于应纳税款的商品或者其他财产。

税务机关抵押、查封时，必须注意以下事项。

① 采取扣押、查封措施，必须经由县(分)局局长批准，由两名以上的税务人员执行，并通知被执行人。被执行人是自然人的，应通知被执行人本人或者其成年家属到场；被执行人是法人或者其他组织的，应当通知其法定代表或者主要负责人到场；拒不到场的，不影响执行。

② 采取扣押、查封措施时，必须开付收据或清单。税务机关扣押商品、货物或者其他

财产时，必须开付收据；查封商品、货物或其他财产时，必须开付清单。

③ 对纳税人个人及其所抚养的家属维持生活必需的住房和用品，不得采取税收保全措施。

3. 税收保全措施的法定程序

税务机关有根据认为从事生产、经营的纳税人有逃避纳税义务行为的，可以依法采取以下法定程序执行税收保全措施。

(1) 责令纳税人提前缴纳税款。

(2) 责成纳税人提供纳税担保。在限期内，发现纳税人有明显的转移、隐匿其应纳税的商品、货物以及其他财产或者应纳税的收入的迹象的，税务机关可以责成纳税人提供纳税担保。这里的“担保”包括经税务机关认可的纳税保证人为纳税人提供的纳税保证，以及纳税人或者第三人以其未设置或未全部设置担保物权的财产提供的担保。

(3) 冻结纳税人的存款。纳税人不能提供纳税担保的，经县以上税务局(分局)局长批准，书面通知纳税人开户银行或者其他金融机构冻结纳税人的金额相当于应纳税款的存款。

(4) 查封、扣押纳税人的商品、货物或者其他财产。纳税人在开户银行或其他金融机构中没有存款，或者税务机关无法掌握其存款情况的，税务机关可以扣押、查封纳税人的价值相当于应纳税款的商品、货物或其他财产。

(5) 税收保全措施的终止。税收保全的终止有两种情况。一是纳税人在规定期限内缴纳了应纳税款的，税务机关应当自收到税款或者银行转回的完税凭证之日起 1 日内解除税收保全措施；如税务机关未立即解除税收保全措施，使纳税人的合法利益遭受损失的，税务机关应当承担赔偿责任。二是纳税人超过规定的期限仍不缴纳税款的，经税务局(分局)局长批准，终止保全措施，转入强制执行措施。

(九) 税收强制执行措施

税收强制执行是指当事人不履行法律、行政法规规定的纳税义务，税务机关采用法定的强制手段，强迫当事人履行义务，以保障税款入库的措施。强制执行与税收保全完全不同，它不是通过提前征收来实现防止和杜绝纳税人逃避纳税义务的目的，而是在纳税人未履行纳税义务的情况下对纳税人、扣缴义务人采取的一种特别措施。

根据《征管法》和《实施细则》的规定，从事生产、经营的纳税人、扣缴义务人未按照规定的期限缴纳或者解缴税款，纳税担保人未按照规定的期限缴纳所担保的税款，由税务机关责令限期缴纳，逾期仍未缴纳的，经县以上的税务局(分局)局长的批准，税务机关可以采取下列强制执行措施：一是书面通知其开户银行或者其他金融机构从其存款中扣缴税款；二是扣押、查封、依法拍卖或者变卖其价值相当于应纳税款的商品、货物或者其他财产，以拍卖或者变卖所得抵缴税款。

1. 税收强制执行的适用范围

强制执行措施的适用范围仅限于未按照规定的期限缴纳或者解缴税款，经责令限期缴纳，逾期仍未缴纳的从事生产、经营的纳税人。需要注意的是，采取强制执行措施适用于扣缴义务人、纳税担保人，采取税收保全措施只适用于纳税人。

2. 税收强制执行的具体措施

(1) 书面通知其开户银行或者其他金融机构从其存款中扣缴税款。

(2) 扣押、查封、依法拍卖或者变卖其价值相当于应纳税款的商品、货物或者其他财产，以拍卖或者变卖所得抵缴税款。

税务机关采取强制执行措施时，对纳税人、扣缴义务人、纳税担保人未缴纳的滞纳金也同时强制执行。

3. 税收强制执行的法定程序

(1) 责令限期缴纳。从事生产、经营的纳税人、扣缴义务人未按照规定的期限缴纳或者解缴税款的，纳税担保人未按照规定的期限缴纳所担保的税款的，由税务机关发出限期缴纳税款通知书，责令缴纳或者解缴税款的最长期限不得超过 15 日。

(2) 税款的强制征收。纳税人、扣缴义务人、纳税担保人未按照规定的期限缴纳或者解缴税款的，由税务机关责令限期缴纳，逾期仍未缴纳的，经县以上的税务局(分局)局长批准，书面通知其开户银行或者其他金融机构，从其存款中扣缴税款。

(3) 扣押、查封、拍卖或者变卖，以拍卖或者变卖所得抵缴税款。对价值超过应纳税额且不可分割的商品、货物或者其他财产，税务机关在纳税人、扣缴义务人或者纳税担保人无其他可供强制执行的财产的情况下，可以整体扣押、查封、拍卖。

拍卖或者变卖所得抵缴税款、滞纳金、罚款及拍卖、变卖等费用后，剩余部分应当在3日内退还被执行人。

(十) 欠税清缴制度

纳税人未按照规定期限缴纳税款，扣缴义务人未按照规定期限解缴税款，税务机关可采取以下措施保障税款清缴入库。

1. 离境清缴

欠缴税款的纳税人或者他的法定代表人需要出境的，应当在出境前向税务机关结清应纳税款、滞纳金或者提供担保，既未结清税款、滞纳金，又不提供担保的，税务机关可以通知出境管理机构阻止其出境。

2. 税收优先

税务机关征收税款，税收优先于无担保债权，法律另有规定的除外；纳税人欠缴的税款发生在纳税人以其财产设定抵押、质押或者纳税人的财产被留置之前的，税收应当优先于抵押权、质权、留置权执行。纳税人欠缴税款，同时又被行政机关决定处以罚款、没收违法所得的，税收优先于罚款、没收违法所得。

3. 欠税告知

为保护国家的税收利益和第三人的经济利益，应当将纳税人的欠税情况公告，同时纳税人也应将欠税情况及相关重大经济活动向其权利人和税务机关报告。

根据《征管法》和《实施细则》的规定，纳税人欠税告知的规定如下。

(1) 税务机关应当对纳税人欠缴税款的情况定期予以公告。县级以上各级税务机关应当将纳税人的欠税情况，在办税场所或者广播、电视、报纸、期刊、网络等新闻媒体上定期公告。

(2) 纳税人有欠税情形而以其财产设定抵押、质押的，应当向抵押权人、质权人说明其欠税情况。抵押权人、质权人可以请求税务机关提供有关的欠税情况。

(3) 纳税人有合并、分立情形的，应当向税务机关报告，并依法缴清税款。纳税人合并时未缴清税款的，应当由合并后的纳税人继续履行未履行的纳税义务；纳税人分立时未缴清税款的，分立后的纳税人对未履行的纳税义务应当承担连带责任。

(4) 欠缴税款数额 5 万元以上的纳税人在处置其不动产或者大额资产之前，应当向税务机关报告。

4. 代位权与撤销权的行使

征税机关可以作为税收债权人，行使公法上的代位权与撤销权。因此，《征管法》规定欠缴税款的纳税人因怠于行使到期债权，或者放弃到期债权，或者无偿转让财产，或者以明显不合理的低价转让财产而受让人知道该情形，对国家税收造成损害的，税务机关可以依照法律的规定行使代位权、撤销权。同时，税务机关依照法律规定行使代位权、撤销权的，不免除欠缴税款的纳税人尚未履行的纳税义务和应承担的法律责任。

(十一) 税款的退还和追征

1. 税款的退还

纳税人超过应纳税额缴纳的税款，税务机关发现后应当立即退还；纳税人自缴纳税款之日起 3 年内发现的，可以向税务机关要求退还多缴的税款并加算银行同期存款利息，税务机关及时查实后应当立即退还；涉及从国库中退款的，依照法律、行政法规有关国库管理的规定退还。退税利息按照税务机关办理退税手续当天中国人民银行规定的活期存款利率计算。

税务机关发现纳税人多缴税款的，应当自发现之日起 10 日内办理退还手续；纳税人发现多缴税款的，要求退还的，税务机关应当自接到纳税人退还申请之日起 30 日内查实并办理退还手续。加算银行同期存款利息的多缴税款退税，不包括依法预缴税款形成的结算退税、出口退税和各种减免退税。

当纳税人既有应退税款又有欠缴税款时，税务机关可以将应退税款和利息先抵扣欠缴税款，抵扣后有余额的，退还纳税人。

2. 税款的补缴和追征

1) 税款的补缴

因税务机关的责任即由于税务机关适用税收法律、行政法规不当或者执法行为违法致使纳税人、扣缴义务人未缴或者少缴税款的，税务机关在 3 年内可以要求纳税人、扣缴义务人补缴税款，但是不得加收滞纳金。

2) 税款的追征

因纳税人、扣缴义务人计算错误等失误(指非主观故意的计算公式运用错误以及明显的笔误)，未缴或者少缴税款的，税务机关在 3 年内可以追征税款、滞纳金；有特殊情况的，即纳税人或者扣缴义务人因计算错误等失误，未缴或者少缴、未扣或者少扣、未收或者少收税款的，累计数额在 10 万元以上的，追征期可以延长到 5 年。

对偷税、抗税、骗税的，税务机关追征其未缴或者少缴的税款、滞纳金或者所骗取的税款，不受规定期限的限制。补缴和追缴税款、滞纳金的期限，自纳税人、扣缴义务人应缴未缴或者少缴税款之日起计算。

第四节 税务检查

税务检查是税务机关根据税收法律、行政法规的规定对纳税人、扣缴义务人履行纳税义务和扣缴义务的情况进行审查监督的活动。对税务机关而言，通过税务检查有利于征税机关及时了解和发现纳税主体履行义务的情况及存在的问题，检查税收征收管理的质量，有利于税务机关对税收征收管理实行有效的控制。对纳税人而言，税务检查有利于其防微杜渐，增强依法纳税的意识，提高其经营管理水平。

一、征税机关的税务检查权

根据《征管法》和《实施细则》的规定，税务机关有权进行下列税务检查。

(1) 检查纳税人的账簿、记账凭证、报表和有关材料，检查扣缴义务人代扣代缴、代收代缴税款账簿、记账凭证和有关资料。

(2) 到纳税人的生产、经营场所和货物存放地检查纳税人的应纳税的商品、货物或者其他财产，检查扣缴义务人与代扣代缴、代收代缴税款有关的经营情况。

(3) 责成纳税人、扣缴义务人提供与纳税或者代扣代缴、代收代缴税款有关的文件、证明材料和有关资料。

(4) 询问纳税人、扣缴义务人与纳税或者代扣代缴、代收代缴税款有关的问题和情况。

(5) 到车站、码头、机场、邮政企业及其分支机构检查纳税人托运、邮寄应税商品、货物或者其他财产的有关单据凭证和资料。

(6) 经县以上税务局(分局)局长批准，凭全国统一格式的检查存款账户许可证明，查询从事生产、经营的纳税人、扣缴义务人在银行或者其他金融机构的存款账户。税务机关在调查税收违法案件时，经设区的市、自治州以上税务局(分局)局长批准，可以查询案件涉嫌人员的储蓄存款。税务机关查询所获得的资料，不得用于税收以外的用途。

二、税务机关在税务检查中的权利与义务

1. 税务机关在税务检查中的权利

(1) 税务机关对从事生产、经营的纳税人以前纳税期的纳税情况依法进行税务检查时，发现纳税人有逃避纳税义务行为，并有明显的转移、隐匿其应纳税的商品、货物及其他财产或者纳税人的收入的迹象的，可以按照规定的批准权限采取税收保全措施或者强制执行措施。

(2) 税务机关依法进行税务检查时，有权向有关单位和个人调查纳税人、扣缴义务人和其他当事人与纳税或者代扣代缴、代收代缴税款有关的情况，有关单位和个人有义务向税务机关如实提供有关资料及证明材料。

(3) 税务机关调查税务违法案件时，对于与案件有关的情况和资料，可以记录、录音、录像、照相和复制。

2. 税务机关在税务检查中的义务

1) 持证检查的义务

税务人员进行税务检查时，应当出示税务检查证和税务检查通知书；无税务检查证和税

务检查通知书的，纳税人、扣缴义务人及其他当事人有权拒绝检查。税务机关对集贸市场及集中经营业户进行检查时，可以使用统一的税务检查通知书。

2) 保守秘密的义务

税务机关工作人员进行税务检查时，有义务为被检查人保守秘密。税务机关行使存款查询职权时，应当指定专人负责，凭全国统一格式的检查存款账户许可证明进行，并有责任为被检查人保守秘密。

第五节　税收法律责任

税收法律责任是指征税双方违反税法等法律制度时应承担的法律后果，它是维护国家税法尊严的重要手段。

一、税务管理方面的法律责任

(一) 税务登记的法律责任

1. 未按照规定办理税务登记事项的法律责任

(1) 纳税人不办理税务登记的，税务机关应当自发现之日起 3 日内责令其限期改正，可处以 2 000 元以下的罚款；情节严重的，处以 2 000 元以上、10 000 元以下的罚款。逾期不改正的，经税务机关提请，由工商行政管理机关吊销其营业执照。

(2) 扣缴义务人未按照规定办理扣缴税款登记的，税务机关应当自发现之日起 3 日内责令其限期改正，并可处以 1 000 元以下的罚款。

2. 税务登记证违法行为的法律责任

纳税人通过提供虚假的证明资料等手段，骗取税务登记证的，处以 2 000 元以下的罚款；情节严重的，处以 2 000 元以上、10 000 元以下的罚款。纳税人涉嫌其他违法行为的，按有关法律、行政法规的规定处理。

3. 不接受税务机关处理的法律责任

纳税人、扣缴义务人违反税务登记管理办法的规定，拒不接受税务机关处理的，税务机关可以收缴其发票或者停止向其发售发票。

(二) 账簿、凭证管理的法律责任

1. 账簿、凭证使用管理的法律责任

(1) 纳税人有下列情形之一的，由税务机关责令限期改正，可处以 2 000 元以下的罚款；情节严重的，处以 2 000 元以上、10 000 元以下的罚款。

① 未按照规定设置、保管账簿或者保管记账凭证和有关资料的。

② 未按照规定将财务、会计制度或者财务、会计处理办法和会计核算软件报送税务机关备查的。

③ 未按照规定安装、使用税控装置，或者损毁或擅自改动税控装置的。

④ 未按照规定将其全部银行账号向税务机关报告的。

(2) 扣缴义务人未按照规定设置、保管代扣代缴、代收代缴税款账簿或者保管代扣代缴、代收代缴税款凭证及有关资料的，由税务机关责令限期改正，可处以 2 000 元以下的罚款；情节严重的，处以 2 000 元以上、5 000 元以下的罚款。

(3) 非法印制、转借、倒卖、变造或者伪造完税凭证的，由税务机关责令改正，可处以 2 000 元以上、10 000 元以下的罚款；情节严重的，处以 10 000 元以上、50 000 元以下的罚款；构成犯罪的，依法追究刑事责任。

2. 银行账户管理的法律责任

(1) 纳税人未按照规定将其全部银行账号向税务机关报告的，由税务机关责令限期改正，可处以 2 000 元以下的罚款；情节严重的，处以 2 000 元以上、10 000 元以下的罚款。

(2) 银行和其他金融机构未按照税收征收管理法的规定在从事生产、经营的纳税人的账户中登录税务登记证件号码，或者未按照规定在税务登记证件中登录从事生产、经营的纳税人的账户账号的，由税务机关责令其限期改正，处以 2 000 元以上、20 000 元以下的罚款；情节严重的，处以 20 000 元以上、50 000 以下的罚款。

(3) 为纳税人、扣缴义务人非法提供银行账户、发票、证明或者其他方便，导致未缴、少缴税款或者骗取国家出口退税的，税务机关除没收其违法所得外，可以处未缴、少缴或者骗取的税款 1 倍以下的罚款。

3. 发票管理的法律责任

(1) 有下列违反发票管理的行为的单位和个人，由税务机关责令限期改正，没收非法所得，可以并处 10 000 元以下的罚款。有下列所列两种或者两种以上行为的，可以分别处罚：

① 未按照规定印制发票或者生产发票防伪专用品的；

② 未按照规定领购发票的；

③ 未按照规定开具发票的；

④ 未按照规定取得发票的；

⑤ 未按照规定保管发票的；

⑥ 未按照规定接受税务机关检查的。

(2) 非法携带、邮寄、运输或者存放空白发票的，由税务机关收缴发票，没收非法所得，可以并处 10 000 元以下的罚款。

(3) 私自印制、伪造、变造、倒买倒卖发票，私自制作发票监制章、发票防伪专用品的，由税务机关依法予以查封、扣押或者销毁，没收非法所得和作案工具，可以并处 10 000 元以上、50 000 元以下的罚款；构成犯罪的，依法追究刑事责任。

(三) 纳税申报的法律责任

(1) 纳税人未按照规定的期限办理纳税申报和报送纳税资料的，或者扣缴义务人未按照规定的期限向税务机关报送代扣代缴、代收代缴税款报告表和有关资料的，由税务机关责令限期改正，可处以 2 000 元以下的罚款；情节严重的，可处以 2 000 元以上、10 000 元以下的罚款。

(2) 纳税人、扣缴义务人编造虚假计税依据的，由税务机关责令限期改正，并处以50 000元以下的罚款。纳税人不进行纳税申报，不缴或者少缴应纳税款的，由税务机关追缴其不缴或者少缴的税款、滞纳金，并处不缴或者少缴的税款50%以上、5倍以下的罚款。

二、税款征收方面的法律责任

(一) 偷税行为与逃税罪的认定与处罚

1. 偷税行为的认定与处罚

纳税人伪造、变造、隐匿、擅自销毁账簿、记账凭证，或者在账簿上多列支出或者不列、少列收入，或者经税务机关通知申报而拒不申报或者进行虚假的纳税申报，不缴或者少缴应纳税款的，为偷税。对纳税人偷税的，由税务机关追缴其不缴或者少缴的税款、滞纳金，并处不缴或者少缴的税款 50%以上、5 倍以下的罚款；构成犯罪的，依法追究刑事责任。

扣缴义务人采取上述手段，不缴或者少缴已扣、已收税款，由税务机关追缴其不缴或者少缴的税款、滞纳金，并处以不缴或者少缴的税款 50%以上、5 倍以下的罚款；构成犯罪的，依法追究刑事责任。

2. 逃税罪的认定与处罚

纳税人采取欺骗、隐瞒手段进行虚假纳税申报或者不申报，逃避缴纳税款数额较大并且占应纳税额10%以上的，处3年以下有期徒刑或者拘役，并处罚金；数额巨大并且占应纳税额30%以上的，处3年以上、7年以下有期徒刑，并处罚金。扣缴义务人采取上述手段，不缴或者少缴已扣、已收税款，数额较大的，依照前述的规定处罚。

对多次实施逃避缴纳税款的行为，未经处理的，按照累计数额计算。

纳税人实施了逃避缴纳税款的行为，经税务机关依法下达追缴通知后，补缴应纳税额，缴纳滞纳金，已受行政处罚的，不予追究刑事责任，但是，5 年内因逃避缴纳税款受过刑事处罚或者被税务机关给予两次以上行政处罚的除外。

(二) 逃避追缴欠税的认定与处罚

纳税人欠缴应纳税款，采取转移或者隐匿财产的手段，妨碍税务机关追缴欠缴的税款的，由税务机关追缴欠缴的税款、滞纳金，并处欠缴税款 50%以上、5 倍以下的罚款；构成犯罪的，依法追究刑事责任。

(三) 骗税的认定与处罚

以假报出口或者其他欺骗手段，骗取国家出口退税款的，由税务机关追缴其骗取的退税款，并处骗取税款 1 倍以上、5 倍以下的罚款；构成犯罪的，依法追究刑事责任。对骗取国家出口退税款的，税务机关可以在规定期间内停止为其办理出口退税。

(四) 抗税的认定与处罚

以暴力、威胁方法拒不缴纳税款的，为抗税。除由税务机关追缴其拒缴的税款、滞纳金外，依法追究刑事责任。情节轻微、未构成犯罪的，由税务机关追缴其拒缴的税款、滞纳金，并处拒缴税款 1 倍以上、5 倍以下的罚款。

(五) 不缴或少缴税款等行为的处罚

纳税人、扣缴义务人在规定期限内不缴或者少缴应纳或者应解缴的税款，经税务机关责令限期缴纳，逾期仍未缴纳的，税务机关除依照法律规定采取强制执行措施追缴其不缴或者少缴的税款外，可以处不缴或者少缴税款的 50%以上、5 倍以下的罚款。

纳税人拒绝代扣、代收税款的，扣缴义务人应当向税务机关报告，由税务机关直接向纳税人追缴税款、滞纳金；纳税人拒不缴纳的，税务机关除依照法律规定采取强制执行措施追缴其不缴或者少缴的税款外，可以处不缴或者少缴的税款 50%以上、5 倍以下的罚款。

扣缴义务人应扣未扣、应收而不收税款的，由税务机关向纳税人追缴税款，对扣缴义务人处应扣未扣、应收未收税款 50%以上、5 倍以下的罚款。

(六) 税务代理人违法行为的处罚

税务代理人违反税收法律、行政法规，造成纳税人未缴或者少缴税款的，除由纳税人缴纳或者补缴应纳税款、滞纳金外，对税务代理人处纳税人未缴或者少缴税款 50%以上、5 倍以下的罚款。

三、税务检查的法律责任

纳税人、扣缴义务人逃避、拒绝或者以其他方式阻挠税务机关检查的，由税务机关责令改正，可处以 1 万元以上、5 万元以下的罚款。

四、税务机关及税务人员税收违法行为的法律责任

(一) 税务机关及相关人员税收违法行为的法律责任

(1) 税务机关违反法律、行政法规的规定提前征收、延缓征收或者摊派税款的，由其上级机关或者行政监察机关责令改正，对直接负责的主管人员和其他直接负责人员依法给予行政处分。

(2) 税务机关违反法律、行政法规的规定，擅自做出税收的开征、停征或者减税、免税、退税、补税以及其他同税收法律、行政法规相抵触的决定的，除依照《征管法》规定撤销其擅自做出的决定外，补征应征未征税款，退还不应征收而征收的税款，并由上级机关追究直接负责的主管人员和其他直接负责人员的行政责任；构成犯罪的，依法追究刑事责任。

(二) 税务人员税收违法行为的法律责任

(1) 税务人员徇私舞弊，对依法应当移交司法机关追究刑事责任的不移交，情节严重的，依法追究刑事责任。

(2) 税务机关、税务人员查封、扣押纳税人个人及其所扶养家属维持生活必需的住房和用品的，责令退还，依法给予行政处分；构成犯罪的，依法追究刑事责任。

(3) 税务人员与纳税人、扣缴义务人勾结，唆使或者协助纳税人、扣缴义务人有违反《征管法》规定的行为，构成犯罪的，依法追究刑事责任；尚不构成犯罪的，依法给予行政处分。

(4) 税务人员利用职务上的便利，收受或者索取纳税人、扣缴义务人财物或者谋取其他不正当利益，构成犯罪的，依法追究刑事责任；尚不构成犯罪的，依法给予行政处分。

(5) 税务人员徇私舞弊或者玩忽职守，不征或者少征应征税款，致使国家税收遭受重大损失，构成犯罪的，依法追究刑事责任；尚不构成犯罪的，依法给予行政处分。

(6) 税务人员滥用职权，故意刁难纳税人、扣缴义务人的，调离税收工作岗位，并依法给予行政处分。

(7) 税务人员对控告、检举税收违法违纪行为的纳税人、扣缴义务人以及其他检举人进行打击报复的，依法给予行政处分；构成犯罪的，依法追究刑事责任。

(8) 税务人员违反法律、行政法规的规定，故意高估或者低估农业税计税产量，致使多征或者少征税款，侵犯农民合法权益或者损害国家利益，构成犯罪的，依法追究刑事责任；尚不构成犯罪的，依法给予行政处分。

(9) 税务人员在征收税款或者查处税收违法案件时，未按照《征管法》规定进行回避的，对直接负责的主管人员和其他直接负责人员，依法给予行政处分。

(10) 未按照《征管法》规定为纳税人、扣缴义务人、检举人保密的，对直接负责的主管人员和其他直接负责人员，由所在单位或者有关单位依法给予行政处分。

课后习题

一、单项选择题

1. 纳税人未按规定期限缴纳或解缴税款，税务机关除责令限期缴纳以外，还可对滞纳税款按日加收(　　)的滞纳金。

A. 1‰　　B. 2‰　　C. 5‰　　D. 0.5‰

2. 根据《征管法》的规定，下列各项中，属于税收保全措施的是(　　)。

A. 暂扣纳税人营业执照

B. 书面通知纳税人开户银行从其存款中扣缴税款

C. 依法拍卖纳税人价值相当于应纳税款的货物，以拍卖所得抵缴税款

D. 书面通知纳税人开户银行冻结纳税人的金额相当于应纳税款的存款

3. 根据《征管法》的规定，税务机关征收税款时，必须开具(　　)。

A. 税款征收协议　　B. 增值税专用发票

C. 普通发票　　D. 完税凭证

4. 下列关于税收强制执行措施的表述中，正确的是(　　)。

A. 税收强制执行措施不适用于扣缴义务人

B. 作为家庭唯一代步工具的轿车，不在税收强制执行的范围之内

C. 税务机关采取强制执行措施时，可对纳税人未缴纳的滞纳金同时强制执行

D. 税务机关可对未按期缴纳工薪收入个人所得税的个人实施税收强制执行措施

5. 企业发生的下列情形中，应当办理注销税务登记的是(　　)。

A. 减少注册资本　　B. 改变生产经营方式

C. 改变行政隶属关系　　D. 住所迁移涉及主管税务机关的变动

二、多项选择题

1. 下列各项中，不适用《征管法》的有(　　)。

A. 增值税　　B. 关税　　C. 车辆购置税　　D. 教育费附加

2. 下列关于税务机关实施税收保全措施的表述中，正确的有(　　)。

A. 税收保全措施仅限于从事生产、经营的纳税人

B. 只有在事实全部查清，取得充分证据的前提下才能进行

C. 冻结纳税人的存款时，其数额要以相当于纳税人应纳税款的数额为限

D. 个人及其抚养家属维持生活必需的住房和用品，不在税收保全措施的范围之内

3. 纳税人在办理注销登记前，应向税务机关(　　)。

A. 结清应纳税款、滞纳金、罚款　　B. 提供清缴欠税的纳税担保

C. 缴纳不超过10 000元的保证金　　D. 缴销发票和其他税务证件

4. 根据税收征收管理法律制度的规定，下列各项中属于税务机关可以采取强制执行措施的有(　　)。

A. 书面通知纳税人开户银行暂停支付纳税人存款

B. 书面通知纳税人开户银行从其存款中扣缴税款

C. 拍卖所扣押的纳税人价值相当于应纳税款的财产，以拍卖所得抵缴税款

D. 扣押纳税人价值相当于应纳税款的财产

5. 税务登记的内容包括(　　)。

A. 开业登记　　B. 变更登记　　C. 注销登记　　D. 废业处理

参考文献

[1] 张守文. 税法学原理[M]. 6版. 北京：北京大学出版社，2012.
[2] 徐孟州，徐阳光. 税法[M]. 5版. 北京：中国人民大学出版社，2015.
[3] 徐孟州. 税法原理[M]. 北京：中国人民大学出版社，2008.
[4] 张怡，邓甲明. 财税法实务教程[M]. 北京：中国人民大学出版社，2013.
[5] 黄爱玲，朱利荣. 税法[M]. 上海：上海财经大学出版社，2012.
[6] 裴淑红，原晓青. 税法[M]. 北京：化学工业出版社，2009.
[7] 应小陆，徐双泉. 税法[M]. 上海：上海财经大学出版社，2012.
[8] 李晓红. 税法[M]. 北京：清华大学出版社，2013.
[9] 中国注册会计师协会. 税法[M]. 北京：中国财政经济出版社，2020.
[10] 刘剑文. 税法学[M]. 4版. 北京：北京大学出版社，2012.
[11] 翟继光. 财政法学原理[M]. 北京：经济管理出版社，2011.
[12] 翟继光. 税法学原理：理论·实务·案例[M]. 北京：清华大学出版社，2012.
[13] 王乔，姚林香. 中国税制[M]. 北京：经济科学出版社，2012.
[14] 翟继光. 税法学原理——税法理论的反思与重构[M]. 上海：立信会计出版社，2011.
[15] 张守文. 财税法学[M]. 5版. 北京：中国人民大学出版社，2014.
[16] 王红云. 税法[M]. 9版. 北京：中国人民大学出版社，2020.
[17] 陈少英. 税法学[M]. 3版. 上海：格致出版社，2020.